中国
游戏研究
——游戏的历史

孙静 邓剑 主编

华东师范大学出版社

·上海·

图书在版编目（CIP）数据

中国游戏研究：游戏的历史／孙静，邓剑主编 .—上海：华东师范大学出版社，2023
ISBN 978-7-5760-3616-9

Ⅰ.①中 … Ⅱ.①孙… ②邓… Ⅲ.①游戏—历史—研究—中国 Ⅳ.① G898.092

中国版本图书馆 CIP 数据核字（2023）第 019827 号

中国游戏研究：游戏的历史

主　　编　　孙　静　邓　剑
责任编辑　　顾晓清
责任校对　　郑絮文　谢雨婷
装帧设计　　陈玮琪

出版发行　　华东师范大学出版社
社　　址　　上海市中山北路 3663 号　邮编　200062
网　　址　　www.ecnupress.com.cn
客服电话　　021-62865537
网　　店　　http://hdsdcbs.tmall.com

印 刷 者　　上海邦达彩色包装印务有限公司
开　　本　　787×1092　16 开
印　　张　　17
字　　数　　310 千字
版　　次　　2023 年 7 月第 1 版
印　　次　　2023 年 7 月第 1 次
书　　号　　ISBN 978-7-5760-3616-9
定　　价　　98.00 元

出 版 人　　王　焰

（如发现本版图书有印订质量问题，请寄回本社市场部调换或电话 021-62865537 联系）

目 录

Contents

编者序言

在全球范围内，游戏已经超越亚文化的范畴，蔓延至日常生活空间的每个角落。然而，由于当前缺乏足够的游戏素养，大众对游戏的理解还停留在"过瘾派"（只强调正面价值）或"戒瘾派"（只强调负面价值）的偏见中，很难对游戏文化进行深度解读。本书主张，游戏文化是一种融合了多种媒体语言的互动符号系统，其生产与消费都是社会历史文化实践，为了更好地理解游戏文化，研究者应从具体的游戏作品与游戏现象出发，通过严肃的学术视角对游戏展开深度解码。

在国外，游戏研究已颇为成熟，以游戏为主题的学术专著和学术期刊极为丰富，涵盖了游戏发展史、游戏文化、游戏产业创新、游戏类型、电子竞技、严肃游戏（serious games）等方方面面的内容。例如，专著方面包括早期的《游戏的人》（*Homo Ludens: A Study of the Play-Element in Culture*，1938）和《人与游戏》（*Man, Play and Games*, 1961），本世纪的《游戏改变学习》（*What Video Games Have to Teach Us About Learning and Literacy*，2003）、《游戏分析导论》（*Introduction to Game Analysis*, 2014）、《现代游戏全史：基于文明的游戏史观》（*现代ゲーム全史：文明の遊戯史観から*，2016）等；期刊方面既有权威的核心期刊，如《模拟与游戏》（*Simulation & Gaming*，1970 年创刊至今）和《游戏与文化》（*Games and Culture*，2006 年创刊至今）等，也有新兴的开源期刊，如《游戏批评》（*Journal of Games Criticism*）、《意大利游戏研究》（*G|A|M|E The Italian Journal of Game Studies*）等。反观国内，相关研究及刊物还颇为匮乏。

为推动中国游戏研究发展，促进游戏文化传承，完美世界游戏研究中心启动了"中国游戏资料保存"科研项目，旨在通过学术研究来呈现中国游戏发展历程，通过深度阐释来保存中国游戏档案。该项目缘于完美世界与日本立命馆大学游戏研究中心针对"游戏资料保存"开展的系列国际合作，在聚焦中国游戏文化语境的基础上，具体包括以下话题：一是游戏理论研究：从哲学、美学角度出发，讨论游戏本体论及与游戏相关的理论；二是游戏产业研究：从生产角度出发，讨论某一历史时期或某一区域的游戏产业、出海游戏产业、某一时期的代表性游戏类型和游戏作品；三是玩家及社群研究：从消费角度出发，讨论围绕某款国产游戏和某类游戏形成的玩家社群 / 游戏趣缘群组；四是游戏媒体研究：从传播角度出发，讨论某一时期具有代表性的游戏出版物、游戏广告、同一游戏作品 / 系列游戏的跨媒介传播。

作为"中国游戏资料保存项目"的阶段性成果，《中国游戏研究》共收录了近十篇首次公开发表的学术文章，涵盖四个专题。本书立足中国本土，以问题意识为导向，鼓励跨学科视角，聚焦游戏文化的生产、消费和传播，力争勾勒出全球化语境中的中国游戏文化发展脉络，为学者、大众和产业提供有效的参考。

专题一为"游戏历史"，从游戏杂志、当代艺术和游戏平台三个话题切入中国游戏史。其中，《游戏批评的踪迹：早期中文电子游戏杂志的当代启示》一文深度挖掘了本世纪初中文游戏杂志副刊《游戏批评》的价值。作者张舸认为，该杂志刊登的文章并非以商业为主导的产业宣传，而是具有批判性反思的多样化写作。用他的话说，《游戏批评》"没有被一系列既定标准（比如画面、声音等）所桎梏，也没有用一种后发社会介绍先进理论 / 游戏文本 / 技术的心态来写评论，而是基于游戏行业、技术、日常生活、游戏体验或者文本，从多个层面来进行具有实验性的新写作。"《把游戏重新带入艺术：1989-2010 中国当代艺术与电子游戏文化》一文则以上世纪 80 年代末至本世纪前十年为历史切片，呈现了这期间游戏与当代中国艺术的多种互动。作者陈旻认为，作为面向未来的技术媒介，游戏"既可以成为艺术的动机，也可以成为艺术创作的一种表现形式"，更是"一种跨学科和跨领域的黏合剂"，拥有"作为一种技术和人性的疏通剂的巨大潜能"。

专题二为"游戏批评"，旨在从哲学、美学、文化等理论视角出发，对游戏作品进行深度解读。其中，《游戏不相信眼泪：晚近中国独立电子游戏中的人声与感动》一文从哲学角度讨论了游戏作品中的声景（soundscape）。作者姜宇辉以德里达、米歇尔·希翁等学者的声音研究为基础，不仅为"游戏中的人声"（The Voice in Game）提出了理论分析框架，而且以《艾希》《光明记忆》《纸人》《疑案追声》四款游戏为案例，进一步阐释了上述作品中的声音政治学。在《〈轩辕剑〉系列中的"机关术"：蒸汽美学狂想下的技术加速主义恐惧》一文中，作者孔德罡将游戏中的机关术解读为一种蒸汽美学风格，是游戏架空世界观的重要标签。他指出，该游戏中的机关术隐含着人们对技术的悖论式想象。从作者的角度看，这反映出创作者对技术采取"追逐还是摒弃"的矛盾心态；从受众的角度看，它一方面为彼时科技发展滞后提供了想象性的补偿，另一方面又映射出技术异化为人类带来的恐惧以及对此产生的反思。

专题三为"产业与政策"，结合具体的游戏案例，深入讨论了全球化时代不同区域游戏文化间的互动与影响。《游戏进口与中国网络游戏产业的高质量发展》一文既讨论了国外进口游戏对中国游戏产业发展带来的积极影响，也没有回避海外游戏引发的现实问题，并针对相关对题提出了解决建议。作者孙佳山和易莲媛指出，进口游戏为中国玩家提供了多样化的游戏体验，提升了玩家的审美品位，不仅推动了早期国产网游的发展，而且还促进了国产游戏海外市场的拓展。因此，作者进一步建议为海外游戏构建更好的引进通道，不仅能有效消解国外游戏作品隐含的文化霸权，而且还能为未来的游戏出口产品提能增效。《中国网络游戏产业创新的多样性：以中国 MMORPG 游戏运营服务为中心》一文以外国人的视点关注了中国的游戏产业。作者中村彰宪以盛大、巨人、完美世界为个案，讨论了中国游戏企业从模仿到创新的发展历程。作者认为，中国虽然是网络游戏的后发国家，但通过学习韩国等海外游戏公司的运营经验，构建了自己独特的网络游戏运营服务模式，并将其扩展至全球。在《网络游戏中的中国传统文化元素分析》中，作者吴小玲回到了中国学者的视点，通过对 107 个研究样本的分析，系统考察了中国传统文化在网络游戏中的应用状况。她认为在主流的国风网络游戏中，中国武侠文化、历史题材、神话传说、仙侠文化成为了重要的世界观来源，古典山水与建筑、传统人物与器物、古典乐器及其音乐营造则成为了重要的游戏设计素材。与此同时，她还指出了当下网络游戏对中国传统文化的开发利用存在的明显问题，并进一步提出了解决建议。

专题四为"创新与前沿"，聚焦虚拟现实（VR）这一在当下颇受关注的前沿领域，力求为中国游戏产业创新提供前瞻性的参考。在《数字化转型下的中国文化产业：虚拟现实内容生产与商业创新》一文中，作者单羽基于自己的田野实践，分析了中国 VR 产业的内容创作主体、创作环境以及可持续发展等问题。她指出，作为创意文化产业之一，中国的 VR 产业兼具"破坏式创新"和"开放式创新"两种元素，而后者正成为我国 VR 产业生产与消费的主导性策略。

在结论部分，本书主编之一邓剑专门撰写了《中国游戏研究的过去、现在与未来》一文，不仅勾勒出中国游戏研究的发展轨迹，而且还精准地指出当下中国游戏研究者面临的诸多挑战，如缺乏游戏精品，缺少批判性反思和核心研究范式，缺少有效的学术评价。他因此提出，只有推动深度的游戏批评，建立本土的游戏研究平台，为青年学者提供游戏研究支持，推动兼具开放性和本土意识的学术共同体对话，才能切实推动中国游戏研究的良性发展。

此外，本书还在附录部分为读者提供了游戏列表和《游戏文献及体例说明》，既列出了全书提到的中外游戏作品，而且还提供了游戏作品的学术引用体例，力争为未来的游戏研究提供标准和参考。

在编撰过程中，本书遵循了两大原则，一是严谨务实，二是开放多元，尝试为国内外学者搭建一个兼具学术性和包容性的中文游戏研究平台，同时希望成为产业和学界交往的桥梁。本书文章属于作者个人观点，不代表编者及项目资助方的立场。在约稿和审校过程中，编者与作者有过多次讨论和修改，若还存在不足之处，也请大家批评指正，以便我们继续为中国的游戏研究添砖加瓦。

孙静　邓剑

2021 年 2 月 3 日

专题一
游戏
历史

游戏批评的踪迹：早期中文电子游戏杂志的当代启示

Traces of Game Criticism: Prompts from Early Chinese Videogame Magazines

张舸 * 文

Ge Zhang, College of Media and International Culture, Zhejiang University

摘　要

　　对于中国游戏行业而言，20世纪90年代至本世纪初是一个很奇特的时间段：在这个时期，中国开始大量引进外国游戏，各种游戏主机的地下市场也日益繁荣；单机PC游戏行业逐渐崭露头角并屡有佳作，并且尚未遭到早期网络游戏的碾压；游戏行业虽在经济上并未达到鼎盛，但在主流社会间隙中却存在着很多游戏开发者、玩家，甚至是评论者。随着本土游戏行业朝着以网络游戏为主导的定型发展，那个年代凸显的批判力与创造力也逐渐被历史淹没。本文以2000年开始出版的杂志《游戏批评》为例，追溯2000年初电子游戏的"批评的踪迹"与那个时代的游戏文化之间千丝万缕的联系。然

---

* 张舸，媒介人类学者，现任职于香港城市大学创意媒体学院。博士毕业于澳大利亚皇家理工大学数码民族志研究中心（digital ethnography research centre）。目前他主要研究当代视频文化的社会技术与情感生态。从民族志理论出发，他也研究直播平台、电子竞技和中国的游戏文化思想历史。

而，本文并非以叙述历史为主要目标，而是意在从《游戏批评》中审视、批判电子游戏的多样化写作，挖掘某种先于那个时代的理论自信：游戏批评没有被一系列既定标准（比如画面、声音等）所桎梏，也没有用一种后发社会介绍先进理论／游戏文本／技术的心态来写评论，而是基于游戏行业、技术、日常生活、游戏体验或者文本，从多个层面来进行具有实验性的新写作。本文对于这些写作的回顾，也是书写游戏文化历史的一部分，它不仅仅是为了从侧面展现当时游戏行业的澎湃思想，也是为了记录一段文字与思想实验的历史。

关键词：游戏杂志；游戏批评；游戏思想史

Abstract

The period from the 1990s to the beginning of 21st century was a curious case for the Chinese games industry: during that time, China began to import a large number of foreign games; the underground market for various game consoles was booming; the domestic single-player PC games sector gradually expanded, which include many now classics, and was not yet crushed by the online games industry; although the games industry has not yet reach its heyday in terms of revenue, there were many developers, players, and even critics in the crevices of the mainstream society. As the local games industry developed towards the eventual domination of online games, the criticality and creativity emerged in the aforementioned era were gradually submerged by tides of history. Taking the example of the magazine *Game Criticism*, which was originally published in 2000, this paper traces the connections between video game criticism and the games culture of that era. However, this paper does not aim at a historical narrative, but rather excavate a certain theoretical confidence ahead of its time from the diverse writings on video games in *Game Criticism*: instead of being constrained by a set of established standards—such as graphics, sound, and so forth—and, instead of writing commentaries with the mentality of introducing advanced theories/texts/technologies to a developing society, *Game Criticism* produced new writings, experimental at multiple levels, drawing from the industry, technologies, everyday life, gameplay experiences and texts. Revisiting these magazine writings is not only for writing games history in general, but more specifically documenting an intellectual history in thinking video games.

Keywords

game magazine, game criticism, intellectual history of games

缘　起

这篇文章的缘起并不是想理清中国游戏杂志的历史，笔者并没有能力做这样错综复杂但是又非常有必要的档案研究。比如，胭惜雨的文章《中国大陆游戏媒体发展简史》^①大致整理了从 20 世纪 90 年代初开始出现的游戏杂志和关于游戏业的新闻工作；果糖含量的文章《中国游戏发展史（第 9 期）：游戏杂志都去哪儿了？》^②也回顾了一些游戏杂志背后的历史事件——从《电玩迷》到《电子游戏软件》（1993 年试刊名为《Game 集中营》）到《大众软件》再到《游戏机实用技术》。但是少有文章提到更加小众的无数副刊中的佼佼者《游戏批评》和《游戏·人》。收藏这些杂志副刊的粉丝大有人在，各种扫描版也曾流传于网络，但是真正做细节的研究——重新阅读和理解这些杂志文章的工作——却非常少；也未有粉丝把这些文本重新整理、分类、数字化，以方便检索。究其原因，很可能是因为这段历史被当作一段不需要再

---

① 胭惜雨：《中国大陆游戏媒体发展简史》，https://zhuanlan.zhihu.com/p/28610497，2017 年 9 月 4 日。

② 果糖含量：《中国游戏发展史（第 9 期）：游戏杂志都去哪儿了？》，https://www.xiaoheihe. cn/community/1/list/31809974，2019 年 9 月 4 日。

回顾（除了从杂志粉丝怀旧的角度）的社会技术历史，因为技术和文化社会的发展本身就可以让以前的讨论不再相关。

不管是从开发者、玩家的角度，还是从评论家的角度去推动游戏杂志的档案研究，都可以帮助我们理清中国的电子游戏发展史。不仅如此，如果这些档案能够加以完善并生成一系列研究，成果将远远超出整理中国游戏杂志本身历史脉络的范畴。第一，这项工作可以帮助我们了解游戏玩家的社会性身份是如何形成的。借格雷姆·柯克帕特里克（Graeme Kirkpatrick）对20世纪80年代英国游戏杂志的描述，"游戏的社会性幻象（*illusio*）[①]——一种认为争论对错或者高低是有价值的实践的信念——本身就是一个社会的产物：在这种理念的支撑下继续争论，我们就不知不觉地为包含了我们活动场域的生产作出了贡献"[②]。当然，英国的游戏文化历史和中国有很大的差别，但柯克帕特里克说的这句话还是有借鉴意义的。在中国早期的游戏杂志中，层出不穷且看似幼稚的辩论也逐渐建立了一个个"社会性幻象"。比如"索尼 vs 世嘉"的辩论：在世嘉主机上投入了大量时间、金钱和情感的玩家当时非常积极地参与这个辩论，哪怕世嘉已经决定放弃主机市场，转型成一家软件公司。在这段辩论过程中逐渐形成了一个所谓"核心玩家"的身份政治与话语斗争（后来个人电脑才变为"核心玩家"的平台）。游戏文化，从更小的范围来说是游戏批评，就是在这样看似没有意义的身份争论中形成的。

第二，在笔者看来，研究这些早期的中文游戏批评的写作实验与尝试，也许比迫不及待地做各种游戏理论翻译更有现实意义。因为就这些20年前的写作而言，其所用视角的限制、提到的很多议题、面对的挑战以及所反抗的传统，如今并没有因为技术的更替或社会更加富裕而得到根本性的改变。笔

[①] 社会性幻象（*illusio*）是皮埃尔·布迪厄的场域理论的一部分。个人是通过动机来经验一个场域角度的。社会性幻象指的是人对一个场域的风险、取得的兴趣和需要的投资的理解和认同。

[②] Kirkpatrick, G. (2015). The Formation of Gaming Culture: UK Gaming Magazines, 1981—1995, p.7.

者希望透过摘取这些二十年前的文章片段，为当今的游戏批评写作带来一些启示，进而激起更多人针对中国游戏历史和建立本土理论进行反思。本文用这种摘录和拼贴的方式难免有以偏概全之嫌——当然，涵盖全貌也并不是本文的意图，本文希望以一种提示（prompt）的方式，通过重述历史来抛出问题，进而刺激新的基于本土的游戏研究。

《游戏批评》是由《电子游戏软件》原班人马编辑的一本副刊，创刊于2000 年，2004 年休刊，2006 年复刊又休刊，一共有 21 期。笔者选择从《游戏批评》这本小众杂志入手，是希望说明，对游戏杂志的研究不止于收集和存档。之所以选择这本杂志，一部分原因是其样本量少，作为个人项目是可以在短期内完成的，起码可以看完这些杂志并抄录片段；另外一个原因是，其编辑方针让该杂志中质量高的文章比较集中。就如其"编辑方针"中写道："批评的首要前提就是公正，其次是宽阔而独特的视野。《游戏批评》愿用公正的态度、历史的眼光去评论游戏业和游戏软件，它不会有地域或种族的偏见，因为游戏是人类的天性，是属于全世界的。"①《游戏批评》的编辑们希望读者和撰稿人能够开拓游戏批评的多样性，不管是哪种平台，哪种类型的游戏，或是哪种批评的角度，都可以百花齐放。这样的开放态度，以及对执着于画面、音效、故事类别的"传统"游戏评论的摈弃，不管是在当时还是现在，都值得尊重。

一、回到 20 世纪 90 年代至 21 世纪初：以"知识分子"为中心的批评圈

《电软》作为一本游戏杂志，好好登你的攻略和密技就得了吧，那些才是你分内的事。但它非要思考，非要自不量力地去忧国忧民，对中国游戏市场和产业说三道四。

（《游戏批评》，2001 年第 10 期，第 127 页）

---

① 可参见每期的《游戏批评》杂志。

鲍德里亚提醒我们要警惕翻译和盲目引入理论的危险:"就像血友病患者无法止血一样,我们这些符号狂热者,无法止住意义的泛滥……就像输血的人有得艾滋的风险一样,那些输入语言的人也有感染**意义污染**的危险。"① 在当代中文游戏批评中,笔者经常看到这样的解读:一些理论生产对游戏的引用没有基于切身的游戏体验,而是基于阅读他人的游戏体验。游戏体验是身体性的,游戏批评不可避免得有一部分描述性的内容,这个描述必须是基于切身玩游戏的体验。比如,一名学者对《侠盗猎车手5》(*Grand Theft Auto V*,2013)的论述是基于对这款游戏的基本印象:体验一个十恶不赦的暴徒的生活、现实与虚拟暴力的二元论等等。但是如果真的玩这款游戏,从体验主线剧情到参加各种用户自制的"最终内容"(endgame),比如玩家制作的地图和五花八门的竞赛模式,便会发现这款游戏的体验是非常多元化的:主线剧情包含了很多对现实社会的反讽和对玩家的道德挑衅,而用户自制的"最终内容"却大多是非暴力的特技赛车游戏。把《侠盗猎车手》泛泛地当成一个例子去论证一个理论(比如批判资本主义)不仅是对开发者的不尊重,而且和玩家的实际体验也没有什么现实联系。这样的文化理论看似关心社会议题(比如基于批判资本),却非常脱离开发者与玩家的现实。这里不是说不可以通过电子游戏对资本主义进行批判,而是要从游戏经验出发;比如,《侠盗猎车手》里就包括了一些讽刺平台资本主义剥削和加利福尼亚意识形态的故事内容。如果只泛泛讨论而脱离游戏经验的话,很可能变为操之过急的理论堆砌。若此类不计后果的时髦理论嫁接占据了话语权,那么很多扎根经验的本土批判就会被空泛的理论淹没。这些本质主义被嫁接到了中国看似"初生"的游戏研究上(笔者认为,把中国游戏研究看作"初生",在某种意义上来说是遗忘历史的结果),就变成了新的理论玩具。但是,中文理论没有必要把种种建立本质主义的学术派别再重演一遍,如鲍德里亚所说,理论输血也是有风险的,西方语境对意义追求的疾病也是会传染的。笔者认为,本

---

① Baudrillard, J. (2007). *Fragments* . Verso.p.77.

土游戏研究必须非常警惕"搬运时髦理论 + 拼凑一个案例"的捷径,而那些早期的游戏批评文章恰恰还没有被这样的范式所"污染"。

以上对当下的中文游戏的批评意见并不是什么新观点。在 2003 年出版的《批评的踪迹》一书中,张旭东就在反思 20 世纪 80 年代和 20 世纪 90 年代因为普遍的"误读"而导致的文化研究缺失:"具有讽刺意义的是,这两本书(《发达资本主义时代的抒情诗人》和《后现代主义与文化理论》)都是分析资本主义或市场、商品时代的文化生产。20 世纪 80 年代的中国还不是当代意义上的市场经济社会,但人们却从它们身上找到一种精神上的契合;而到了 20 世纪 90 年代,当真的商品经济大潮冲刷社会生活各个角落的时候,这两本书的学理和方法可以被更好地吸收,但人们却好像只能把它们当作一种文化资本和知识时尚的符号来消费了。"[1] 20 年后,回到游戏研究的领域,我们对所谓西学的引入并没有摆脱"一种相对落后的社会现实向相对先进的文化理论、思想体系借鉴宝贵的理论资源的心态",而我们完全可以"立足于以一种相似的历史经验和主体的内在危机、断裂意识出发,探讨相似的历史连续性和非连续性问题"[2]。张旭东的这一批判非常尖锐:

> 通过西方的局部知识把历史经验进行分割,而无视局部知识之间的联系,对自身经验进行割裂与打断。这不光是打断了西方知识和特殊经验的关联,也打断了我们自己的学术研究;**我们把自身的日常生活经验纳入到已经被割裂的、局部化的、专门化的西方知识体系中,而看不到我们的生活经验内部的关联。**[3]

---

① 张旭东:《批评的踪迹:文化理论与文化批评》,生活·读书·新知三联书店 2003 年版,第 2 页。

② 张旭东:《批评的踪迹:文化理论与文化批评》,生活·读书·新知三联书店 2003 年版,第 3 页。

③ 张旭东:《批评的踪迹:文化理论与文化批评》,生活·读书·新知三联书店 2003 年版,第 4—7 页。

这种割裂很大程度上源于知识分子自己的臆想和思想上的惰性。如果可以生搬硬套，为何要生成理论？笔者的意思自然不是要从根本上摆脱翻译与借鉴的工作，而是说中文游戏批评和理论本身是有迹可循的。放弃这20年甚至30年来对游戏（也许零零散散）的知识积累，在这个意义上，就是张旭东所说的"而无视局部知识之间的联系，对自身经验进行割裂与打断"。我想通过《游戏批评》这样一个很小的例子来说明，游戏杂志不仅是以玩家和开发者为主角的电子游戏史，也是一段思想史。如今流行的理论嫁接游戏完全不同于20年前的知识分子使命之说。如今的游戏研究并不一定需要有公共角色，也不需要借助已经在中国破产的"公知"形象。在20多年前，参与游戏杂志编辑与写作前线的一群人，比如田松和熏风，还有早期在编辑部混迹的大学生，都扎根于知识分子圈子中，游戏与理论在这个意义上的结合是很自然的。在一个普遍诟病游戏的年代，知识分子把提升一个新兴媒介的"档次"作为己任是可以理解的。

在笔者与田松（早期《Game集中营》的编辑之一）2020年10月的访谈中，他不断提到了知识分子的引导工作。在1993年的试刊号中，田松提出的观点是"知识分子介入，把游戏变成一个表达思想的工具，游戏才有可能变成艺术品，并提升精神境界"。他举出的例子是通俗小说和电影，从纯粹的赚钱机器逐渐转变为艺术的载体，从一种商业模式变成格调多样的媒介。如今的电子游戏在某种意义上来说已经达到了这种多样化的品味与思想的升华，比如，所谓的"独立游戏"与"AAA"（高开发成本）游戏的分流。在这个意义上，今天的游戏批评家和游戏学者可以接触到的游戏是非常多样的，也具备理论上的多样性。但是，很多游戏批评的工作还是受制于历史"遗留"问题。在下文中，我会重新回顾20年前的"游戏上瘾"的话语（discourse）和当时《游戏批评》的对应策略。

二、"电子海洛因"和"意义"的魔咒：中国游戏业如何跳入"上瘾论"的深渊

20世纪80年代末至20世纪90年代初，街机游戏机是被媒体和家长声讨过的。但是家用游戏机（红白机）和"小霸王学习机"并没有被冠上恶名。如施畅写道，"尽管小霸王宣称其产品定位为'中英文电脑学习机'，但实际上它通常被拿来玩卡带游戏"①。"电子海洛因"的论调，始于2000年《光明日报》刊登的一篇揭露武汉少儿电脑游戏"上瘾"的报道，即《电脑游戏，瞄准孩子的"电子海洛因"》②。当时，这篇文章引发了巨大的社会讨论和道德恐慌（moral panic）。这个事件，在当时看来也好，如今回望也罢，都是一个历史转折点，并不是一个突发的单一性事件。第一，这是基于20世纪80年代起的"欺骗家长"商业惯性（后文会详细讨论）积累下来的问题；第二，这个事件在某些程度上起源于更深层次的（特别是来自于家长的）社会性焦虑。换句话说，这种焦虑不消失的话，背后的道德恐慌不仅不会消失，还会以不同的方式在特定的时段归来。2000年的《电子游戏软件》和《游戏批评》就曾直接被卷入当时的舆论风暴中。实际上，编辑们和撰稿人当时给出的回应就已经敏锐地意识到了问题所在，后者亦是王洪喆在2016年发表的《不可折叠的时空与不可降维的身体——电子游戏的城市空间社会史》一文③中提出的结论。王洪喆认为，"小霸王学习机"和后来的电脑（PC）之所以作为玩电子游戏的设备流行开来，很大程度上都是因为满足了家长对阶层流动的焦虑和所谓"教育第一"的理念。例如阳火、叶展、叶伟、王寅、乌龙针

---

① 施畅：《恐慌的消逝：从"电子海洛因"到电子竞技》，《文化研究》2018年第1期。
② 夏斐：《电脑游戏瞄准孩子的"电子海洛因"》，《光明日报》，2000年5月9日。全文可参见 http://www.gmw.cn/01gmrb/2000-05/09/GB/05%5E18415%5E0%5EGMA2-013.htm；亦可参见《北京纪事》2001年第16期，第18—19页。
③ 王洪喆：《不可折叠的时空与不可降维的身体——电子游戏的城市空间社会史》，《中国图书评论》2016年第4期。

对主机和 PC 之争的讨论：

> 因为在国内，电子游戏一直不能以一种正当的面目堂堂正正出现，派生出许多"学习机"、"跳舞机"这种莫名其妙的代用产品，没有名分的电子游戏，首先在歧视上就输给了光明正大、打着"开发智力"的旗号而出现的电视和电脑游戏。[①]

在这一系列讨论中，叶伟认为，这种"电脑游戏 vs 电视游戏"的辩论恰恰就是畸形的游戏业所带来的副产品。这个辩论与 2010 年后才出现的"PC 平台优越论"（PC Master Race）的言论极为不同，因为 PC 平台优越论主要讨论 PC 的配件更新速度和配置都远高于同时代的游戏主机。电子游戏没有办法在舆论上（特别是在掌握消费力的家长中）独立存在，必须附属在其他"更加有用"（instrumental）的设备上才会被接受。"电脑游戏 vs 电视游戏"的辩论在某些程度继承了"游戏机（学习机）vs 街机"之争，也预测了后来的"单机游戏 vs 网络游戏"的辩论。这三种辩论都基于一种相似的逻辑，前者具有某种设想的或真实的教育 / 积极意义（比如"游戏机益智"、"单机游戏培养品味"），后者却是祸害青少年的罪魁祸首。甚至后两种对比同时也是对两个公共空间——游戏厅（玩街机的场所）和网吧（玩网络游戏的场所）的"病态化"（pathologise）标榜。在同一期的讨论中，参与者继续说道：

> 在国外，其实许多玩家是既玩 PC 游戏又玩电视游戏的，相对来说玩家群体差别不是很大；但是国内就不同了……国内的玩家群在过去有点"泾渭分明"的样子；虽然大家多数是从 FC 时代走过来的，但之后一部分玩家买了电脑……由于 PC 除了游戏，本身也是个充满魅力的东

---

① 阳火等：《PC GAME 与 TV GAME 的冲突与融合》，《游戏批评》，内蒙古文化出版社，2000 年第 3 辑，第 36 页。

西；可以看 VCD、听音乐、上网，还可以用来"辅助教学"（中国家长愿意给孩子买 PC 的最重要的理由兼孩子最好的借口之一）……许多 PC 玩家就这么逐步从沉迷玩游戏变成了兼玩 PC 本身，跟着努力学习报考了计算机系，于是成了"电子游戏是通向电脑世界的捷径"的典型例子。另一方面，TV 游戏玩家如果一直沉迷于游戏的话，客观地说，成绩很可能会下降。现今 PC 游戏玩家的综合素质高于 TV 游戏玩家，大学 PC 游戏玩家占绝对优势，这大概是主要原因之一吧。

……

父母为什么愿意买比游戏机贵很多的电脑呢？原因很多啊，但恐怕电脑的多功能，加上家长一面望子成龙，一面对新事物一无了解是主要原因吧。

……

这恐怕也是相当无可奈何的一种"国情"了。

……

有时候我们就是这么重视名字的区别、形式的不同，不去追求那关键的内容。这一点说是社会习惯使然，说是中国特殊国情决定也行，不过我看，只是不成熟的市场罢了。[①]

从这个角度来说，当时的《游戏批评》就已经不纠结于"游戏上瘾论"在病理学上是否真伪的命题，因为这是个"圈套"。游戏产业因为想要得到以保守家长为首的主流社会的认同，始终都不允许电子游戏以"游戏的本来面目"展示给全社会。借口是可以无限找的，这就像是给一个病得很重的人不断吃治标不治本的药物，病人可以继续活着，甚至偶尔看起来健康，但是病人也知道肯定会有下一次的崩塌，只是不知道什么时候病会复发。正如下

---

① 阳火等：《PC GAME 与 TV GAME 的冲突与融合》,《游戏批评》,内蒙古文化出版社, 2000 年第 3 辑,第 28—33 页。

文所述：

> 可我觉得这是个圈套，企图发掘电子游戏的娱乐外的功能是所谓"媒体"们的无聊习性的又一集中体现。玩游戏就是玩游戏，何必去找其他花哨伪装？电子游戏在中国命运多坎坷，如果没有了这一层"教育、学习"的名堂，而且是个大"媒体"众口一词的名堂，电子游戏势必在神州大地上更加灰头土脸……娱乐本来就是为了放松、为了缓解压力的，但是传统的教育观念就是让你即使在轻松快乐的同时都不要忘记提高自己的知识范围和思想觉悟，甚至还希望能得到体能上的增强。[1]

在一定程度上，我们今天仍未从这样的错误中走出来，也没有从游戏行业前辈痛苦的反思中学到重要的一课。当下，一些掌握巨大社会资源的游戏公司还是在从侧面找各式各样的理由来粉饰游戏，强调游戏的"附加价值"而完全不尝试向社会传达这样一种观念，即玩游戏是一种很普通的现代娱乐方式。比如说，告诉广大家长通过玩《王者荣耀》可以了解学习中国历史人物；夸大其词地告诉家长小霸王学习机可以益智，可以为孩子走向信息社会做好准备；让家长认为买个电脑会让孩子学会很多软件，从而找到好工作。这些说辞其实都是同一个逻辑。这个缓解社会焦虑的借口最终会破裂，伤口又会裂开，从而爆发又一轮的社会舆论攻击：当一个功利性强的家长看到电子游戏并没有让自己孩子成绩进步，或者在任何积极方面没有什么明显的成效的话，他们的愤怒会迅速反噬电子游戏本来就岌岌可危的名声。电子游戏本来就是一个当代社会普通的商品和娱乐方式。《游戏批评》第五辑的《所有问题都游戏扛》专题继续回应了"电子海洛因"这一说法，其中，王俊生深入讨论了玩游戏与"意义"的关系：

---

[1] 阳火等：《PC GAME 与 TV GAME 的冲突与融合》，《游戏批评》，内蒙古文化出版社，2000 年第 3 辑，第 38—39 页。

娱乐者也，玩玩而已，让自己和朋友快乐地消遣时光，这就是游戏的简单的本意，原本就不为什么……在一些人看来，任何行为都是有企划、有谋划的，不是对自己好，就是对自己坏。在这样的环境下，为了介绍自己的产品，只能想方设法为"不为什么"的电子游戏找一些存在的价值。可悲的是，这些人自己搞出来的莫名其妙的误导，现在又授人以柄，成为大众抨击电子游戏的一个理由，实在令人啼笑皆非。①

萧雪枫在同一期中写道：

人们普遍认为玩是一种闲散的、不务正业的行为，玩不能创造任何生产资料，反而会造成生产生活资料的消耗甚至浪费；玩也不能给任何人带来成就，反而"虚度"了宝贵的光阴。因此，玩应该是一种附属的、应该被尽量压缩的，甚至是可有可无的活动。②

这段讨论虽然简短，但我认为，这触及了电子游戏与"玩"作为一个类别的社会矛盾，显然超越了一个看似明显的教育学（pedagogy）议题。熟读赫伊津哈（Johan Huizinga）的《游戏的人》的学者，也许会马上把王俊生提出的玩游戏的"不为什么"和赫伊津哈的"玩就是本质上'为其本身的'（autoletic）"这个论点联系起来。我不知道 20 年前的作者王俊生有没有看过《游戏的人》③。但是如前文所述，我并不着急"输血"赫伊津哈的理论。在赫伊津哈的理论让"玩"变成一个先验的类别之后，后人又把这个"玩"更加纯粹化了。我想在这里插入一点对"为其本身性"（autoleticity）的批判：将

---

① 王俊生：《所有问题都游戏扛》，《游戏批评》，内蒙古文化出版社，2001 年第 5 辑，第 8 页。

② 萧雪枫：《中国游戏业的生死之路》，《游戏批评》，内蒙古文化出版社，2001 年第 5 辑，第 27 页。

③ ［荷］约翰·赫伊津哈：《游戏的人》，何道宽译，花城出版社 2007 年版。

"魔圈"（Magic Circle）理论引入游戏研究，把玩的状态作为一种关闭或者例外的状态。对此，最常见的批判就是，魔圈忽略了"玩游戏"（gameplay）的语境。比如，米格尔·西卡特（Miguel Sicart）把玩的"为其本身性"放大为一种政治上的抵抗[1]，而不考虑在一个具体情况下，所谓的"玩"到底有没有他所说的那么理想化。另外，对"魔圈"理论的执着也让"玩"与"游戏"变成貌似对立的概念。比如，斯蒂芬妮·博鲁克（Stephanie Boluk）和帕特里克·勒米厄（Patrick LeMieux）合著的《元游戏》一书，就以"玩"的名义批判"游戏"："魔圈"理论在他们口中被批判为一种被隐藏起来的意识形态，背后是电子游戏的资本主义逻辑。[2] 在两人的书中，"玩"变成了一种纯粹的可能性，是必须被"复原"的创造性原力。但是，就如贾斯汀·A. 齐弗（Justin A. Keever）的批判，"如果玩处于所有东西之外的话，那么玩又回到本身了，回到'为其本身性'的闭环"[3]。

这里，王俊生提出的"玩不为什么"和米格尔·西卡特的"为其本身性"并不是一回事。《游戏批评》在 20 年前提出的回应是极为现实的："玩"不是被当为一个哲学的类别被辩护，而是一个基本的生存条件。因为游戏要存在下去，我们得去"玩"它们。"不加意义"恰恰就是为了避免所谓的"玩"的理论升华，不用再强加"意义"地为"玩"辩论。从某个角度来说，"魔圈"理论导致的对所谓的"玩"的纯粹化追求，和家长对于玩的附加意义或者某种利益的盲目追求同样出于焦虑，只是焦虑的内容不同。对赫伊津哈来说，他以怀旧的心态沉浸在自己的理想中，强调讲究公平竞争与荣誉的"古老"（archaic）社会（象征过去）；而就家长而言，他们不想让自己的孩子落后于社会前进和阶层分化的脚步（象征未来）。其实，有一个更加本土化而且不用

---

① Sicart, M. (2014). *Play Matters*. MIT Press.

② LeMieux, P. & Boluk, S. (2017). *Metagaming: Playing, Competing, Spectating, Cheating, Trading, Making, and Breaking Videogames*. University of Minnesota Press.

③ Keever, J. A. (2020, August). Impossible Autotelicity: The Political Negativity of Play. *Journal of Games Criticism*.

拐弯抹角的解释，即特定时代、社会、文化、经济背景下的焦虑。就像前面的分析一样，对于《游戏批评》想象中的中国家长来说，"玩"的价值不是纯粹的，"玩"本身没有价值，他们要看到立竿见影的效果或者价值，不管是学习成绩方面还是其他的素质。这并不是赫伊津哈的理论的对立面，或者说，这个对比根本就没有学术意义。实际上，大多数叫嚣封禁游戏或游戏场所的家长在很大程度上缺乏深思熟虑，或是对游戏缺乏了解，他们对"玩"的消极态度当然不是出于哲学的角度，而更多的是对"浪费资源"和其后果（"孩子学习成绩差，导致以后没有出息"）的恐惧。这种焦虑一方面刺激着游戏业的发展（比如小霸王学习机、刚起步的网吧行业，以及后来爆发式增长的网游行业），一方面又以一轮又一轮社会声讨的形式限制游戏业的发展。这个角度上，我们还是回到了有着阶级焦虑的家长对孩子们身体的规训。在这个背景下，拒绝哲学化"玩"，正是跳出"意义"的魔圈，从而得到解放：没有意义，不要再多加解释；玩就是无意义的，为什么要继续这个讨论？

三、艺术与游戏之争：纯洁的"游戏性"

游戏声光效果、操作性这些比较肤浅的内容是适合刊登在《电软》（game bar 栏目）的短篇题材。《游戏批评》需要更深层次的思考后总结出来的文字。

（《游戏批评》，2000 年第 4 期，第 93 页）

除了对网瘾言论的回应，另外一个充满火药味的话题就是"游戏是否是艺术"，这个问题是建立和摧毁一个媒介批判制度或场域的根源。首先需要指出的是，"游戏是否是艺术"这个问题本身的答案其实并不重要，重要的是这个辩论生成和质疑的一系列评判标准。正如本节开头引用的编辑策略，《游戏批评》非常强调打破游戏评论的一些标准，特别是形式上的组成成分：声音、画面、操作等。这些标准其实在某种程度上都在暗示和规划游戏作为一个媒介的审美类别。第二，"艺术 vs 游戏"的争论其实又回到另一个层面的

"纯洁性"的辩论:"游戏性"的纯洁是否不可侵犯。萧雪枫在杂志第五期刊登的《艺术化之电子游戏》一文中抛出了游戏成为艺术的路径:从"以制作人为本"到"以游戏者为本"。他提出,游戏成为艺术需要三点:"一、完整的交互性;二、完全开放的游戏过程和结局;三、完全虚拟的现实。"[①]这一论点引起多篇文章的反对。比如,一位名为"letyoudown"的作者在《游戏就是游戏 她不是艺术》一文中写道:

> 作为一种娱乐的方式,电子游戏就不应该去攀艺术的高枝。可怕的是现在的趋势很不妙,在技术进步的推动下,游戏似乎正沿着萧雪枫所描绘的方向前进。在图像与音效提升的同时,在游戏性上的创新与发展却少得可怜,甚至在倒退,好在有人还能看到这一点。[②]

这种"游戏性"的纯洁情结(purity complex)也不是中国独有的,这涉及媒介特殊性(medium specificity)的问题。游戏性被抽象为一种本质,而这个本质不需要与"艺术"的范畴有交集,因为这个交集会"污染""游戏性"的纯洁。但"游戏性"这个本质到底是什么呢?"玩法"?这个想法并不仅限于中国语境;比如,贾斯伯·鲁尔(Jesper Juul)强调的"游戏性"(gameness)从根本上视游戏规则为基础,而建构一个虚构的世界则是次要的[③]。游戏作为一个媒介的存在,"必须"强调自身的纯粹"独特性"。延续这个逻辑,那么电子游戏就是例外中的例外,是媒介的最前沿。在《游戏批评》中有两种矛盾的趋势:在展望和想象游戏行业未来发展的文章中经常说到,未来的游戏因为技术的逐渐进步而更好地实现着游戏的"本质";在回

---

① 萧雪枫:《艺术化之电子游戏》,《游戏批评》,内蒙古文化出版社,2001 年第 5 辑,第 38 页。

② letyoudown:《游戏就是游戏 她不是艺术》,《游戏批评》,远方出版社,2001 年第 7 辑,第 127 页。

③ Juul, J. (2005). *Half-Real: Video Games between Real Rules and Fictional Worlds*. MIT Press.

顾过去的文章中，过去的游戏被想象成了更加纯粹的游戏，而现在的游戏则添加了很多"游戏以外的"东西。比如，在《过去的游戏真的有意思吗？》一文中，作者 Valsion 写道：

> 过去的游戏只是单纯的"游戏"，但现在的游戏加进了很多貌似和游戏密不可分，但实际上却和"游戏"的本质相疏离的因素……甚至可以说，没有比现在更重视"画面"的时代了。于是，"游戏以外的东西"在游戏中逐渐膨胀，过去那种主要由系统构成的"纯粹游戏性"相对减少，游戏内容逐渐变得散漫起来。[①]

又如 letyoudown 在《游戏就是游戏 她不是艺术》中提到的《俄罗斯方块》（Tetris，1984）和《吃豆人》（Pack-Man，1980），"俄罗斯方块和吃豆不是艺术品，因为她们所表现的是游戏的核心：超强的游戏性"[②]。这两个游戏被当作了"游戏性"的巅峰，就是因为它们似乎没有其他的"干扰"，没有复杂的画面、声音和操作，只有一个很简单的"规则"和"游戏系统"。在这里，"玩"，或者说主动地玩游戏这个行动（action），与被动看到的表征（representation）成了对立面。这也是所谓游戏学（ludology）和叙事学（narratology）辩论的雏形。

从历史的角度上说，联系上一节说到的整个社会的偏见和电子游戏的边缘化，《游戏批评》对游戏的媒介特殊性的追求是完全可以理解的，在那个时代的人看来，也许是非常必要的。但是纯粹的"游戏性"带来的首要问题就是，当所谓"游戏性"被定义为核心的时候，必然排除了很多其他的方面。毫无疑问，《游戏批评》为超越传统游戏测评范式（或者说"套路"）而作出

---

① Valsion：《过去的游戏真的有意思吗？》，《游戏批评》，远方出版社，2006 年第 7 辑，第 83 页。

② letyoudown：《游戏就是游戏 她不是艺术》，《游戏批评》，远方出版社，2001 年第 7 辑，第 127 页。

的努力是值得尊敬的。在第 5 辑回应读者来稿的部分，编辑写道："客观地入手每部作品的特点，是抓住游戏真正益处的正法。对任何游戏都用画面、音效这些套路去套用，只能让你最后淹没在重复叠加的语言中。"[1]但是，避免套用声音、画面这些审美类别，其替代方案并不是要建立一个更加模糊的纯洁性评价标准。秦青在《电子游戏艺术的质疑》一文中写道："电子游戏所独具的艺术形式便是'交互'，归结到电子游戏，并可称之为艺术形式的，应该指人与软件的交流。"[2]这个"交互"论其实延续了纯洁的"游戏性"，因为"交互"的定义与"玩"和"游戏性"同样模糊：交互是玩家扮演的主动角色，那么传统的文本分析（文字、电影）就都没有了意义。这预设了游戏学的胜利。

　　《游戏批评》中也有少量文章摆脱了对所谓"玩"或者"游戏性"为中心的"纯洁性"范式，就如布伦丹·基奥（Brendan Keogh）所言，"游戏的特殊性恰恰不是它的形式纯洁而是它形式杂交"[3]。游戏是需要体验的，这个体验包括了方方面面：符号、动作、系统等。玩电子游戏是一个"控制论的循环"（cybernetic circuit），玩游戏不是被动或者主动，而是一个玩家与游戏软件共同建立的循环与波动；如果要分析一个游戏，玩家必然是这个"文本"的一部分，而不是完全独立于游戏存在的个体。比如，一位笔名为"侃霸"的玩家在谈论《莎木》（Shenmue，1999）时说道："'莎木'是一款需要你去"体验"而绝非单纯去'玩'的游戏。"[4]游戏的形式本来是非常多样的，例如《莎木》之所以成为一款让人记忆深刻的经典游戏，恰恰是因为游戏中注入了很多电影镜头元素。纯粹的"游戏性"不仅限制了我们对游戏类别的

---

[1]《游戏批评》，内蒙古文化出版社，2001 年第 5 辑，第 90 页。

[2] 秦青：《电子游戏艺术的质疑》，《游戏批评》，远方出版社，2001 年第 7 辑，第 129 页。

[3] Keogh, B. (2014). Across Worlds and Bodies: Criticism in the Age of Video Games. *Journal of Games Criticism*, Vol.1, Issue 1.

[4] 侃霸：《莎木》，《游戏批评》，海拉尔：内蒙古文化出版社，2001 年第 5 辑，第 75 页。

视野，也让我们忽略了玩游戏的身体性。

在《游戏批评》中，有两篇对格斗游戏的评论和分析就打破了这种"游戏性"的桎梏。比如在《格斗美学——怀念〈武士之刃〉》一文中，作者SILENCE写道：

> 东方武学思想以"气"为主，不仅仅指内力脉息的运用，也不单单是"神"先于技，而是要求对运用空间的一种思辨。自然空间之下的人，虽然可以仰仗自身机体的强化突破一些限制，但只有深刻理解自己对自然空间的依托关系并加以借助才能获得优势，简单来说即如何利用打斗环境。[①]

这段对格斗游戏的描述并不局限于一种被抽象化的"游戏性"（不管是规则还是所谓的玩法），而是把身体动作（玩家控制手柄）、游戏空间的意识和游戏中的虚拟化身（avatar）联系起来。格斗游戏是玩家能够感受到的，无论是"重拳"还是"轻拳"，都能从这个反馈循环的身体性中感受到。这样去看待游戏的时候，我们将"玩游戏"视为为感官的分配和玩的物质性，并且它们都处在一个电子游戏的具体场景中。从这个意义上说，20年前就已经有批评家在做这样的尝试，虽然只是少数，这是值得我们学习的。

结　论

上述对《游戏批评》的讨论聚焦了三个互相联系的启示：其一，是知识分子的引导问题；其二，是对"电子海洛因"的回应；其三，是"游戏性"

---

① SILENCE：《格斗美学——怀念〈武士之刃〉》，《游戏批评》，内蒙古文化出版社，2001年第3辑，第82页。

的纯洁情结。这三个启示都涉及了审美制度的建立与打破。早期的游戏批评家与杂志编辑都有一种很强的使命感，因为游戏作为一种媒介是被人诟病的，游戏玩家与批评家也都成了"弱势群体"[1]，所以游戏杂志要为游戏"正名"。这样的理想化语言自然是要放在具体时代背景下加以考量的，我也提到，比如上瘾论就是来自于特定时代的阶级焦虑。如此一来，游戏杂志的思想史在很大程度上都涉及更深层次的问题，如平台之争、上瘾论、盗版 vs 正版、游戏 vs 艺术等常见的争论，都折射出中国社会在变迁的同时，某些方面依然停滞不前。在少数文章中，笔者也观察到了对这种被默认的"纯洁的游戏性"的厌倦，而从游戏经验本身出发的多样性写作。如《游戏批评》的编辑所言，"信息资源极度匮乏，社会认知存在空白，'游戏批评'从哪里说起，是一个从很久以前就已经存在的长期课题"[2]。可见，游戏批评的思想史是可以追溯到游戏杂志的开端的。

参考文献

Keogh, B. (2014). Across Worlds and Bodies: Criticism in the Age of Video Games. *Journal of Games Criticism*, Vol.1, Issue 1.

Kirkpatrick, G. (2015). The Formation of Gaming Culture: UK Gaming Magazines, 1981—1995.

Keever, J. A. (2020, August). Impossible Autotelicity: The Political Negativity of Play. *Journal of Games Criticism*.

Baudrillard, J. (2007). *Fragments*. Verso.

---

[1] 编者:《拔河、艺术、海洛因》,《游戏批评》,内蒙古文化出版社,2001 年第 5 辑,第 3 页。

[2] 编者:《归来的〈游戏批评〉》,《游戏批评》,内蒙古文化出版社,2006 年第 19 辑,第 1 页。

Juul, J. (2005). *Half-Real: Video Games between Real Rules and Fictional Worlds*. MIT Press.

Sicart, M. (2014). *Play Matters*. MIT Press.

LeMieux, P., Boluk, S. (2017). *Metagaming: Playing, Competing, Spectating, Cheating, Trading, Making, and Breaking Videogames*. University of Minnesota Press.

［荷］约翰·赫伊津哈:《游戏的人》,何道宽译,花城出版社 2007 年版。

letyoudown:《游戏就是游戏 她不是艺术》,《游戏批评》,远方出版社,2001 年第 7 辑。

《游戏批评》,内蒙古文化出版社,2001 年第 5 辑。

SILENCE:《格斗美学——怀念〈武士之刃〉》,《游戏批评》,内蒙古文化出版社,2001 年第 3 辑。

Valsion:《过去的游戏真的有意思吗?》,《游戏批评》,远方出版社,2006 年第 7 辑。

编者:《拔河、艺术、海洛因》,《游戏批评》,内蒙古文化出版社,2001 年第 5 辑。

编者:《归来的〈游戏批评〉》,《游戏批评》,内蒙古文化出版社,2006 年第 19 辑。

果糖含量:《中国游戏发展史〈第 9 期〉:游戏杂志都去哪儿了?》,https://www.xiao-heihe.cn/community/1/list/31809974,2019 年 9 月 4 日。

侃霸:《莎木》,《游戏批评》,内蒙古文化出版社,2001 年第 5 辑。

秦青:《电子游戏艺术的质疑》,《游戏批评》,远方出版社,2001 年第 7 辑。

施畅:《恐慌的消逝:从"电子海洛因"到电子竞技》,《文化研究》2018 年第 1 期。

王洪喆:《不可折叠的时空与不可降维的身体——电子游戏的城市空间社会史》,《中国图书评论》2016 年第 4 期。

王俊生:《所有问题都游戏扛》,《游戏批评》,内蒙古文化出版社,2001 年第 5 辑。

夏斐:《电脑游戏 瞄准孩子的"电子海洛因"》,《光明日报》,2000 年 5 月 9 日。全文可参见 http://www.gmw.cn/01gmrb/2000-05/09/GB/05%5E18415%5E0%5EGMA2-013.htm;亦可参见《北京纪事》,2001 年第 16 期。

萧雪枫:《艺术化之电子游戏》,《游戏批评》,内蒙古文化出版社,2001 年第 5 辑。

萧雪枫:《中国游戏业的生死之路》,《游戏批评》,内蒙古文化出版社,2001 年第 5 辑。

胭惜雨:《中国大陆游戏媒体发展简史》,https://zhuanlan.zhihu.com/p/28610497,2017 年 9 月 4 日。

阳火等：《PC GAME 与 TV GAME 的冲突与融合》，《游戏批评》，内蒙古文化出版社，2000 年第 3 辑。

张旭东：《批评的踪迹：文化理论与文化批评》，生活·读书·新知三联书店 2003 年版。

参考游戏

南梦宫：《吃豆人》[Arcade/Atari VCS/Apple Ⅱ]，南梦宫，日本，1980 年。

Patjinov, Alexey. (1987). *Tetris*. [DOS], Spectrum Holobyte, U.S.A.

Rockstar North. (2013). *Grand Theft Auto V*. [PS3], Rockstar Games, Global.

世嘉：《莎木》[Dreamcast]，世嘉，日本，1999 年。

"把游戏重新带入艺术"：世纪之交 20 年中国当代艺术与电子游戏文化[☆]

"Bring Games Back into Art" : Chinese Contemporary Art and Video Games Culture from 1989 to 2010

陈旻[*]　文

Min Chen, Institute of Contemporary Art and Social Thoughts, China Academy of Art

摘　要

在 20 世纪末至 21 世纪初的二十年周期内，围绕着电子游戏文化领域出现了一系列中国当代艺术创作实践。在电子游戏传入国内和发展迭代的不同阶段，艺术工作者和业余爱好者等创作者们利用不同类型的游戏媒介进行艺术生产，开创了多条兼具反思性和创造性的艺术生产之路，如 MOD 文化、

☆ 本文标题"把游戏重新带入艺术"引自艺术家冯梦波的一句话。感谢曹澍、芬雷、冯梦波、郭熙、李明、林科、卢川、录像局、谭悦、杨振中、王洪喆、张舸、郑国谷、周蓬岸等师友和机构为本文提供的档案文献、个人回忆、建议及帮助。

* 陈旻，策展人 / 艺术家 / 译者，曾留法十年，现工作、生活于杭州，为中国美术学院跨媒体艺术学院当代艺术与社会思想研究所博士生，其实践和研究方向来自历史与图像学、游戏与艺术、超现实主义与欧洲先锋派运动等相互勾连的问题域。曾策划《游戏社会：狼、猞猁和蚁群》（Hyundai Blue Prize 获奖展，2020 年），文章见刊于《新美术 | 中国美术学院学报》、《中国摄影》、《信睿周报》、《艺术当代》等。

媒介转译、架构世界和界面挪用等，这些线索似乎也埋藏在中国早期电子游戏的"山寨化"生产中。但无论是"山寨"还是MOD，它们无非是把异质性元素透明化，把知识还原成可解读、可传播的信息，从而真正地解放知识和感受力。在这些案例中，游戏既可以成为艺术的动机，也可以成为艺术创作的一种表现形式。真正的艺术和游戏之间没有界限。作为一种面向未来的技术媒介，电子游戏向我们展示了它作为一种跨学科和跨领域的黏合剂，或是作为一种技术和人性的疏通剂的巨大潜能。

关键词：中国当代艺术；电子游戏；游戏艺术；MOD；山寨；冯梦波

Abstract

In the nearly two-decade cycle from 1989 to 2010, a series of Chinese contemporary art and creative practices emerged around the field of video game culture. At different stages of the introduction and development of video games in China, artists, amateurs, and fans utilize different types of game media to produce art, generating a number of reflexive and creative paths of art production, such as modding, media translation, world-building, and interface appropriation. These traces also seem to be buried in the "shanzhai" production of early Chinese game industry. Whether it's "shanzhai" or modding, they manage to showcase the heterogeneous elements and render knowledge decipherable and transmittable information, thus truly liberating knowledge and sensibility. In these cases, games can be both a motive for art and an expression of artistic creation. There is no boundary between real art and games. As a future-oriented technology/medium, video games emerged as an interdisciplinary and cross-disciplinary adhesive, or even an unblocking agent of technology and humanity.

Keywords

Chinese contemporary art, video games, game art MOD, shanzhai, Feng Mengbo

时至今日，关于电子游戏^①是否属于艺术的争议仍在继续，但是这些争议却从来没能阻止当代艺术世界将电子游戏看作一种新兴媒介（emerging media），并积极地把它融入自己的庞杂体系。自 1989 年起，一些国外博物馆和艺术机构开始把电子游戏制品当成一种现成品（ready-made）艺术，对其进行展示和收藏。第一个做出此类尝试的是纽约的运动影像博物馆，它推出的《热电路：街机游戏》（Hot Circuits: A Video Arcade）是经典街机游戏的第一个博物馆级别的回顾展；同时，艺术家开始在创作中使用电子游戏媒介，其中，知名度较高的有美国艺术家科里·阿肯吉尔（Cory Arcangel）于 2002 年创作的 MOD^②游戏《超级马里奥云朵》（*Super Mario Clouds*）——艺术家修改了任天堂 NES^③游戏《超级马里奥兄弟》（*Super Mario Brothers*，1985）的 ROM^④卡带，删除了程序中除了蓝天和白云以外的所有图形元素和声音，游戏的实时画面只剩下以缓慢的速度前进着的蓝天白云的关卡背景。在当代艺术领域，人们通常把以电子游戏作为主要创作媒介的艺术形式笼统地称作"游戏艺术"（game art），它从属于新媒体艺术（new media art）的其中一个分支。对于在该领域工作的策展人、学者和机构来说，"游戏艺术"与"电子游戏美术设计"之间的区别是显而易见的，但是他们处理的艺术对象却往往介于"交互艺术"（interactive art，基于计算机技术、需要观众参与的新媒体艺术）、"艺术游戏"（art game，着重传达创作者意图的严肃电子游

---

① 本文提到的电子游戏（video games）统称所有包含输入设备、用户界面和视频显示设备的电子化的（electronic）游戏，其中包括但不限于街机游戏（arcade games）、主机游戏（console games）和电脑游戏（PC games）等。

② MOD，即 modification，专指游戏发烧友自制某官方游戏的个人修改版。

③ Nintendo Entertainment System，即红白机的非日本版本。

④ Read-Only Memory，即只读存储器。

戏）、独立游戏（indie game，由个体或小团队开发、没有大型游戏出版商支持的电子游戏）等类型之间，不仅没有明显的界限，而且往往难以归类。同样引发争议的还有某些不含电子化（electronic）互动元素，但包含电子游戏文化的艺术形式。本文使用带引号的"游戏艺术"这个概念，是希望强调本文的研究范畴仅限于基于电子游戏文化的当代艺术形式。笔者认为，游戏艺术同样也包含了非电子化的一般游戏事物（如棋盘游戏、儿童游戏、文字游戏等）①，游戏艺术是一种开放的作品，故而有着开放的媒介形式。

当然，本文的目的并不在于对"游戏艺术"的范畴进行重新定义，而是试图回到"游戏艺术"成为一个领域的固定表达之前，考察电子游戏文化影响艺术世界的早期时段，具体来说，就是 20 世纪末至 21 世纪初这段二十年的历史周期。这是一次非历时性的考察：针对中国当代艺术领域中的创作者通过电子游戏这个新媒体技术来组织艺术作品生产的诸现象展开历史论述，甄别其中出现的不同路径和多种模式。有别于一般艺术领域的研究方式，本文不会对艺术家个体和艺术作品进行操作性批评，而是将同一时期业余爱好者的创作与职业艺术家的创作放入一种比较的视野，并试图重新建构作品生产时期的技术条件、文化特征和社会情境。我们将会看到，在西方和日本的电子游戏文化传入中国的前二十年中，本土创作者们做的是一种信息再传播的工作：试图突破信息的不透明和不流通状态，并打破文化产品（即被商品化的知识）的不可解码性（即知识产权），使信息成为可流通的、可转译的知识。简单来说，他们的工作就是对接收到的原始信息进行重新编码和再传播，以加速信息流通。所以，本土电子游戏文化从一开始就带上了强烈的后现代特征：通过分歧、差异和误构（parologie），使知识在社会实践中成为生

---

① 早在电子游戏诞生之前，欧美先锋艺术家就已经在使用一般游戏形式进行艺术创作了，比如丹麦国际情境主义者阿斯格·尤恩（Asger Jorn）1962 年设计的《三边足球》（*Three Sided Football*），法国国际情境主义者居伊·德波（Guy Debord）于 1963 年设计的军棋《战争游戏》（*Kriegspiel*）等。

产力[1]。另外，鉴于篇幅限制，本文不会涉及 2010 年至 2020 年间出现的游戏和新媒介作品，但笔者相信，对近十年该领域的梳理将是未来非常有意义的研究方向。

一、1995：从乌托邦／异托邦规划师到数字闲逛者

站在 2020 年末回望，1995 年发生了哪些足以作为我们叙述锚点的事件？假如有这样一部小电影，那么它的第一个镜头就发生在美国加州的荒野之中：比尔·盖茨站在一条笔直通往地平线的公路上，双手插在口袋里，微微侧身，面向安妮·莱博维茨（Annie Leibovitz）的镜头咧嘴笑着[2]。比尔，这位西部荒野中的"数据牛仔"，在那个时间和地点为我们指出了"未来之路"（The Road Ahead）的方向。二十五年后，不仅信息高速公路（info highway）遍布全球，而且每个家庭的桌子上都出现了计算机。他所期望和担忧的，不论是电子商务／政务、视频会议、智能手机（袖珍终端）、智能导航、云存储、网上购物、网络教育、物联网，还是摄像头和个人隐私问题、信息不平等问题，都一个接一个地成了现实。

第二个镜头则跨越太平洋来到了北京——一块硕大的广告牌如斯芬克斯一般矗立在中关村白颐路口，向每一个过路人提问："中国人离信息高速公路还有多远？"答案就在向北 1500 米。这一年，北京的环城高速公路才刚刚通车，"信息高速国道"[3] 的金桥一期工程还未立项，张树新在首都创立了中国第一家 ISP 公司（互联网服务供应商）"瀛海威"（即"信息高速公路"英文

---

[1] ［法］利奥塔尔：《后现代状态——关于知识的报告》，车槿山译，南京大学出版社 2011 年版，第 15 页。

[2] ［美］比尔·盖茨：《未来之路》，辜正坤译，北京大学出版社 1996 年版。这里描写的是该书的封面。

[3] 1993 年底，中共中央、国务院决定兴建"金桥"、"金卡"、"金关"工程，建设中国的"信息高速国道"，这是中国信息化建设的开端。详见《"信息高速国道"第一条》，https://www.gmw.cn/03zhuanti/2004-00/jinian/50zn/50kj/kj-18.htm。

info highway 的音译）。第一批本土网民（netizen）高唱着"英特纳雄耐尔一定要实现，因特网已经实现"，满怀对未来的信心，走入"瀛海威时空科教馆"，成为信息海洋的冲浪先锋。

接下来，我们将跟随金山软件创始人之一的求伯君离开北京，来到南方，在珠海成立国内最早的游戏开发工作室之一的西山居，制作出中国最早的商业电脑游戏之一——《中关村启示录》（1996 年）。游戏场景把玩家带回到虚构的"过去"和北方，即十二年前的中关村，这片充满希望的田野。这一年，全国各地都有一批充满热情的创业者投身于游戏开发事业。

最后一个镜头发生在广州天河区金碧辉煌的市长大厦旁——一幢商业用摩天大楼的建筑工地里。广东艺术家小组"大尾象"成员之一梁钜辉把家用游戏机和电视机搬到了施工用的垂直升降机中。在一个小时内，艺术家头戴蓝色安全帽，在上上下下的电梯中不停地玩一款名为"坦克大战"（1989 年）的电子游戏。梁钜辉的这次行为艺术《游戏一小时》使生产中断了一小时，把工地变成了游乐场，把建筑工人们变成了"游手好闲"的围观者。

从乌托邦/异托邦（utopia/heterotopias）规划师到数字闲逛者（flâneur），这组隐喻或许可以概括 1995 年至今中国网络社会、电子游戏空间和用户身份所发生的种种变化。1997 年，中国上网人数仅为 62 万[1]；到了 2000 年初，中国已有 890 万网民，其中多为拨号上网；而到了 2001 年初，这个数字翻了近 3 倍[2]。2010 年底，国内计算机技术和网络设施已经大幅度普及，用户从拨号上网过渡到宽带接入，为接下来的移动通信和社交媒体时代做好了铺垫。

相比因特网，电子游戏更早进入了内地市场。20 世纪 80 年代城市公共文化空间变迁的标志之一就是消费性的街机游戏厅完全取代了原先生产性的

---

[1] 中国互联网络信息中心：《1997 年～1999 年互联网大事记》，http://www.cnnic.net.cn/hlwfzyj/hlwdsj/201206/t20120612_27416.htm，2009 年 5 月 26 日。

[2] 中国互联网络信息中心：《2000 年～2001 年互联网大事记》，http://www.cnnic.net.cn/hlwfzyj/hlwdsj/201206/t20120612_27417.htm，2009 年 5 月 26 日。

"工人俱乐部"①。家庭内部的文化空间也发生了改变：雅达利（Atari）的电视游戏于 1984 年进入中国市场，但是原装游戏主机的售价却高达千元，这无疑是大部分家庭无力承担的。到了 20 世纪 90 年代初，能够玩到原装游戏主机的国内玩家仍然只是少数（而且需要解决 NTSC 制式的转化问题），普通玩家能够买到的多是 PAL 制式的"兼容机"，其均价在 250—500 元间②，最常见的机种是中山"小霸王"红白机和天津新星的"小教授"世嘉五代机等，大多数玩家的游戏启蒙完全来自"N 合一卡带"。

中国电子游戏市场从 20 世纪末的街机和家用主机时代转向了电脑游戏时代，其中，网络游戏逐渐成为市场主流。当然，市场导向也是不可忽视的一个重要因素——20 世纪 90 年代，家用"游戏机"的生产转向了"学习机"的生产、本土个人电脑市场的繁荣，以及电脑游戏的低消费成本在很大程度上决定了这一走向。一方面，由于游戏制作的成本、技术要求和生产周期的限制，游戏代理成为 IT 初创企业起步的最佳途径；另一方面，游戏消费者开始出现分层——消费电脑单机游戏的发烧友以及消费网络游戏的普通爱好者。（代理）收费制网络游戏的引入，让国内玩家以相对低成本的方式更便捷且更快地玩到汉化的国外游戏大作，网络游戏成为草根阶层性价比最高的娱乐和社交平台③。2001 年 4 月，信息产业部、公安部、文化部等机构推出《互联网上网服务营业场所管理办法》④，电脑网络游戏自此迎来了春天。仅一年时间，网络游戏就全面碾压了单机游戏和主机游戏。电子游戏和动画、漫画在城市空间得到大面积传播，逐渐发展成为一股强大的亚文化力量：这些锚定未

---

① 王洪喆：《从"非主流"到"新主流"——作为共用空间的中国互联网文化研究》，硕士学位论文，北京大学，2010 年，第 30 页。

② 傅璜：《电视游戏一点通》，福建科学技术出版社，1991 年版。

③ 产业信息网：《网络游戏行业产业规模及发展趋势分析》，https://www.chyxx.com/industry/201401/227135.html，2014 年 1 月 14 日。

④ 信息产业部、公安部、文化部、国家工商行政管理局：《互联网上网服务营业场所管理办法》，https://wenku.baidu.com/view/ca0707a75bcfa1c7aa00b52acfc789eb162d9e73.html，2001 年 4 月 3 日。

成年人的新媒体文化产品中蕴含着巨大的知识潜能和市场潜力，在青年群体和草根群体中造成了深远的影响。

在文化领域的另一端，自20世纪80年代末开始，到21世纪10年代末的世界金融危机和北京奥运会为止，中国现当代艺术在这二十年间一直处于高速发展阶段。自20世纪90年代起，中国当代艺术迅速进入了市场化进程，体制艺术和延续了上千年的传统文人书画艺术完全割裂开来。这种市场转向与改革开放进程、国有工厂改制息息相关，大量闲置的工业建筑被改造成为生产性的文化空间①，各种本土双年展、三年展、艺术空间、画廊和拍卖行如雨后春笋般出现——这种新的空间生产关系对当代艺术系统提出了新的要求：生产出能够匹配工厂空间尺度的大型艺术作品。批评家姚嘉善（Pauline Yao）指出了20世纪的中国当代艺术特征，即本土艺术的大规模生产模式作为一条明显的线索，完全打破了延续上千年的"手艺人式的"艺术品生产模式和千禧年之前现当代艺术家自我表达式的创作方式②。另一方面，在国际策展人、国外藏家和国外机构的介入下，本土艺术家开始走出国门，携作品在各种国际大展和国外机构中亮相，本土当代艺术系统因此呈现出明显的国际化和景观化特征。另外，在文化作品的市场化生产之外，当代艺术并没有放弃反思和批判意识，在进行形式生产的同时，也在积极推动思想的发明和理论的更新，在实践中对消费社会和政策管制做出回应，下文将会结合具体案例详细阐述。

本文试图讨论的是，在20世纪末至21世纪初的这段时间内，电子游戏媒介的传播如何影响了本土艺术家的感知方式？艺术家对这种新媒体技术和其中所包含的外来文化内容又做出了哪些回应？他们是否发展出了新的表达

---

① 比如著名的798艺术区（北京朝阳区酒仙桥街道）：从2002年底开始，大量艺术家工作室和艺术机构陆续入驻，逐渐将原址的国营798厂等电子工业的老厂区改造成新艺术区，如今已经成为北京都市文化的新地标。本文提到的尤伦斯艺术中心就在该园区内，是一间非营利的综合艺术中心，由收藏家尤伦斯夫妇出资建造，2007年正式开幕。

② 姚嘉善：《生产模式：透视中国当代艺术（节选）》，《当代艺术与投资》2010年第2期。

和新的生产方式，或是导向新的行动？当代艺术是否反哺了电子游戏文化领域？相比之下，浸润于游戏文化的业余爱好者群体又做出了哪些生产和行动的回应？这两个群体之间是有所联结，还是各自独立？他们和游戏业界的关系又是如何？

正如任何一种新媒介中必然包含了不同旧媒介，新媒介的批评必然也会在不同程度上借用旧媒介的概念和批评体系。列夫·马诺维奇（Lev Manovich）的新媒体理论为我们带来的启示是：要对一部文化作品作出有效批评，就必须回到它所处的那个年代，考察当时的技术条件和社会背景；同时，写作者也必须对历史作品进行"再语境化"（re-contextualize），指出作品与媒体技术发展脉络的关系，在过往的问题中揭露出当下的意义。

当然，对个体创作者来说，新媒体艺术的制作完全受制于生产工具的水平。开发一件电子游戏作品，其软件和硬件需求往往比制作一件影像艺术作品更高，其生产模式也往往要求人们投入更多的劳动力。这些因素决定了与影像艺术的发展状况相比，中国"游戏艺术"的发展相对有限，有效的案例不多。根据不同的媒介特征，我们暂且可以把这些作品大致分作三种类型：电子游戏作为内容及脚本素材的引擎电影（machinima）、拥有人机交互界面的电子游戏，以及把身体和电子游戏媒介的交互行为当成界面的行为艺术（后者是否可以纳入新媒体艺术的范畴？这一点有待商榷）。但是，这些类型之间并不存在绝对的划分，它们可以交错地共存于同一位艺术家的项目之中。如果我们采用游戏世界的分类方式，这些"艺术世界内在场的"游戏类型则多到无法进行有效分类：横版通关类、格斗类、第一人称射击类、开放世界类、竞技网游类、即时战略类等。因此，本文不会采用编年史或分类学的形式，而是会打乱历史叙述的顺序，从个体创作者所引发的现象本身出发进行分段式论述。

本文的第二节和第三节将聚焦"游戏艺术"领域，讨论以艺术家为导向的不同类型的创作。除了介绍这一阶段相对比较突出的当代艺术作品，也会把同一时段出现的同人游戏和同人作品，甚至将某些游戏工业制品并置在同一舞台上，以电子游戏的媒介语言和时代特征为出发点，重建作品创作年代的计算机和网络技术情境，在艺术生产、玩家文化和游戏产业的对比论述中建立起它们之间的关联性，从而梳理游戏文化在当代中国语境中的独特脉络。本文的第四节似乎跳出了"游戏艺术"领域，回到鲜活的社会生产现场，就是希望能够在身体和电子游戏媒介的交互范畴内将问题进一步延伸到新的思考空间，去看待生活、技术和艺术的关系。

二、1989—2010: MOD 文化

中国当代艺术家冯梦波自述道，从中央美术学院版画专业毕业之后，他曾一度迷失了自己的艺术方向。1992 年，作为一位主机玩家，他每日都沉迷于世嘉 16 位游戏机 Mega Drive 平台上的《街头霸王 2》(*Street Fighter Ⅱ: The World Warrior*，1991)、《魂斗罗》(*Contra*，1987)和《音速小子》(*Sonic the Hedgehog*，1991)等电子游戏。有一天，当他在玩游戏时，突然意识到："既然我一直认为艺术起源于游戏，那我为什么不把游戏重新带入艺术呢?"[①]从那时起，冯梦波开始了他游走于绘画、动画影像、电子游戏和互动装置等新旧媒介之间的艺术生涯。2004 年，当他以《阿 Q》这件互动装置作品获得林茨电子艺术节大奖后，在作品陈述中，冯梦波写下了他对于游戏与艺术的思考："修改 (modification) 对于感兴趣实时交互艺术的艺术家来说，是最容易的切入点之一。早在 1992 年，当我开始将游戏作为艺术来使用时，人们就质疑这种艺术形式。现在，已经没有任何质疑了。我在中央美术学院媒体实验室的学生问我，'互动'到底是什么意思。我回答说，它可能是交流的

---

① 冯梦波:《大收藏家冯梦波之四十八:奖状》，译自文中林茨电子艺术竞赛档案《阿 Q——死亡之镜》(AH_Q-A MIRROR OF DEATH)的英文作品论述。可参见冯梦波:《大收藏家冯梦波之四十八:奖状》，https://mp.weixin.qq.com/s/LE-CEFaVphjoeHRVFZae9Q，2018 年 12 月 04 日。

技术，但其实我更愿意说它是一种游戏。"①

　　冯梦波自 1992 年开始创作的绘画系列名为《游戏结束》，灵感正来自于他当时玩的那些主机游戏的视觉美学。在那个时候，要获取一张游戏画面的"截图"与今天相比是非常复杂的，艺术家需要动用许多设备，进行多道加工工序：除了一台家用电子游戏机，还需要使用一台进口彩色电视录像一体机来播放游戏画面，并实时记录游戏过程。一旦在游戏录屏中看到满意的画面，他就按下暂停键，用胶片照相机翻拍电视屏幕，再把冲洗出来的底片制成幻灯片，用幻灯机把素材投射到画布之上。电子游戏的视觉语言糅合了 CRT 电视、胶片摄影和幻灯机的视觉特征，而画布上最终呈现的，正是经过了媒体产品的多重转化的艺术想象力。

　　冯梦波开展了诸多实验，这些实验性的作品都可以被看成一种朝向电子游戏媒介的过渡性尝试。比如在 1994 年的香港个展中，在系列绘画之外，他动用了两台苹果电脑和一台 MiniDisc 录音机，展出了两件电子幻灯片，作品存储在两张 1.44Mb 软盘和一张 MiniDisc 碟片上。艺术家在作品陈述中说明，这些电子幻灯片的创作初衷来自他对新电子产品的尝试——1993 年，他通过销售作品获得了一笔用来采购新媒体设备的资金：他的第一套个人电脑（Macintosh LC Ⅱ，中文名"创易"）、一台配套的苹果喷墨打印机和一个 Korg M1 音乐工作站。"创易"推出时市场售价为 17500 元。可想而知，当时很少有人能够拥有这样的设备，他不得不学会自己摸索。"创易"电脑上唯一附带的软件是 Aldus Persuasion，这是一款幻灯片制作软件（后被 Adobe 收购），虽然还比较简陋，但是它已经具备一款 PPT 软件的所有基本功能，不仅可以制作文字和图表，还可以进行数码绘图、分层制图和调色。另一方面，电子幻灯片也呼应了冯梦波在其少年时期受到的媒体艺术（media art）

----

① 冯梦波：《大收藏家冯梦波之四十八：奖状》，译自文中林茨电子艺术竞赛档案《阿Q——死亡之镜》（AH_Q-A MIRROR OF DEATH）的英文作品论述；冯梦波：《大收藏家冯梦波之四十八：奖状》，https://mp.weixin.qq.com/s/LE-CEFaVphjoeHRVFZae9Q，2018 年 12 月 04 日。

启蒙——在电视和电影文化相对贫乏的六七十年代，幻灯片既是大众宣传工具，也丰富了人民群众的日常生活。

用今天的话来说，"创易"既是一个娱乐工具，也是一个生产工具。他一边在画布上绘画，一边在电脑上练习数码绘画，在合成器上自学演奏和多轨 MIDI 编制。在广州艺术机构"录像局"于 2017 年构建的冯梦波影像作品档案中，我们可以看到电子幻灯片格式已经转为 PAL 制式的电脑动画影像，作品的展示和收藏不得不去顺应电子产品的更新迭代①。这一点说明了新媒体艺术的作品内容和交互界面是分离的，交互界面与时代的数字技术息息相关，而内容却可以从原有的技术媒介中剥离出来，正如模拟信号（analogue）可以被转化为数字信号（digital），模拟信号的媒介作品可以建立数字化存档，从而超越它的原生时代。旧技术终将被时代淘汰，但是作品的生命却通过文化系统得到保存，成为未来媒体考古学的潜在对象。

1999 年，id Software 公司推出了第一人称射击 3D 游戏《雷神之锤Ⅲ》（*Quake Ⅲ Arena*，1999），再次将冯梦波带回到了游戏和艺术的实验室。这一年，苹果公司推出了新款电脑 MAC 蓝白 G3（Power Macintosh G3 Blue and White）。这款电脑内置的火线接口可以直接连接最新的 Mini DV 摄像机，还有在当时代表了先进生产力的 ATI 3D Rage 显卡、USB 接口和 Midi 接口，再加上 2000 年发布的 Final Cut 视频编辑软件，这就意味着，从那时起，个人用户可以在家用电脑上制作视听影像，甚至是交互作品。而蓝白 G3 显卡的广告，正是《雷神之锤Ⅲ》的测试版游戏。正如本文第一节所述，那时候国内已有 890 万网民，但是大多数人仍在使用调制解调器拨号上网。添置了蓝白 G3 后，冯梦波立刻下载了游戏试玩版，但是缓慢的网速使他几乎不可能在国际服务器上进行实时多人对战，严重的延迟导致他在战斗中屡战屡败。经过几个月的练习，他逐渐掌握了游戏的潜藏规则，学会了提前预判敌方的行动，提早发动攻击。在持续的游戏过程中，他的脑海里逐渐浮现出新

---

① 录像局：冯梦波（VB-0066），https://videobureau.org/artist/feng-mengbo。

作品的想法：利用游戏素材拍摄一部数字引擎电影。

引擎电影是一种使用实时计算机图形引擎制作的电影，其创作主体往往是一些"粉丝劳工"（fan labor），他们运用受版权保护的电子游戏素材进行"同人化"叙事。正是从 20 世纪 90 年代的第一人称射击游戏《毁灭战士》和《雷神之锤》中诞生出了第一批引擎电影作品。作为一种档案影像，引擎电影参与并改变了游戏文化的形成，不仅记录了游戏的演出，也为媒体考古研究提供了许多可感的线索。

《Q3》是一部时长 32 分钟的个人电影，完全遵循了电影的制作流程：冯梦波先是和朋友构思了一个剧本，接着在自家车库里搭建了一个拍摄用的蓝屏，自己出演剧情中的电视记者角色，再把 Mini DV 拍摄好的录像传输到电脑里进行抠像，并加到录制好的电脑游戏场景中。为此，他组建了一个家庭局域网，在 2 台 PC 和 1 台苹果 G3 中分头工作，并独立完成了所有音轨。可以说，冯梦波的《Q3》是国内最早的引擎电影作品之一。

批评家张颂仁认为，《Q3》以介乎人与非人之间的机器战士的悲剧命运书写了一个末世寓言，拥有"专属于计算机游戏特性的元素：互动、暴力、急速。感官的刺激取代了叙事"。这件作品引起了国际艺术界的关注。2000年 4 月，在香港安妮王艺术基金的赞助下，第十一届卡塞尔文献展的总策展人奥奎·恩维佐（Okwui Enwezor）[①]携批评家、艺术家和美术馆长等 20 多人，在杭州、上海、北京、广州、香港和台北进行了为期两周的考察访问。冯梦波在他的北京工作室向国际考察团展示了他的影像《Q3》，并陈述了他想要制作一件真正的游戏作品的想法。恩维佐及团队立刻决定邀请他参加文献展，并安排芝加哥文艺复兴学会（The Renaissance Society）为未来作品的制作方。

---

① 卡塞尔文献展是世界最著名的艺术展览之一，在德国卡塞尔每 5 年举办一次，具有强烈的批判和反思色彩，有别于一般的沙龙和新艺术流派展览。奥奎·恩维佐是卡塞尔展览史上第一位非裔策展人。

冯梦波以《雷神之锤Ⅲ》的地图编辑器为基础开始创作①。在其友人卢悦的帮助下，他一点点地完成了人物 3D 模型修改，人物角色的动画和 AI、声轨的改造和制作，以及程序基本执行文件的改写，并最终打包成一个 MOD（改装包）文件。经过两年时间的工作，《Q4U》于 2002 年 2 月在芝加哥文艺复兴学会的空间展出，接着在 6 月份的德国卡塞尔文献展上亮相。

作为文献展历史上第一件限制 18 岁以下青少年参观的作品，《Q4U》以互动装置 / 表演 / 互联网项目的方式，在三块巨型投影屏幕上呈现。在开幕期间的表演现场，三名玩家分别在自己的电脑主机上进行操作，投影仪将他们的游戏画面同步投射到三块屏幕上。在震耳欲聋的爆炸声中，玩家控制艺术家冯梦波模样的"虚拟化身"（avatar）。这个"化身"既是"持摄影机的人"，也是手持重型武器的战士，在昏暗的迷宫中奔跑，探索无尽的地牢空间，遭遇有着相同的艺术家模样的敌人，进行轰击，血雾在屏幕上蔓延开来，又迅速地消失。冯梦波把他的作品变成了一个全球实时竞技现场，世界各地的游戏玩家都可以通过网络连入设于德国的服务器参加在线战斗，而艺术家本人偶尔也会悄悄地加入战局。《Q4U》将网络游戏转化为一场实时表演艺术，再现了全球网络文化和虚拟世界对于用户行为的影响。但是，艺术家想要表达的只是游戏作为暴力的再现吗？美国策展人哈姆扎·沃克（Hamza Walker）的批评似乎触及了电子游戏的核心问题：

> 虽然自《特种部队》（*GI Joe*）以来，我们已经走了很长的路，但我们真的离《Pong》那么远了吗？除了"杀或被杀"之外，还有什么协议可以规范来自世界各地的玩家们被本质上二进制系统所划定的行为？在这方面，《雷神之锤》虽然采用了暴力狂欢的形式，但它再现了电子游戏媒介的核心，即赢家 / 输家，零 / 一。无论如何，梦波的游戏哲学在

---

① 《雷神之锤》在网上发布游戏地图编辑器和 Mod 工具。1996 年到 1999 年间，随着互联网的普及，《雷神之锤Ⅲ》的单人剧情模式逐步取消，在线电子竞技模式开始兴起。

于玩。他希望所有观众都能抓起鼠标，玩得开心。他是一个狂热的游戏玩家，他自诩已经死过上千次了。看着他的角色咕哝着、跨越障碍、向敌人还击，显然他已经迫不及待地想要再死一千次了。至于规则，没有规则。不需要说明书。

新技术不断地取代过时的技术，新游戏不断地占据我们的注意力，我们的欲望总是趋向更高清的画面、更快的速度和更好的手感。《雷神之锤Ⅲ》或将成为时代的眼泪，但是游戏的所有非官方"副本"或"变体"，游戏的所有角色、动画、舞台和 AI 系统，都将通过修改（MOD，即 modification）的方式不断地在"同人文化"中延续生命。2000 年，冯梦波改写了《Q4U》的游戏设定文件，使之成为一件文本作品《do it》。2002 年，他在《雷神之锤Ⅲ》的世界中加入了当时亚洲非常流行的跳舞毯，将手和脚共同运动的机制加入"战场"，制作了互动装置《阿 Q》（2004 年展出）。在接下来的岁月中，冯梦波继续制作了《Q4U》的许多其他"变体"作品，每次他都会加上一些新的媒介，带入他对新媒介和新情境的思考：3D 眼镜、自动绘画系统、电脑程序、VR 等[①]。另外非常有意思的一点是，自 2002 年起，以《雷神之锤Ⅲ》为蓝本创作的这一系列作品参加了许多展览，冯梦波每次都会要求主办方购买一套或多套盒装原版游戏，借此对厂商 id Software 表示敬意。凭借着不断更新的数码技术和新媒介语言，3D 形象的冯梦波在虚拟世界中不断地重生，如游戏中的角色一般，作品也可以无限次地再现生机。

2010 年，冯梦波又将改编的目光投向了《真人快打》（*Mortal Kombat*，1992），一款搭载于世嘉 16 位家用机 Sega Genesis 平台的格斗游戏。在没有

[①] 　这批作品包括：2004 年的《Q3D》（非互动电子游戏装置 / 鱼缸 /3D 眼镜等），2007 年的《r_drawworld 0》（程序绘画装置 / 自动绘画系统 / 多频电脑程序 / 互动装置），2008 年的《Q2008》（程序绘画装置 / 自动绘画系统 / 多频电脑程序 / 互动装置，非互动电子游戏装置），2010 年《不太晚》（程序绘画装置 / 自动绘画系统 / 多频电脑程序，V&A 美术馆制作），2011 年的《Q3D v3》（互动装置），2012 年的《Q2012》（多频道录像装置），2017 年的《Q3DVR》（VR 非互动电子游戏装置）等。

任何这类游戏开发经验的情况下，他再次与好友卢悦合作，借用了一套绿屏抠像设备，请他们的家人和朋友出任演员，使用佳能 5D2 相机拍摄了 16 个角色的每人 32 套动作，接着从视频中抽帧，逐帧抠像并调整图像，最后在多媒体制作软件 Multimedia Fusion 中串成动画。接着，他们为每个角色编写动作脚本，加上背景音效。这是一种典型的数字化精灵电子游戏（video games with digitized sprites）开发模式，"精灵"指的是数字化捕捉的真人演员或人偶。当艺术家在北京今日美术馆《梦波 2012》个展中展出他自己的《真人快打》时，在展览空间中搭建了一套包含多层景片（flats）的舞台布景，并使用了一套名为"幻景"（holo vision）的成像技术，通过镜面反射的原理把游戏画面投映在观众面前的玻璃上[①]。在充溢着光污染的城市背景下，观众操作着宛如"精灵"一般呈现的市民模样的虚拟角色，在建筑废墟上来回弹跳着，一对一地战斗着。

到了 21 世纪 10 年代末，网络、个人电脑和移动终端得到大范围普及，中国共有 4.57 亿网民，其中手机网民为 3.03 亿人；这一年，谷歌搜索引擎退出中国大陆，团购网站开始逐渐兴起，网络舆论的社会影响力逐渐加深[②]，个人制作电子游戏和引擎电影的条件也日趋成熟。2010 年也是粉丝文化的狂欢之年：在艺术世界之外，由"粉丝劳工"群体制作的"游戏同人作品"激起了极大反响，例如由"江西恐龙"和"东东"制作的电脑游戏《东东不死传说》。

《东东不死传说》是一款带有浓厚草根气息的同人之作，在游戏形式上也同样致敬了《真人快打》。两位江西游戏程序员在缺乏资金和专业设备的

---

① 幻景（holo vision）由美国电影制作人鲍勃·罗杰斯（Bob Rogers）发明，第一次被使用在 1986 年温哥华世博会通用汽车馆的"精灵小屋"（Spirit Lodge）的沉浸式电影的放映中。它其实是一种非常古老的舞台魔术技术，16 世纪的意大利文献中已有相关记载。约翰·亨利·佩珀尔（John Henry Pepper）1862 年在伦敦上映的《闹鬼的人》戏剧第一次将这种技术现代化。它其实就是今天人们称之为"佩珀尔幻象"（Pepper's ghost）的幻觉技术。

② CNNIC：《2010 年中国互联网发展大事记》，《中国互联网络信息中心》，http://www.cnnic.net.cn/hlwfzyj/hlwdsj/201206/t20120612_27425.htm，2010 年 5 月 10 日。

情况下，在街道上和自己家里拍摄了近两万张照片素材。他们用 Photoshop 一点一点地抠图，在 2D 格斗游戏制作工具 2DFM 中开发，历时三年完成了这款游戏。游戏中同样也充满了对流行文化的情境挪用和致敬元素。2009 年末，《东东不死传说》随《游戏机实用技术》杂志赠送，很快就火遍了大江南北。不久之后，游戏设计师决定开放免费下载权限并公开了所有代码文件，一直到现在都有网友在发布新版本。在游戏人"拼命玩三郎"（本名梁铁欣）看来，这件作品延续了自《圣剑英雄传：英雄救美》（1999 年）以来中国独立游戏的脉络[①]。中国独立游戏不仅脱胎于 MOD 文化，而且带有明显的开源性质和网络协作精神。

如果我们把时间线拉回到 20 世纪 80 年代末，追溯大多数中国人与电子游戏第一次相遇的那个时刻，我们将意识到，同人游戏或 MOD 文化，其实从一开始就埋藏在本土电子游戏历史的脉络之中了：1989 年，在中山，段永平用一款名为"小霸王"的山寨红白机拯救了一家亏损 200 万的电子厂。三年之后，他在这款游戏主机上增加了独立键盘外设，加入了键盘练习、打字游戏、中英文编辑和 BASIC 语言编程等功能，把家用游戏机变成了入门级电脑学习机。同时，他斥巨资在电视媒体上进行营销，用《拍手歌》、"其乐无穷"的有声商标和香港明星成龙等广告元素，成功地将具备中英文电脑学习功能的家用游戏机这个产品概念推销给了成千上万个"望子成龙"的中国家长。1989 年，在福州，一位名叫傅瓒的中学老师开始山寨任天堂红白机上的《坦克大战》（*Battle City*）。他在接下来的几年时间内陆续推出了一系列该游戏的改版，用自带的地图编辑器调整了原版的地图和参数，增加了一系列

---

① 拼命玩三郎认为 1999 年是中国独立游戏的起点：因为喜欢《仙剑奇侠传》，一位名叫汪疆的程序员决定制作同人游戏《圣剑英雄传》，当他意识到个人是无法完成游戏工业量级的工作时，就把游戏的代码和开发过程全部开源到网上。直到 2004 年，都有人在不断地迭代，发布该游戏的新版本。详见拼命玩三郎：《了解中国独立游戏概况，读完这篇就够了》，知乎，https://zhuanlan.zhihu.com/p/21858479，2016 年 8 月 4 日；张彰：《个人做游戏难不难？》，澎湃新闻，https://www.thepaper.cn/newsDetail_forward_1635132，2017 年 3 月 20 日。

新关卡，甚至还增添了许多原版没有的新功能和新武器，力求在每个更新版本中加入创新的玩法。傅瓒的营销行为也非常有趣，他在游戏地图中加入了"福州16中"、"烟山"和公司电话号码等"硬广"的字样，兼具话题性和极高的辨识度。可以说，在20世纪90年代前半期，大部分中国人玩的都是山寨红白机和山寨版的"坦克大战"。在本文第一节提到的行为艺术作品《游戏一小时》中，艺术家梁钜辉在升降梯中玩的游戏正是傅瓒制作的1989年版的《烟山坦克》①。艺术作品见证了都市建设和社会生产力的高速发展，它所包含的电子媒介也见证了这个时代游戏行业的经济结构。

今天，当我们把"烟山坦克"的"同人"游戏关卡当作笑谈的资本时，当我们去嘲笑外星科技粗制滥造的原创游戏时，事实上是脱离了当时的具体语境，在用今天商品和信息全球流通的标准去衡量改革开放早期阶段的这种特殊文化现象。而这种现象本身也将受到市场规律、技术革新和大众舆论导向的影响而发生改变：到了1991年，不论是小霸王还是烟山软件，他们的山寨或创新之举并不能够阻挡时代的浪潮。中国游戏的"山寨"现象是否意味着本土创造力的贫乏？显然，不论是段永平还是傅瓒的昙花一现，或是冯梦波的多年艺术实践，抑或是业余爱好者的同人创作，我们都可以从中看到，MOD文化或同人作品并不意味着缺乏想象力和创造力，反而证明了在缺乏技术、资金和舆论支持的情况下，个体创作者或微小企业也能够走出一条创新的道路。

回到本章开头冯梦波提出的互动、交流和游戏问题，两条脉络已经浮出水面：一方面是具有可移动特征的数字媒体作品，另一方面则是具有沉浸式特征的实体空间装置，这两种不同类型的"游戏艺术"实践贯穿了艺术家从

---

① 亚洲艺术文献库：《One Hour Game，游戏一小时》，《戴汉志档案》，https://aaa.org.hk/tc/collections/search/archive/hans-van-dijk-archive-works-5944/object/one-hour-game-40467。这款1989年发行的《烟山坦克》又名《坦克1989》、《坦克14》、《1991坦克》、《坦克大合集》、《伊拉克坦克》、《美国坦克》等。它与《坦克1991》为同款，标题画面不同，但内容完全相同。

1992 年开始的创作生涯（甚至也包含在他的教学线索内）。这似乎也暗示了游戏与艺术分别采取的两种不同传播路径：从 20 世纪 80 年代、20 世纪 90 年代初"工人俱乐部"到"街机游戏厅"的转变，再到 20 世纪 90 年代占据市场的主机游戏和 2000 年后的电脑游戏（当然还有网吧），游戏世界的变化反映了公共文化传播空间向家庭或私人空间转向的趋势；中国当代艺术则是从 20 世纪 80 年代末开始，转向了一种市场化的、精英阶层主导的前卫文化，并将原有的工业生产空间改造为一种专事文化和知识生产的新形态公共空间。当然，文化领域与经济生产的关系有待更详细的考察，但无论如何，业余爱好者 / 创作者 / 小型公司、个人 / 群体协作 / 大规模生产模式、同人作品 / 艺术作品 / 批量生产的商品这些辩证关系之间似乎构成了一种隐秘的"共谋"：艺术家、业余爱好者和工程师在他们各自的领域中耕耘，却共同参与并见证了一种本土 MOD 文化的兴起——出于对某个文化作品的热爱，个体创作者在时间和财力允许的范围内，通过不断地实验和摸索，逐渐掌握新媒体语言或游戏开发技术；通过修改或编辑现有电子游戏素材的方式，制作出属于他们自己的"同人作品"——无论是以引擎电影还是电子游戏的面貌呈现，艺术家在不断摸索中填补了国内新媒体艺术的空白，与国际艺术世界逐渐接轨，业余爱好者则在不同层面上对社会舆论和不良业界进行批判，两者共同将 MOD 行为发展成为一种具有反思性的前卫文化；最为微妙的是，工程师们用"山寨"孕育了中国的电子游戏文化。

三、1995 与 2000：界面挪用

在本节，我们将回到 90 年代末，从风靡全国网吧的电脑游戏《帝国时代》（*Age of Empires*，1997）出发，探讨广东艺术家群体的实践。在不同类型的艺术创作中，艺术家处理的数码对象和媒介语言有着完全不同的时代面貌。我们将看到，作为一种文化和知识生产场所的艺术空间如何回应电子游戏传播场所的变迁（正如第二章节的结尾部分所述，从公共空间过渡到私人空

间，从家用主机过渡到网络空间），在这里，我们所说的艺术空间并非单指由旧工厂改造而来的都市艺术机构，而是朝着更开阔、更鲜活的社会现场打开。

在 20 世纪 90 年代末，网吧或"电脑室"中最受欢迎的电子游戏之一就是《帝国时代》。它与《星际争霸》（*StarCraft*，1998）和《红色警戒》（*Command & Conquer: Red Alert*，1996）一起，共同构建了中国玩家对网络游戏的第一批集体记忆。《帝国时代》是一款即时战略类游戏，最早的版本于 1997 年推出。它以局域网联机的方式为玩家提供了一个生产、建造和互相对抗的游戏空间。在一个典型的回合制战役中，玩家需要操作"农民"在地图上搜集资源、进行生产、制造建筑物、发展人口，不断地将自己的帝国升级到更先进的时代。玩家需要应用经济策略，计算生产所需的时间和空间，将投入和产出、供给和需求关系维持在平衡状态，就局势变化做出快速反应，升级科技树，培养不同兵种，组建部队，修建堡垒和兵营，与地形上的其他玩家对抗。这就意味着，游戏的基本规则是保持生产力和产品消耗之间的平衡。所以要玩好《帝国时代》，就必须掌握快速切换场景、制定生产流程、多线程操作等技能。

在游戏中，玩家只能以上帝视角或无人机视角遍历他的疆域，规划他的领土扩张，结合既定规则和随机因素进行模拟战争；所有建筑单位和人物单位的外形如玩具模型一般，在高度概括和抽象化的数码沙盘上以走格子的方式移动。《帝国时代》是战争游戏（wargame）的数码版本，这种游戏不同于高度抽象的象棋，它结合了军棋、军事沙盘和高精度模型的造型特征。据《后汉书·马援列传》称，汉武帝征伐陇西时曾有大将马援为其"聚米为山谷，指画形执，开示众军所从道径往来，分析曲折，昭然可晓"①。1780 年，普鲁士人发明了第一款现代意义上的战争游戏，将可自定义的正方形网格设计为模拟战场。19 世纪初，为了培养指挥官的作战能力，普鲁士军官冯·拉施维茨（Georg von Reisswitz）父子用包含自然建模地形的沙盘或图纸模拟

---

① ［南朝宋］范晔：《后汉书》，中华书局 1999 年版，第 179 页。

真实战场环境，在前者基础上发明了现代军棋。到了 19 世纪末，某些成本更高的军棋开始使用高精度的士兵模型和武器模型来代替抽象的棋子。而冷战期间，这种军事模拟游戏发生了质的飞跃：美国军方开始利用计算机技术打造军事模拟器，用具有沉浸感的数字虚拟环境和拟真操作界面来训练士兵的观察能力与快速行动能力。再往后，从军事模拟器中又诞生出了一系列电子游戏，不论是第一人称射击游戏（如《雷神之锤》），还是《迷雾岛》（Riven，1997）和《神秘岛》（Myst，1997）等飞机和赛车模拟器，均要求玩家进行"认知多任务处理"，掌握"在各种注意力、解决问题的技能和其他认知技能之间迅速切换"[1]的技能。如果说电子游戏《帝国时代》是把真实世界的沙盘和模型数码化，那么郑国谷的艺术作品《帝国时代》则是把数码沙盘和模型重新放回到现实世界中，在生活中继续艺术与战争的游戏。

2000 年，郑国谷在他的家乡广东阳江市郊向当地农民承包了 5000 平米，又在 2004 年添置了 1 万多平米，到今天共有近 3 万多平米。2001 年起，他开始将自己在《帝国时代》里的游戏经验转化到他的作品中，在原有的自然景观中一砖一瓦地打造他自己的"帝国"。在某种程度上，他的个人"帝国"同样也反映了一种同人文化精神。

郑国谷的《帝国时代》是一件只能从"上帝"或无人机视角观看的作品。从空中，我们可以看到他设计的建筑群有着非常奇异的轮廓，模仿了同名电子游戏中的作弊码"POW"召唤出来的攻击单位[2]：一个蹬着三轮儿童车的婴儿。这个婴儿是一个非常有趣的作弊元素，它的伤害输出在所有作弊元素中排名第二。当婴儿发动攻击时，火力声和原版《雷神之锤》霰弹枪的声音一模一样。当小婴儿、装甲兵和跑车等时空错乱的（anachronism）元素空降到

---

[1] ［俄］列夫·马诺维奇：《新媒体的语言》，车琳译，后浪｜贵州人民出版社 2020 年版，第 212—213 页。

[2] 《帝国时代：罗马复兴》（Age of Empires: The Rise of Rome）因为其内含的作弊码机制而出名，比如输入"E=MC2 TROOPER"可以召唤出一个镭射装甲兵，输入"HOW DO YOU TURN THIS ON"可以召唤出一辆跑车。

古罗马战场上时，就像是一个淘气的孩子用他的玩具汽车和玩具大兵闯入了军棋的沙盘，破坏了正在进行中的严肃战争。某种程度上，艺术家在阳江市郊的介入和这个淘气但饱含杀伤力的小婴儿一样，成了一个现实生活中的"作弊码"，或是一个见缝插针的"不速之客"。

这是一件持续进行并不断进化的作品。在长时间的规划和建设过程中，他需要综合考虑资金、建筑材料和地质因素，与建筑工人不断磨合，在人与人的沟通中、在身体与土地的现场体认中推进他的建筑方案。

《帝国时代》将虚拟世界的界面挪用到了物理世界。同时也完成了从作为职业生涯的艺术创作到作为生活的艺术创作的一种转变。与同时代其他生活在北京和上海的艺术家一样，郑国谷也使用了雇佣劳动力和组织劳动的艺术生产方式，但是他生产的内容却和前者完全不同，不是可移动的、具有展示性的、可销售的绘画、雕塑、影像或大型装置，而是艺术发生的场域本身，是无法在任何白盒子空间①中完整呈现的数万平米的城郊土地，是非销售性质的私域。当日常生活的鲜活现场成为一件"作品"时，它在某种程度上就超越了一般艺术系统。批评家姚嘉善指出，郑国谷的实践提出了一个问题：如果现实生活通过画廊、博物馆和展览进入艺术世界，那么艺术可以通过什么方式回归成为人的日常生活的一个部分？②

需要说明的是，郑国谷的"帝国"并不是心血来潮之作，而是延续了他多年以来的工作脉络。2000年起，他根据市场逻辑，在阳江购买了横跨三层的商品房当作自己的家。他在楼房建设时期就与房地产商展开了大量的协商和谈判，向他们说明自己的思路——"将个人建筑寄生在如商品房这样的公共建筑里"。他也与施工人员、建筑设计师和结构设计师进行沟通，试图找到一种能够融合个人理念和公共建筑的方式。比如，他让人在楼板上预留了

---

① 白盒子空间（white cube gallery），特指现当代艺术中常见的方形或长方形的展示空间风格，有着朴素的白色墙壁和均匀的天顶照明系统。

② Yao, P. J. (June 2009). *A Game Played Without Rules Has No Losers*, e-Flux, https://www.e-flux.com/journal/07/61393/a-game-played-without-rules-has-no-losers/.

洞，并计算了商品房的力学结构，在顶层打造了一个水箱。除了这些社会性活动之外，郑国谷还在这些空间中实施了一系列临时展览项目，如"我家是你的博物馆"等。郑国谷的介入不仅回应了 20 世纪初中国城市楼盘建设和个人置业的热潮，探索了业主身份的边界，同时也制造了一种艺术家身份的混乱，刻意模糊了公共建筑、艺术机构和个人空间、虚拟世界和真实世界的边界。

郑国谷的实践与上文提到的艺术家梁钜辉的行为艺术《游戏一小时》也是一脉相承的。前者曾在 20 世纪 90 年代初广州美术学院就学期间，受到后者所在的大尾象艺术小组的深刻影响，并参与了大尾象后期举办的一些展览和活动。郑国谷毕业后回到他的家乡阳江，却从未停下创作的步伐，他也与"同好"成立了艺术团体"阳江组"。不论是大尾象，还是阳江组，这些艺术家在那个年代都非常喜欢玩电子游戏。比如，大尾象经历了"任天堂红白机"狂热的年代，他们玩的第一款游戏就是 N 合一卡带上的战争游戏。到了 20 世纪 90 年代末，他们开始转战网吧，在《帝国时代》里集体作战。游戏构成了他们的日常生活，在梁钜辉和郑国谷的创作中，我们能够明显地看到电子游戏的影响。他们以游戏的方式直接介入到城市空间生产的现场：以个人身体为媒介，将游戏的界面从虚拟世界挪用到了现实世界，将私人的娱乐场域挪用到了集体的工作场域，从而创造出一种个人空间寄生于公共空间中的社会关系。

从 1995 年的《游戏一小时》到 2001 年的《帝国时代》（2011 年起已经改名为《了园》，标志着该项目进入了一个新阶段），艺术家们的行动模糊了日常生活和工作空间、艺术生产和展示空间之间的界限，向我们提出了一系列本质性的问题："游戏"在哪里发生？"作品"如何被生产出来？"作品"又是给谁看的？我们是否可以认为，广州艺术家群体在都市中的个体介入是 20 世纪欧洲先锋艺术家提出的城市策略[①]的实践性后续？正如列斐伏尔

----

① 比如 20 世纪 20 年代法国达达主义和超现实主义者的城市书写和行走计划，20 世纪 50 年代至 60 年代欧洲国际情境主义者提出的"日常生活革命"、"绝不工作"、"漂移"等思想纲领和行动实践。

和福柯等学者把空间解放看作解放理论实现的唯一途径，我们能否把他们的行为看作一种空间解放的尝试？无论如何，在不可见的硝烟和模拟的战争之中，在反复协商和不断抗争的背后所隐藏的那个东西，就是他们感知和行动的对象。

四、游戏：交互、联结和界面

正如文章开篇所述，这是一次遍历中国网络社会、电子游戏空间和用户身份变迁的过程：从数字闲逛者到乌托邦/异托邦规划师。梁钜辉和郑国谷都选择把游戏和"山寨"（或作弊码）当作一种信号，去干扰现实世界中的建造和生产活动，从而把虚拟城市变成了数字闲逛者的城寨。在前者的《游戏一小时》当中，游戏本身的"山寨性"在无意识中（因为在那个年代，没有几个玩家意识到自己玩的是山寨主机和山寨游戏）揭示了趋于同质化的工作和城市才是"山寨"真正的战场，所谓"山寨产品"不过是其最表层、最明显的症状。而郑国谷的《帝国时代》其实是对城市两极化的调侃。这里我们完全可以引入利奥塔尔提出的误构观念去理解，也就是说，艺术家所做的是用"山寨化的"实践所带来的多样性去打破单一性。这是一种艺术家的游戏，也是一种语言的游戏，因为它通过话语或是语言（既包括人的语言，也包括新媒体语言和计算机语言）的分歧去产生真正的发明。在某种程度上，这里的"山寨"、MOD 文化或是作弊码，需要我们摒弃所谓道德和性能标准去看待，它们说的其实是同一件事情："山寨"或 MOD 文化是艺术家、业余爱好者和工程师们对当下占据统治地位的数字乌托邦的各种误构形式。"山寨"、MOD 文化或作弊码所做的，正是把异质性元素透明化，把知识还原成可解读、可传播的信息。在这样一种去乌托邦的行为中所孕育的，正是如万花筒一般的异托邦："创造出一个虚幻的空间，从而揭示出所有真实的空间、所有把人类的生活封闭起来的内部空间，是更加虚幻的。"①

在当代艺术对电子游戏文化的接纳和转化过程中，游戏的可玩性（play-fulness）和非生产性特征为创作者们带来了艺术的动机和创造的欲望；而游戏的人机交互界面则为创作者们提供了一种全新的媒介语言和一种全新的表现形式。从1989年到2010年，在MOD文化或同人文化中，我们看到了那些充满热情的艺术家、业余爱好者和工程师们，克服了重重技术难关，共同塑造出一种属于"玩家"的文化属性；在那些探索边界的行动者的身上，我们看到了艺术得以逃离它的系统、回归日常生活的一种可能性。艺术家可以成为"自己的游戏"的发明者。他们梦想着一种无限的游戏，所以满怀热情地挑战难度，锻造这门独特的媒介语言，为的是架构出人们可以身心合一的异世界：因此，游戏既可以成为艺术的动机，也可以成为艺术创作的一种表现形式。只有在这种情况下，"游戏艺术"才能走向一种跨学科、跨领域的身心实践。正如真正的艺术都是游戏，真正的游戏都是艺术。

站在2020年的尾声，我们正朝向前所未有的数字化进程前进。我们必须重思在电子游戏文化与艺术生产领域交叠的不同阶段中留下的那些遗憾之处和精彩时刻，也必须在未来的工作中进一步审视近十年的"游戏艺术"实践，质问我们是否延续了一条兼具反思性和创造性的道路。

艺术系统中的某些行动者最先看到了一种新的可能性，他们利用游戏与艺术之间共享的语言，通过各种电子游戏媒介与未来展开对话。在他们看来，游戏可以成为个体创作者、科技创新企业和当代艺术机构之间的一剂黏合剂，或是技术和人性之间的疏通剂。最后，我想在这里抛砖引玉地提及伦敦蛇形画廊推出的"未来艺术生态系统"（Future Art Ecosystems）项目。该项目力图建构一个不同领域之间可以对话和协作的中间地带，利用机构在艺术世界耕耘多年的关系网络和工作经验去搭建创新技术与应用技术可以紧密

---

① Foucault, M. (1994). "Des espaces autres". In *Dits et écrits, 1954—1988, Tome Ⅲ: 1976—1979*. Paris: Gallimard, p.151.

结合的平台。在这样一种松散的综合生态系统中，采纳先进技术的艺术家、寻找替代性思考方式的科技工业、面向新技术和青年群体的文化机构、城市或国家级别的创新资金之间可以找到一个平衡、协商与协作的方式。他们试图打造的这个平台，可以让所有通往未来生活的技术（人工智能、集群智能、加密技术等）与古老的人类技术（图像和叙事）通过游戏界面在后台系统中交汇，把当代艺术转化为一种媒介或战略性社会资产，让科技工业成为艺术的赞助人，让不同领域的资金得到交叉利用。比如"艺术堆栈"（Art stacks）这项策略提议，艺术家可以围绕 DIY 科技的方式来发展综合工作室，通过定位某种收入来源的方式来脱离艺术产业中常见的资金来源（如收藏销售、公司或政府机构提供的特定项目资金等）并获得主动权，使其能够投资于自身，建立并控制自己的其他功能，如作品的展示空间[①]。在这种未来的生态系统中，再没有什么艺术家和观众之分，每一个用户都可以成为创作者，而每一个创作者也可以使他的作品直接面向他所选择的观众。如果信息的传播机制可以成为一种双向选择，无需经过系统的承认和算法的过滤，那么艺术生产挪用社会生产模式的时代或将过去，取而代之的是一种新形态的生产模式。究其起源，或许得归功于"粉丝劳工"和 MOD 文化通过 DIY 精神、社群协作机制和贡献式经济所开创的道路。

如何才能跳出单一的媒介、学科、系统和生态造成的循环回路，在游戏中激发出创造力和集群智慧，走向一个通往无限游戏的界面？也许，所有游戏的终点、所有艺术的起点，就在于我们对于游戏、艺术、生活、社会和技术边界的不懈探索中。

[①] Mackay, R. (Ed.). (2020). *Future Art Ecosystems.Issue 1. Art x Advanced Technologies*, Serpentine. 可于 https://serpentine-uploads.s3.amazonaws.com/uploads/2020/07/Future-Art-Ecosystems-1-Art-and-Advanced-Technologies_July_2020.pdf 下载。

参考文献

Foucault, M. (1994). "Des espaces autres". In *Dits et écrits, 1954—1988, Tome Ⅲ: 1976—1979*. Gallimard.

Mackay, R. (Ed.). (2020). *Future Art Ecosystems.Issue 1. Art x Advanced Technologies*. Serpentine.

Yao, P. J. (June 2009). *A Game Played Without Rules Has No Losers,* e-Flux, https://www.e-flux.com/journal/07/61393/a-game-played-without-rules-has-no-losers/.

［俄］列夫·马诺维奇:《新媒体的语言》,车琳译,后浪｜贵州人民出版社 2020 年版。

［法］利奥塔尔:《后现代状态——关于知识的报告》,车槿山译,南京大学出版社 2011 年版。

［美］比尔·盖茨:《未来之路》,辜正坤译,北京大学出版社 1996 年版。

《"信息高速国道"第一条》,https://www.gmw.cn/03zhuanti/2004-00/jinian/50zn/50kj/kj-18.htm。

中国互联网络信息中心:《1997 年～ 1999 年互联网大事记》,http://www.cnnic.net.cn/hlwfzyj/hlwdsj/201206/t20120612_27416.htm,2009 年 5 月 26 日。

中国互联网络信息中心:《2000 年～ 2001 年互联网大事记》,http://www.cnnic.net.cn/hlwfzyj/hlwdsj/201206/t20120612_27417.htm,2009 年 5 月 26 日。

中国互联网络信息中心:《2010 年中国互联网发展大事记》,http://www.cnnic.net.cn/hlwfzyj/hlwdsj/201206/t20120612_27425.htm,2010 年 5 月 10 日。

产业信息网:《网络游戏行业产业规模及发展趋势分析》,https://www.chyxx.com/industry/201401/227135.html,2014 年 1 月 14 日。

范晔:《后汉书》,中华书局 1999 年版。

冯梦波:《大收藏家冯梦波之四十八:奖状》,https://mp.weixin.qq.com/s/LE-CEFa-VphjoeHRVFZae9Q,2018 年 12 月 04 日。

傅瓒:《电视游戏一点通》,福建科学技术出版社 1991 年版。

录像局:冯梦波（VB-0066）,https://videobureau.org/artist/feng-mengbo。

拼命玩三郎:《了解中国独立游戏概况,读完这篇就够了》,知乎,https://zhuanlan.zhihu.com/p/21858479,2016 年 8 月 4 日。

王洪喆：《从"非主流"到"新主流"——作为共用空间的中国互联网文化研究》，硕士学位论文，北京大学，2010年。

信息产业部、公安部、文化部、国家工商行政管理局：《互联网上网服务营业场所管理办法》，https://wenku.baidu.com/view/ca0707a75bcfa1c7aa00b52acfc789eb162d9e73.html，2001年4月3日。

亚洲艺术文献库：《One Hour Game，游戏一小时》，《戴汉志档案》，https://aaa.org.hk/tc/collections/search/archive/hans-van-dijk-archive-works-5944/object/one-hour-game-40467。

姚嘉善：《生产模式：透视中国当代艺术（节选）》，《当代艺术与投资》2010年第2期。

张彰：《个人做游戏难不难？》，澎湃新闻，https://www.thepaper.cn/newsDetail_forward_1635132，2017年3月20日。

参考游戏

Blizzard Entertainment. (1998). *Starcraft*. [Windows], Blizzard Entertainment, U.S.A.

Blizzard Entertainment. (2004—). *World of Warcraft*. [Windows], Blizzard Entertainment, U.S.A.

Cory Arcangel. (2002). *Super Mario Clouds*. [Nintendo NES], U.S.A.

Cyan. (1995). *Myst*. [Windows], Brøderbund Software, U.S.A.

Cyan. (1998). *Riven*. [Windows], Red Orb Entertainment, U.S.A.

Ensemble Studios. (1997). *Age of Empires*. [Windows], Xbox Game Studios, U.S.A.

id Software. (1999). *Quake Ⅲ Arena*. [Windows], id Software, North America.

Maxis Software. (2000—). *The Sims*. [Windows], Electronic Arts, U.S.A.

Midway Games. (1992). *Mortal Kombat*. [Sega Genesis], Midway Games, U.S.A.

Westwood Studios. (1996). *Command & Conquer: Red Alert*. [Windows], Virgin Interactive Entertainment, U.S.A.

成都金点工作室：《圣剑英雄传：英雄救美》，金点工作室，中国，1999年。

冯梦波：《Q4U》，中国，2002 年。

冯梦波：《真人快打》，中国，2012 年。

火石软件：《游戏人生》，火石软件，中国，2007 年。

江西恐龙：《东东不死传说》，中国，2009 年。

卡普空：《街头霸王Ⅱ：世界勇士》[Arcade]，卡普空，日本，1991 年。

科乐美：《魂斗罗》[Arcade]，科乐美，日本，1987 年。

南梦宫：《坦克大战》[NES]，南梦宫，日本，1985 年。

任天堂：《超级马里奥兄弟》[NES]，科乐美，日本，1985 年。

世嘉：《刺猬索尼克》（*Sonic the Hedgehog*）[MD]，世嘉，日本，1991 年。

西山居：《中关村启示录》[DOS]，西山居，中国，1996 年。

烟山软件：《坦克 1989》，烟山软件，中国，1989 年。

专题二
游戏
批评

游戏不相信眼泪：晚近中国独立电子游戏中的人声与感动

Game Does Not Believe in Tears: The Voices and Feelings in Recent Chinese Indie Games

姜宇辉[*] 文

Yuhui Jiang, Department of Philosophy, East China Normal University

摘　要

　　电子游戏中的感动到底何在呢？除了游戏性这个核心之外是否还存在着另外一种情感的"深度"呢？电影和游戏之间的类比或许是一个可行的入口，因为晚近的游戏之中的所谓深度往往都是来自电影性的增值。但这条比照的道路亦存在明显的困难，因为在日益全面笼罩的数码巴洛克的宇宙之中，无论是电影还是游戏，最终貌似都只能深陷于空洞的迷狂而难以自拔，由此不妨从听觉的角度重探别样可能。经由对德里达的《语音与现象》的文本细读，我们试图抽绎出想像、时间性、死亡、意志这四重要点，并以此为引线对晚近中国独立游戏的四部代表作中的人声进行深入剖析，最终意在敞开重建主

---

* 姜宇辉，巴黎高等师范学校硕士，复旦大学哲学博士，华东师范大学哲学系教授，博士生导师，外国哲学教研室主任，上海市曙光学者。主要研究方向为当代法国哲学、电影哲学、媒介理论等。主要著作有《德勒兹身体美学研究》、《画与真：梅洛–庞蒂与中国山水画境》，译著有《千高原》、《普鲁斯特与符号》等。

体性的未来可能。如果电子游戏仍能让我们感动，那绝非源自数码媒介的逻辑或算法生成的情感，而是源自苦痛体验之间的共鸣，聆听与人声恰好可以作为营造此种体验的完美介质。

关键词：新巴洛克；听觉迷狂；内心独白；体验；共情

Abstract

Why and how could a videogame really move us? Is there a kind of emotional 'depth' beyond the core of 'mechanics' of gameplay? The analogy between film and games may be a viable entry point, as the so-called 'depth' in recent games has often come from cinematic add-ons. But there are obvious difficulties with this approach, because in an increasingly all-encompassing digital 'neobaroque' universe, both movies and games seem to end up stuck in an emptiness of visual ecstasy. From this point of view we may wish to open up alternative possibility from the perspective of listening. Through a close reading of Derrida's *La voix et le phénomène*, we try to draw out the four important points of imagination, temporality, death, and will, and use this as a guide to conduct an in-depth analysis of the human voice in the four representative works of recent Chinese indie games, with the final intention of opening up the possibility of reconstructing subjectivity in the future. If video games still move us, it is not due to the logic of digital media and 'feelings' generated by algorithm, but rather the resonance of painful experiences, and listening and the human voice are perfect mediums for creating such experiences.

Keywords

Neobaroque, Ecstasy of Listening, soliloquy, feeling, sympathy

前言：电子游戏能让我们感动吗？

面对这个问题，众多资深玩家估计都会嗤之以鼻：感动，或许远非电子游戏之初衷或要义。要想寻找感动？那还不如去美术馆和电影院，哪怕坐下来认真读一本上佳的小说，或许都能获得比打一盘电玩更多的感动吧！当我们手握鼠标、操弄摇杆、戴上头罩之时，诸如"感动"和"感悟"这样的词语或许早就被抛诸脑后了。我们要的只是一样东西，那就是刺激和快感（plaisir）。快感绝对是第一位的，胜负荣辱只是附随的结果，反复操作的"自我折磨"似乎也变成另一种极度扭曲的快感模式。

但电子游戏的快感又是何种体验呢？难道仅仅是一种"刺激–反应"的身体循环？甚至难道仅仅是肾上腺激素的单纯增强？这当然会低估游戏之快感的复杂性和纵深性。游戏之快感是复杂的，也就是说，绝非仅局限于生理和身体的反应，而更是牵涉到体力、智力甚至情感等诸多方面。而且，这些多样复杂的快感又总是交织互渗的，甚至简单直接如一路"突突突"的 FPS 游戏①，也已经如"一道波"那般贯穿了"身–心–脑–情"的各种维度②。其实赛博格理论中一直纠结不已的所谓"人机共生"，早已在电子游戏之中获得了一种真切无疑且充满强度的实现形式。

同样，电子游戏的强度还具有纵深性，也即兼有表层和深度。经常会听到玩家或评论家在谈及某某游戏的快感如何"肤浅"，那么，有肤浅，必然就有深度与之相对。可游戏的深度快感到底是什么呢？真的存在吗？有的时候，游戏快感之所以肤浅，往往是因为游戏设计本身就很直白。比如《糖豆人》（*Fall Guys*，2020），玩起来很刺激、很有快感，甚至让玩家欲罢不能，但谁会觉得此种快感具有深度呢？相反，对比之下，大多数玩家肯定都会觉

---

① first-person shooting game，第一人称射击游戏。

② ［法］德勒兹：《感觉的逻辑》，董强译，广西师范大学出版社 2017 年版，第 60 页。但显然我们不是在"无器官的身体"的意义上使用这个说法，而只是借用"根据它的力度与广度的不同而划出层次或界限"这个基本形象。

得《死亡搁浅》（*Death Stranding*，2019）所带来的快感更令人荡气回肠，冉冉不绝。为什么呢？因为它的操作和世界设定本身就体现出一种宏大的规模和纵深的向度：这里面有如画的风景、哲学的叩问、情感的体验……所有这一切，全都融汇于一次次看似单调但实则忧欢参半的"快递"旅程。

但说到这里，我们似乎又陷入到一个无解的循环之中。游戏有快感，而快感是复杂的，因此，真正的快感理应是有深度的快感。唯有这样的快感才称得上是"感动"。但这个深度到底源自何处？源自绘画式的场景，源自电影式的情节，源自历史的背景，源自哲学的反思，甚至源自伦理的困境等等，但所有这些似乎都跟真正的"游戏性"没有直接的、本质的关系，似乎都是附加在游戏性这个核心之外的种种额外价值。一个游戏如果不"好玩"，那给它笼罩上再多的电影、历史和哲学的浓重氛围似乎都是无济于事的。而"真正好玩"这个游戏性的核心到底又是什么呢？其实往往就体现于"操作"这个看似最肤浅、最没有内涵、纯技术性的层次。试想，一款第一人称射击游戏，如果没有顺畅的界面、逼真的物理、短兵相接的对决，甚至铿锵有力的射击感，那么，再精深的哲学思辨、再纠结的道德选择都无法拯救其注定失败的命运。由此，我们仍然没有跳出开头的那个结论：游戏有快感，但快感跟深度的感动无关。

但是，游戏的快感是否注定只能是肤浅的，真正的深度是否只能来自"非游戏性"内容所附加的感动？既然诉诸哲学、历史和道德这些仿佛更为"高级"的精神性快感看似于事无补，那么，是否可以选择另外一个不同的思路，即将所谓"肤浅"的游戏性快感推到极致，看看是否还能敞开别样的快感之可能？一句话，我们恰恰想从肤浅的快感之中去寻找真正感动之契机。这里似乎不得不进行一番哲学的思辨了。首先，何为感动呢？简单说，无非是在外部或内部的激发之下产生出强烈的、贯穿身心的剧烈情感，进而获致深切的感悟乃至精神的升华。简言之，感动就是由"力"而生"情"，再由"情"而生"变"，正如一部美好的电影能让你在涕泪纵横之际参透人生之真谛。电影足以令人感动，这谁都懂；可要说一部从头到尾"突突突"的射击游戏能同样生发感动,那就不禁令人啼笑皆非了。只不过,我们是认真的。我们真诚地认为,哪怕在"突突突当当当"的游戏里,也可以有感动,并且正是这份感动让游戏不再只是洗脑神器,而是足以激活精神乃至灵魂的"有情机器"(The Emotion Machine)。

一、进入"数码巴洛克"的宇宙

不妨再度对比电影和游戏这两个"争执"而又具有"亲密性"[①]的伙伴。电影何以感动人呢?除了艺术手法、精神价值、哲学理念这些高阶的维度之外,其实还可以落实于观者与影像之间所发生的直面的互动。为何电影会催人泪下?那首先就是因为它让你和你自己发生了一种极为直接且真切的"反身"(self-reference)关系。这种关系未必是反思性的,但往往是简单直接却强烈持久的体验作用。任何一部优秀的电影作品,最终都会让人产生这样一种根本性的感悟:不只是"原来这就是人生",而且更是"原来这就是**我的人生**"。看电影,并非仅仅在旁观一个"别人"的故事,而是由此能获得一种自己面对自己的真实体验,无论这种体验是源自认同("我就是这样一个人啊"),还是源自怀疑("这真的是我吗?"),甚或拒斥("我不能再这样活下去了!")。然而,这样一种"自反"的维度,在电子游戏里面似乎是严重缺失的。简单说,好的电影总是兼具"引力"和"斥力",它在吸引你飞蛾扑火般地沉浸于画面和情节之际,也会同时将你推开,由此让你"反身"地思考和体验自身。但电子游戏似乎截然相反,它几乎可说是纯然"吸引",绝无"拒斥"。换言之,"沉浸性"始终是它的终极手段和目的。任何一部好的游戏,甚至任何一部游戏,其最终目的几乎只有一个,那就是让你一刻不停地玩下去,绝对不会想到要按 Esc 键[②]。如果真的有什么游戏能够让玩家产生

---

① 语出海德格尔《艺术作品的本源》,载〔德〕海德格尔:《林中路》,孙周兴译,上海译文出版社 2004 年版,第 35—36 页。

② 按 Esc 键就意味着退出游戏。

强烈的、"反身式"的疏离感和距离感，那要么这根本不是一部纯粹的游戏，而是所谓的"电影式"游戏、"散步式"游戏；要么，就是这个游戏完全不好玩，甚至"不可玩"，以至于无聊乏味到会让人总是想要停下来"置身事外"地观景、"反思"并自问："我真的还要玩下去吗？"

电影总是给观众留出一个外部的位置，但游戏正相反，它全力铲除一切外部，或将一切都化作一刻不停的"内部操作"。在电影中，我看了我自己，我获得了感动；在游戏中，我忘了我自己，俯首帖耳于"玩下去！"这个绝对律令。

但事实并非如此。上面所描述的电影似乎还停留于胶片和影院的时代，但当电影进入到数码[①]和界面的时代之后，似乎也就日渐与趋向全面占据数码平台的电子游戏彼此趋同，日益变成了一个"至大无外"的数据库系统。这样一种电影类型，正是肖恩·库比特（Sean Cubitt）所说的"新巴洛克风格"（Neobaroque Film）[②]。我们不妨通过对比安吉拉·达利安尼斯（Angela Ndalianis）与库比特这两位代表性学者的研究，来进一步解释"新巴洛克"这一概念。两人以"新巴洛克"风格来遍览透析数码文化的著作都出版于2004年。尽管主题、出版时间吻合，但两部著作的基调却截然相反。达利安尼斯对新巴洛克充满了热情和憧憬，虽偶有隐忧浮现，但整体的图景是乐观而昂扬的；库比特的论述却从头至尾带着挥之不去的抑郁乃至绝望，甚至回归于一种极端的"虚无主义"（emptiness/void）[③]。之所以有如此鲜明的反差，或许正是因为达利安尼斯仍然停留于数码巴洛克的"表层"，而如果她也如库比特那样能够有深入内里的魄力和洞察力的话，或许也多半会修正立场。

还是先给出达利安尼斯关于数码巴洛克的清晰凝炼的界定："媒介彼此

---

① "数码"（digital）与"数字"（numerical）的区分，在我们的研究中是一个根本性原则，不妨参见拙作《重复的三重变奏：机械复制，数码重复与数字克隆》，《云南大学学报（社会科学版）》2021年第1期。

② Cubitt, S. (2005). *The Cinema Effect*. The MIT Press.

③ Cubitt, S. (2005). *The Cinema Effect*. The MIT Press, p.235.

融合，类型相互联合，由此产生出新的混合形式，开放的叙事拓展为新的空间性的、系列性的构型（configurations），特效所构造出的幻象试图瓦解观者和景观之间的分隔框架。"① 这里明确浮现出三个关键词。第一是"混合"（hybrid），新巴洛克的首要特征正是不同媒介和风格之间的"融汇混合"。说得好听一点叫做"拼贴式蒙太奇"，但说句不好听的那可就是"大杂烩"了。那么，此种明显的表面风格，具体又是遵循着怎样的操作法则来实现和展开的呢？固然，不同艺术门类所采用和善用的"拼贴"手法各有千秋，但在达利安尼斯看来，它们最终皆可以"系列性"（seriality）这个词来概括。这个说法明确取自法国艺术史大家福西永（Henri Focillon）对巴洛克风格的深刻阐释，大致可归结为"碎片"（discontinuous elements）、"节奏/动态综合"（strongly rhythmical）和"迷宫式系统"② 这三个基本特征。新巴洛克的数码世界表面上呈现出一派生生不息、创造不已的面貌，多元、流动、开放与变异，但若深入细究则会发现，在这个以"新"、"异"、"变"为明显特征的表面之下所涌动的却是极为机械乃至僵化的"重复动机"（a repetitive drive）③，也即，无论看似怎样多变曲折、复杂幽深的迷宫，其实最终皆遵循着一套普适的算法，经过反复的迭代和折叠而成。或许从非线性科学的角度来看，这正是世界本身的根本性的物理机制④，这本无可厚非，但若从文化的视角来审视，这其中隐含的危机就浮现出来。一方面，这种重复动机确实如本雅明所着力阐释的"机械复制"那般，模糊乃至抹除了"原作"与"副本"之间的

---

① Ndalianis, A. (2004). *Neo-Baroque Aesthetics and Contemporary Entertainment*. The MIT Press, p.2–3.

② Ndalianis, A. (2004). *Neo-Baroque Aesthetics and Contemporary Entertainment*. The MIT Press, p.23–24.

③ Ndalianis, A. (2004). *Neo-Baroque Aesthetics and Contemporary Entertainment*. The MIT Press, p.69.

④ 最典型的形象或许正是"由简单性孕育复杂性"的曼德勃罗集（Mandelbrot set）："一段简练的计算机程序就包含了足够的信息来再现全部的集合。"参见［美］詹姆斯·格雷克：《混沌：开创新科学》，张淑誉译，高等教育出版社 2004 年版，第 195 页。

边界①；另一方面则更是如鲍德里亚所说的那般，将数码的迷宫系统进一步拓展为一个至大无外的"互文性"（intertextuality）的、"自我映射"（self-reflexivity）②的庞大蔓生的世界。由此也就最终导向了数码新巴洛克最为令人忧惧的恶果，即达利安尼斯所概括的第三个特征，真与幻之边界的"崩塌"。

但也正是因此，当数码新巴洛克以其多变而奇诡的手法来迷惑感官，进而消弭真幻之际，却展现出一种前所未有的巨大的情感能量。③这听上去不啻为一个悖论：一套骨子里遵循着严格机械复制程式的重复算法，反倒能在人心中激发出强烈的、不可遏制的情感体验。对于此种冰冷的算法所生成的火热的情感④，或许可以从一正一反两个方面来解释。首先，借用克里斯汀·布希–格鲁克斯曼（Christine Buci-Glucksman）对巴洛克美学的经典概括，可以将此种情感力量归结为所谓的"视觉的迷狂"（The Madness of Vision）。此种"乱花渐欲迷人眼"的视觉效应，确实能给观者的感官带来强烈的"震颤"（shock），或者用格鲁克斯曼自己的说法，甚至是一种近乎"病态"（sickness）的目光之"灼烧"（burning and flaming）⑤。但根据本文一开始所作的区分，此种迷狂之视觉快感无论怎样强烈，都只能说是表面的、肤浅的，毫无深度可言。试想，在一个做工精良的第一人称射击游戏场景中，在一阵电光火石、枪林弹雨的视觉迷狂之后，剩下的难道不只是一片难以化解的疲惫、难以填补的空虚？这个时候，寄生于新巴洛克宇宙的心灵就会成瘾般地渴欲更新鲜的特效、更强烈的迷狂、更迅捷的满足：玩下去，千万别

---

① Ndalianis, A. (2004). *Neo-Baroque Aesthetics and Contemporary Entertainment*. The MIT Press, p.62.

② Ndalianis, A. (2004). *Neo-Baroque Aesthetics and Contemporary Entertainment*. The MIT Press, p.63.

③ Ndalianis, A. (2004). *Neo-Baroque Aesthetics and Contemporary Entertainment*. The MIT Press, p.220–221.

④ 算法和情感之间的"互指"、"循环"式的悖论，见 Ndalianis, A. (2004). *Neo-Baroque Aesthetics and Contemporary Entertainment*. The MIT Press, p.214.

⑤ Buci-Glucksmann, C. (2013). *The Madness of Vision: On Baroque Aesthetics* (Dorothy Z. Baker, Trans.). Ohio University Press. (Original work published in 2002), p.119.

停。因为哪怕只有片刻的停顿，都会瞬间堕入更具吞噬性的空虚的深渊。借用叔本华的说法，在迷狂的背后，在迷狂"之间"，唯有无尽的、难以挣脱、难以化解的"空虚"。或者说，"化解"空虚的唯一手法就是进一步任由数码巴洛克的迷宫无尽蔓延、编织下去，进而去收割、吸纳那一个个本已空洞的灵魂。

库比特说得精辟，在这个宇宙之中，一边是圆融自洽（coherent）的景观，但另一面则是彻底"自失"（self-loss）的观者[①]。或者不妨说得再极端一些，数码巴洛克宇宙唯有一个欲盖弥彰的终极动机，那正是"剿灭主体性"（eradicate subjectivity）[②]。然而，此种收割灵魂的剿灭效应却呈现出一种无比悖谬的形态，因为当主体性被彻底剥夺和毁灭之际，那一个个自失的灵魂却在巨大的情感激荡之下感受到一种前所未有的主体重生之完美幻觉[③]。灵魂愈被掏空，感觉却日渐完满，这真的是一种不折不扣的"迷狂"："感动、激动、震动"（affect, thrill, shock）[④]。

二、世界即声音[⑤]

一句话，在新巴洛克的数码宇宙之中，只有肤浅的视觉迷狂，而绝不会有、也不可能有真正触动灵魂的"感动"。由此看来，我们又再度陷入了快感和感动、表层和深度之间的分裂。之前我们曾乞灵于电影能够赐予灵魂以一种深度的感动，但基于达利安尼斯和库比特的有根有据的阐述，这个美好愿景再度落空。在无尽的新巴洛克宇宙之中，电影或许早已失去了通达深度的"本真性"途径。电影和游戏一样，根本上都是被遍在但又强力的"隐蔽

---

① Cubitt, S. (2005). *The Cinema Effect*. The MIT Press, p.236.

② Cubitt, S. (2005). *The Cinema Effect*. The MIT Press, p.240.

③ Cubitt, S. (2005). *The Cinema Effect*. The MIT Press, p.240.

④ Cubitt, S. (2005). *The Cinema Effect*. The MIT Press, p.236.

⑤ 语出印度 Techno 舞曲乐手 Talvin Singh 的专辑《OK》（Island Records, 1998）第一首"旅行者"（Traveller）。

算法"（secret algorithm）①所操控的织网手法而已，它没有，也不再可能提供我们一个疏离的"外部"。

但也正是在这个看似绝境之处，我们试图尝试两个同样极端的追问：**空洞的深度不也是一种深度？"空虚"的感动不也是另一种别样的感动？**新巴洛克的典型手法是视觉之迷狂，但达利安尼斯和库比特是否还忽视了声音和听觉这个绝非次要的感觉、体验的维度？

然而，对于这个思路，首先就可以直接抛出几个根本质疑：无论在日常生活还是数码电影中，声音和听觉是否向来处于从属的地位？日常感知之中，听觉往往只能为视觉提供辅助性甚至"边缘性"的信息；而在电影制作的视听语言之中，"视"也始终是主导的逻辑，"听"至多只能起到呼应和配合的作用，"配音"、"声效"这样的说法皆是明证。几乎从来没有一部主流的数码电影或游戏以声音为主导来展开叙事的线索或操作的模式。

不妨尝试再进一步，质疑声音这个我们意欲打开的尚且具有潜能的通道。从深层的"隐蔽"算法的角度来说，声音也同样不具有多少优先性或独特性，因为在数码的平台上，它跟影像一样，都是有待处理的"信息"或"数据"而已，甚至完全可以从根本上将声音和影像皆还原成0与1的字符串。如此看来，想经由聆听来制造出疏的"外部"，甚至敞开一个尚未被巴洛克宇宙彻底剿灭和吞噬的灵魂之"内部"，岂不是痴人说梦？为影像所迷狂的主体是空洞无魂的，那么，沉浸于数码声音之中的主体又何尝能够具有一个鲜活的魂魄？

要澄清声音和聆听它相对于影像和视觉的优先性，不妨从历史和现实这双重视角入手。从历史演变上来看，虽然亦有德里达（Jacques Derrida）这样的学者将西方传统形而上学归结为"听觉中心主义"，但他所说的听觉主要还是与语言活动结合在一起，并没有着眼于听觉的感官、媒介、声音对象等更为普泛而基本的现象。其次，德里达所说的聆听从根本上说也只是"在

---

① Cubitt, S. (2005). *The Cinema Effect*. The MIT Press, p.242.

场形而上学"的一个哲学隐喻而已，它指向的是主体性和时间性的一种主导模式。不可否认，《语音与现象》（*La voix et le phénomène*）中对"内心独白"（soliloque）的独到阐释是极为精彩的，但似乎必须首先从更为切实的感知和媒介的前提之下才能真正展现其中的深刻含义。由此，我们不妨从更具实证性的文化和媒介研究入手。

最早从这个角度对西方"视觉中心主义"进行全面反思和批判的当属麦克卢汉（Marshall Mcluhan）和阿塔利（Jacques Attali），但二者又皆有不足之处。阿塔利胜在哲学的思辨，但他的关注点更多是在音乐，而并非普泛的聆听现象。麦克卢汉则对电子时代的聆听和媒介进行了更为透彻的阐释，甚至将"听觉"作为新的感知形态的主导范式，但因为成书甚早，未及对晚近的数码媒介进行反省。如果他今天还能坐在 IMAX 影院里观赏一场好莱坞大片的话，恐怕《理解媒介》（*Understanding Media*）一书中所充溢的乐观情绪定会荡然无存。

真正将思想的传统与媒介的发展结合在一起的，似乎正是埃尔曼（Veit Erlmann）的名作《理性与共鸣》（*Reason and Resonance*）。实际上，这本书的标题已经明确将"理性"这个思想的脉络与"共鸣"这个"感知–媒介"的向度密切结合在一起。他在开篇就指出，由笛卡尔所肇始的理性主义传统实际上正是"我思（*cogito*）与声音（*audio*）"之间的交织与歧变。很明显，在法语中，"entendre"正兼有"听"和"知"这双重含义[1]。这本著作与本文思路有两个深刻的"共鸣"之处。首先，它的真正着眼点其实既非思想史，亦非媒介史，而恰恰是"主体性"这个贯通古今的核心主题。聆听之所以尤其与主体性深刻相关，正是因为唯有它得以真正通达一个自我相关、自我指涉乃至自我触发（auto-affection）的"内在深度"（interior）[2]。看起来视觉和听觉一样，都首先指向外部的对象，但视觉却绝对无法实现"内在聆

---

[1]　Erlmann, V. (2010). *Reason and Resonance: A History of Modern Aurality*. Zone Books, p.31.

[2]　Erlmann, V. (2010). *Reason and Resonance: A History of Modern Aurality*. Zone Books, p.23.

听"（inner listening）的那种直接、当下、真实的自我相关。简言之，我们只有借助外部的媒介和技术工具（比如镜子）才能"看到自己的看"（see my seeing），却无需任何中介就可以直接地"听自己的听"（hear my hearing）。且不论这个内在深度在历史上所呈现的具体形态为何，是"浑然未分的灵魂"（undivided soul）[1]，还是康德式的"先验主体"[2]，至少可以非常有力地回应前文的第二个根本质疑：在视觉图像剿灭主体性之际，听觉何以仍然能够提供抵抗之契机？**那正是因为，听觉始终、向来指向一个不可缩减和还原的"内在自我"。**听，从根本上说就是"自我聆听"。在吞噬性的新巴洛克宇宙之中，或许正是这个内部的共鸣空间仍然为残存的主体性留出了一个隐蔽的角落。

但也许我们的这个判断并不完全符合埃尔曼的思路。虽然他坦承，自己想通过这个理性与聆听彼此共鸣的历史来动摇视觉中心主导的稳定秩序，然而在全书接近尾声之际，他却多少带着无奈地得出了一个与库比特并无二致的悲观结论。只不过，库比特描绘的是视觉主体的全面崩溃，而埃尔曼则暗示出听觉主体的相似命运，他所说的"无回声"（echoless）的趋势并非仅指向现代音乐的症结，更是在哀叹听觉之内在共鸣在一个日渐理性化、技术化的世界之中的全面消亡。他例示的"十二音"音乐的系统又与库比特的那个数码新巴洛克世界何等相似：一方面是"自我封闭的"（self-contained）、彻底"理性化组织"的总体系统，另一方面则是内在共鸣的逐渐消声。聆听变得越来越单向度了，我们只能听到声音，而越来越听不到自己。当我们沉浸在越来越复杂、高级、"保真"的音响系统和宏大"作品"之中时，当我们听得越"多"、越"细"、越"真"的时候，反倒越来越失去"感动"和"体验"。这无疑亦标志着"共鸣式自我这个概念之终结"[3]。

即便如此，遍览《理性与共鸣》全书，却仍然隐约发现两个得以超越此

---

[1] Erlmann, V. (2010). *Reason and Resonance: A History of Modern Aurality*. Zone Books, p.155.

[2] Erlmann, V. (2010). *Reason and Resonance: A History of Modern Aurality*. Zone Books, p.171.

[3] Erlmann, V. (2010). *Reason and Resonance: A History of Modern Aurality*. Zone Books, p.311.

种"回声消亡"之噩运的线索。第一个跟巴洛克式的"迷狂"体验有关。在新巴洛克式的宇宙之中，视觉的迷狂导致的是主体的瘫痪与无尽的空虚，但细究埃尔曼的文本，我们会发现听觉之迷狂似乎并非全然如此。初看起来，他对新巴洛克风格的界定与前文所述并无太大出入，比如"沉浸"、"亦真亦幻"、"情感氛围"等等①。他甚至仿照格鲁克斯曼的说法，将巴洛克式的聆听描述为"迷狂"（folie）、"谵妄"（delirious）乃至"迷魅"（enchantment）②。然而，即便表面上的特征和形态极为相似，但听觉的迷狂至少有一点不同于视觉的迷狂：后者始终是为对象所迷，是迷失于影像之间；前者除了这个对象性的维度之外③，始终还具有一个内在的指向，那即是聆听为自身所迷，或者说，存在着一种听觉的迷狂，它体现出的是自我与自身之间的独特的、内在的、本质性的关联。但既然是迷狂，那么此种关联肯定带有着巨大的情感能量，尤其展现为"乐"与"苦"这两个方面。而借用贝内代蒂（Giovanni Battista Benedetti）的经典说法，若说"乐"就是由"和谐音"（consonance）所带来的"感觉之软化"（softening, *leniunt*），那么"苦"相应地就是"不和谐音"（dissonance）所导致的"尖锐"（sharpness, *asperitas*）与刺痛（pain, *dolor*）④。那么，在数码新巴洛克的宇宙之中，到底哪一种情感才能经由听觉之迷狂而真正敞开内在的自我回声呢？似乎不会是"乐"，因为它所预设的那种和谐的、整体性的秩序理应难逃系列化的隐蔽算法的操控。那看来只能是"苦"的体验了，因为它源自冲突和对抗，进而能够起到刺痛和唤醒之功效。**我苦痛，故我在**。这或许才是由聆听导向主体性重生的唯一希望。埃尔

---

① Erlmann, V. (2010). *Reason and Resonance: A History of Modern Aurality*. Zone Books, p.88–89.

② Erlmann, V. (2010). *Reason and Resonance: A History of Modern Aurality*. Zone Books, p.90,93.

③ "不稳定的、幻想式的"聆听所呈现出的正是主体和客体之间的"不确定"的关系。参见 Erlmann, V. (2010). *Reason and Resonance: A History of Modern Aurality*. Zone Books, p.96.

④ Erlmann, V. (2010). *Reason and Resonance: A History of Modern Aurality*. Zone Books, p.100.

曼亦清晰暗示了这条线索。比如，他重点援引穆勒（Johannes Müller）的研究，首先揭示出声音"感受自身"的那种内在的自我相关的关系[1]，然后又将此种关系进一步描绘为如"疑病症"（hypochondria）般的苦痛形态，即不断地、敏感地遭受"内在自我的隐藏的不可闻的秘密"（inaudible secret）[2]。在某些地方，他进一步将这个主体内在的苦痛性共鸣拓展至主体间性的维度，启示出以共情（empathy）[3]乃至"共苦"（cosuffering）[4]为本质性纽带来重建灵魂之间的共鸣的有效途径。

三、一个哲学的插曲：德里达论"内心独白"

现在我们可以回到德里达。《语音与现象》看起来似乎文不对题，因为全书中真正讨论"语音"（la voix）的段落寥寥无几，而且要么是隐喻，要么是推进论证的过渡环节，皆与真实的声音及听觉没有太大关系。但这只是粗浅的印象。实际上我们会发现，德里达的晦涩思辨恰恰可以呼应上节的较为实证性的听觉史叙事，并由此打开听觉迷狂这个内在领域的不同面向，进而为我们下文对电影和游戏中的人声的阐释奠定基本的概念框架。鉴于对《语音与现象》的二手研究论著早已汗牛充栋，这里我们就直接切入相关要点。

首先，按照德里达的概括，胡塞尔在《逻辑研究》（*Logische Untersuchungen*）中的基本思路可以概括为这句话："观念性之观念性就是**活生生的在场**（l'idéalité de l'idéalité est le *present vitant*）。"[5] 由此进一步引申出这样一个基本的等式：

---

[1] Erlmann, V. (2010). *Reason and Resonance: A History of Modern Aurality*. Zone Books, p.206.

[2] Erlmann, V. (2010). *Reason and Resonance: A History of Modern Aurality*. Zone Books, p.211–212.

[3] Erlmann, V. (2010). *Reason and Resonance: A History of Modern Aurality*. Zone Books, p.114.

[4] Erlmann, V. (2010). *Reason and Resonance: A History of Modern Aurality*. Zone Books, p.328.

[5] Derrida, J. (1993). *La voix et le phénomène*. Quadrige/PUF, 1993, p.5. 原文为斜体字。

$$观念性 = 同一性（identité）= 在场 / 当下（présence/présent）= 生命（vie）= 先验我（Je transcendental）= 灵魂（l'âme）= ……$$

后面的省略号意思很明显，这个等式虽然自《逻辑研究》开始，但实际上贯穿于胡塞尔的整个思想体系之中，因而几乎可以串联起他的所有基本概念。当然，与这个等式相"平行"的还有另外一串等式，这两个系列之间完全是诸项间的一一对应关系：

$$实在性 ^① = 差异 = 不在场（non-présence）= 死亡（mort）= 自然我（Je naturel）= psychè = ……$$

实际上，这平行的两串等式的最后一项，那两个希腊词皆指"灵魂"，但含义却截然不同，如果说 *pscychè* 更带有心理、实在、经验的形态，或者说外向的"世间性"，那么 *âme* 则更指向着一个自我相关的纯粹的内在性领域。这内和外的两条平行线的关系，正是《语音与现象》全书之解构操作的直接起点。实际上，德里达更想斥破"平行"之执念乃至幻象。之所以说观念性和实在性是平行的，只是因为二者存在着严格的一一对应，如果真的有哪一环出现破绽，那将对整个现象学体系构成致命打击。但德里达的解构恰恰并非由此入手，而是首先针对平行关系之不可能性。平行，根本上就意味着"相邻"但却绝不重合的关系 ②，但德里达要揭示（揭穿）的正是实在性其实早已通过表象、重复、替补（supplément）等操作侵入、"感染"（contaminates）③ 了观念性之线。简言之，并非是内在之观念和意义有待"外化"

---

① "观念"与"实在"、"观念规律"与"实在规律"之分，是《逻辑研究》第一卷的核心主线。

② Derrida, J. (1993). *La voix et le phénomène*. Quadrige/PUF, p.14.

③ Cisney, V. W. (2014). Derrida's *Voice and Phenomenon*. Edinburgh University Press, p.129.

（extériorisation）①，而是各种外在的维度其实早已渗透于、运作于内在性的领域之中，甚至二者的边界早已含混莫辨（indiscernabilité）②。而真正将此种平行又交织、看似泾渭分明实则彼此互渗的关系呈现得尤为鲜明的，正是"语音"。一方面，语音"捍卫着在场"③，尤其如内心独白这样的现象几乎将内在领域之中的自我与自身之间的切近关系（proximité a soi）④推向极致。哪怕我缄口不语，哪怕我默不作声，也完全可以在内心深处跟自己对话，而且更关键的是，每个人都有这样一种强烈的体验，似乎唯有这样一种内心独白才是回归内在自我最本真的途径。但另一方面，语音又并非全然归属于胡塞尔意义上的观念性，因为它不可能脱离"声音"、"听觉"这些自然的、实在的面向，更不能如观念性那般"超越于所有时间性之上"，而是必然要在时间之中有一个"存在、形成或消亡"的过程。⑤显然，在语音之中，观念与实在，先验与经验，早已密不可分地缠结在一起。

这也是为何"内心独白"这个现象如此棘手但又如此关键。虽然在《逻辑研究》之中只是一小节的篇幅，但正是在这里，观念和实在这两条平行线难解难分地交织在一起。其实，在日常的语言表达和沟通的过程中，此种交织的机缘真的是少之又少，也即，语音的外在方面（声音作为感性媒介）和内在方面（意义作为观念性内容）实际上总是可以被明确区分开来。同一个意义可以用不同的声音形态和话语方式表达出来、传递出去，但无论感性媒介和具体行为怎样多变，意义总可以沿着观念性这条线而保持自身同一。借用德里达的说法，"无限的可重复性"正是观念性之为观念性的基本前提⑥。在日常的言语活动中，声音可能会对意义的表达起到干扰乃至阻碍的作用，

---

① Derrida, J. (1993). *La voix et le phénomène*. Quadrige/PUF, p.34.

② Derrida, J. (1993). *La voix et le phénomène*. Quadrige/PUF, p.15.

③ Derrida, J. (1993). *La voix et le phénomène*. Quadrige/PUF, p.15.

④ Derrida, J. (1993). *La voix et le phénomène*. Quadrige/PUF, p.83. 原文为斜体字。

⑤ ［德］胡塞尔：《逻辑研究》（第一卷），倪梁康译，商务印书馆 2015 年版，第 82 页。

⑥ Derrida, J. (1993). *La voix et le phénomène*. Quadrige/PUF, p.58.

但要说声音能够"渗透"到意义的内部，甚至起到"替"和"补"的延异作用，那可就接近天方夜谭了。如果说真的有这样的情况发生，那也只能在那些极端的艺术实验之中才能见到，比如声音诗（sound poetry）。这也是为何胡塞尔可以极有根据地在（以观念性为前提的）含义（Bedeutung）之表达和（以实在性为指向的）指示（Anzeigen）之间建立起"本质性的区分"①。按照胡塞尔的区分，其实内心独白这个看似纠结的现象并无难解之处。当我自己跟自己说话的时候，我其实既没有在表达意义（因为没有必要），也没有在进行指示、传诉和沟通（因为没有可能），说到底，"在孤独的话语中，我们并不需要真实的话语，而只需要被表象的语词就够了"②。一言以蔽之，在内心独白之中，意义是空洞的，指示是虚假的，我充其量只是想像自己在跟自己说话而已。这跟表演的情形倒是颇有几分相似。内心的独白只是将真实生活中的话语行为移置于内心的虚幻舞台上再"表演"一番而已。当我面对他人说，"你这事儿干糟了，你不能再这样干下去"③，这里从"含义"到"指示"和"意指"的每一个环节都是真实而明确的。但当我转而在内心深处对自己说这句话的时候，无非就只是像演员那般照着读了一遍剧本而已。因此，内心独白对于胡塞尔来说完全不重要，它充其量只是一个特例，是真实的表达行为的一种想象式变体而已，而德里达偏要抓住这个细枝末节来尝试"解构"整个现象学体系，只能说是无的放矢。④

---

① ［德］胡塞尔：《逻辑研究》（第二卷 第一部分），倪梁康译，商务印书馆2015年版，第331页。

② 《逻辑研究》（第二卷 第一部分），第344页。

③ 《逻辑研究》（第二卷 第一部分），第345页。

④ 概括起来，德里达至少犯了两个致命错误：第一是逻辑上的，也即把特例普遍化了，作为"特例"的独白显然并无法真正揭示表达行为的一般的、"本质性"的结构；第二是论证上的，在他看来，尤其在内心独白之中，观念和实在这两条平行线发生了关键的"缠结"，但根据胡塞尔的阐释，这种缠结既没有也不可能发生。

四、听觉迷狂的四重向度：想像、时间性、死亡、想听

所幸的是，在胡塞尔的这一小节文本的最后，似乎隐约呈现出一个裂隙，那正是"体验"这个维度的凸显。在内心独白这个场景之中，即便表达和指示皆以想象的、表演式的形态呈现，仍有真实的成分残留，因为"我们自己就在同一时刻里体验着这些相关的行为"[①]。这个戛然而止的短句至少给出三重启示：首先，体验是真实的；其次，体验是我们对自身的体验；第三，体验与行为是"同时"进行的。

前两点结合在一起，似乎就明确给出了一个通达"内在自我"的听觉体验。但遗憾的是，仅就《逻辑研究》的文本来看，这个体验虽然以听觉的面貌呈现，但本质上却与听觉无关。在胡塞尔那里，体验即便有着各种复杂的含义，但有一个基本的规定性是始终不变的，那正是体验作为观念性的呈现。这也是为何在第五研究的开篇，胡塞尔在区分"容易混淆"的"三个意识概念"之时，明确将心理学意义上的"体验流"和"内觉知"跟真正现象学意义上的"意向体验"进行区分。由此，我们也意识到，前文所提到的各种听觉的体验其实仍未脱离心理主义的窠臼。无论是日常的听觉体验，还是与媒介、文化交织在一起的听觉活动，在胡塞尔的意义上都仍然停留于事实性的层次，因为我们尚未以现象学的方式呈现其背后的观念性含义和本质的意向性结构。[②] 简言之，"意向体验"这个核心概念的重心是在"意向"，而体验仅仅是附属的维度，它的作用仅是作为呈现之场所与媒介："现象本身并不显现出来，它们被体验到。"[③]

---

① 《逻辑研究》（第二卷 第一部分），第 345 页。

② 诚如胡塞尔自己所言，对体验的把握必须从"经验–实在"的层次推进至"纯本质明察"。参见《逻辑研究》（第二卷 第一部分），第 689 页。

③ 《逻辑研究》（第二卷 第一部分），第 690 页。相似的论述在《逻辑研究》中比比皆是，比如"同一性……从一开始便已在此，它是体验"。参见《逻辑研究》（第二卷 第二部分），倪梁康译，商务印书馆 2015 年版，第 918 页。

然而，我们当然不想重复现象学还原的基本思路，而是要进行一番彻底的逆转，进而找到《逻辑研究》和《语音与现象》之间的真正"缠结"点。还是回到"在孤独心灵生活中的表达"这一小节的最后一句话。胡塞尔在这里为何明确给出体验这个要点，但随后却骤然中断？首先，因为即便从体验的角度来看，内心独白对于现象学研究的意义也是微乎其微的，根本不必展开。但为什么不能逆转方向进行思考呢？体验的价值难道仅仅在于它所呈现的观念性含义吗？[①] 难道挣脱这个"客观化"的背景，我们就无从揭示体验的别样面貌了吗？显然不是。内心独白的独特意义恰恰在这个地方显现出来，因为作为一种（从现象学视角来看）非常异样的体验，它恰恰从根本上去除了"含义"、"意指"等所有的观念性背景。在这层意义上，甚至可以说此种内在体验具有一种纯粹性，它就是纯粹的体验，它就是自我对自身的体验，别无他物。因为"他物"皆为虚幻，唯有体验真实。

胡塞尔对这样一种"纯粹"至极的内心体验当然毫无兴趣，但德里达在《语音与现象》中却给出了相当深刻的推进线索。虽然就整本书而言，试图从观念性自身的无限重复这个入口来进行解构的思路是不太成功的，但书中后半部分所提出的"自触发"这个概念却展现出别样的启示。自触发的概念不能说是德里达的原创，其实在胡塞尔的文本之中已经有明确的阐释，再加上后来如米歇尔·亨利（Michel Henry）所进行的发挥，这个概念逐渐成为现象学研究中的一个要点。但德里达在这里的阐释仍有可观之处，因为他正是以此将"差异"这个楔子牢牢地打进了内在自我之中："自触发作为语音的运作，预设了某种对自我在场进行划分（diviser la presence à soi）的纯粹差异。"[②] 即便德里达没有明示，但似乎确实可以将"内心体验"就作为这样一种以差异为特征的"自我触发"的根本形态。基本理由有二：首先，德里

[①] "使得纯粹逻辑领域的观念性对象和作为形成性行动的主体心理体验行为之间的此特殊相关关系成为研究主题。"参见 ［德］ 胡塞尔：《现象学心理学》，李幼蒸译，中国人民大学出版社 2015 年版，第 18 页。

[②] Derrida, J. (1993). *La voix et le phénomène*. Quadrige/PUF, p.92.

达所谓的自触发以差异、自我分裂为特征，而这就意味着，"意向－体验"这个概念中的那种根本性的"统一性"关系必须被否弃，或者说得明确些，**斩断体验与观念性之间的关系，进而将体验"还原"为极端的纯粹形态，这恰恰是营造差异性的自触发关系的真正起点**；其次，这种差异性的关系又绝非全然导致自我的分裂，比如裂变为触发者——被触发者之间的分离而对立的关系，而其实更是以差异为纽带营造出一种自我与自身之间的更为切近的关系①。这样一种既差异又亲密的自我关系②，正是通过内心独白这样一种听觉之迷狂体验而实现的，这也正是德里达在这里明确点出"voix"这个要点的根本原因。

但若想进一步推进这个思路，并将其落实于电影和游戏的场域之中，仅仅局限于内心独白这个相对狭隘的领域就显得不太充分了。随后我们拟引入"幻声"（acousmatic voice）这个晚近听觉研究中的一个关键概念，来对德里达的文本所启示出的自我触发的几个相关要点进行深入细致的展开。概括起来，大致有四个要点，分别是**想象、时间性、死亡、意志**。这四极之间的关系也很明晰：想象是起点，时间性是基本形态，死亡则打开差异的维度，而意志最终回归于主体性这个旨归。

想象这个起点，首先是源自胡塞尔自己的论述，而德里达也明确强调了"虚构"这个"特殊的表象类型"③的重要性。内心独白的首要特征正在于其虚幻、虚构甚至表演的形态，它所打开的内在性领域首先就展现为一个虚幻的听觉舞台，在其中，即便一切皆"幻"，但唯有体验为"真"。这就一方面突显出"自我聆听"的那种"迷狂"的本性，但同时又明确指向了自相关、自触发、自体验的主体性这一核心。"声之幻"，这也将是我们展开下文缕述之起点。

---

① Derrida, J. (1993). *La voix et le phénomène*. Quadrige/PUF, p.92.

② 德里达极为生动地将此种关系描述为"同一性与非同一性之间的同一"。参见 Derrida, J. (1993). *La voix et le phénomène*. Quadrige/PUF, p.77.

③ Derrida, J. (1993). *La voix et le phénomène*. Quadrige/PUF, p.55.

由此就涉及时间性这另外一个关键点。根据德里达的概括，胡塞尔的"意识"概念最终所指向的无非是自我在"当下"（présent）面对自身之"在场"（présence à soi）。在这个"自我－当下－在场－生命"的贯穿线索之中，当下之时间性显然是一个核心要点，因为正是在这里得以真正落实差异又同一的自我触发的体验。这就涉及胡塞尔和德里达对"当下"之时间性的两种截然相反的理解，即"流"与"点"之间的鲜明对立。在胡塞尔的内时间意识理论之中，"当下－现在"显然是起点和核心[①]，但它虽然表面上呈现出"点状"的形态，实质上却仍然指向"流"之统一关系，甚至从最根本上说，还有"一个不流动的、绝对固定的、同一的、客观的时间构造起自身"。[②]一句话，在胡塞尔那里，点与流是同一的，点是本原，是核心，但它必须、必然要在流之中展现自身并由此贯穿起内在的统一性；但在德里达这里就正相反，间断的"点状"（ponctualité）才是最根本的原则[③]，正是这些离散的"现在－点"才足以瓦解现象学式的自我面对自身的在场，进而敞开另一种差异性的自我触发的关系。胡塞尔的"同时"、"同一"的现在点确证的是在场性，确保的是本原性；但德里达的点状现在则恰恰要在"当下－在场"的内在核心撕开一个"复归之褶皱"（pli du retour）[④]的裂痕。这个裂痕的最基本形态正是点与点之间的"彻底的中断"（la discontinuité radicale）[⑤]，由此才得以彻底斩断点与流之间的统一，瓦解在场与当下之间的内在同一。我们在下文将看到，此种"彻底中断"的现在点，似乎唯有在晚近的数码平台的电影和游戏之中才得到最为彻底的实现和贯彻。

由此就涉及死亡这第三个要点。离散的现在点瓦解了自我在场，由此

[①] "在活的存在源泉点中，在现在中有一再更新的原存在涌现出来"，参见［德］胡塞尔：《内时间意识现象学》，倪梁康译，商务印书馆 2010 年版，第 115 页。"同一个现在"这样的说法在书中更是比比皆是。

[②] ［德］胡塞尔：《内时间意识现象学》，倪梁康译，商务印书馆 2010 年版，第 109 页。

[③] Derrida, J. (1993). *La voix et le phénomène*. Paris: Quadrige/PUF, p.68.

[④] Derrida, J. (1993). *La voix et le phénomène*. Paris: Quadrige/PUF, p.62.

[⑤] Derrida, J. (1993). *La voix et le phénomène*. Paris: Quadrige/PUF, p.72.

也就从根本上动摇了生命这个现象学的基本前提。从生到死的转变，也正是从自我在场向自我触发进行转变的关键契机。德里达在全书最后明确指出，与自我的差异性的关系，就是与死亡之间的关系①。但这个引入看似颇为突兀，有必要对背后的论证稍加阐释。首先，在胡塞尔那里，"我"–"在"（suis）–"当下"–"在场"，同时也就意味着**"我是不朽的"**（je suis immor-tel），因为即便体验流变迁不绝，现在点的流变之力也总会耗竭，但在体验流背后却恰恰始终存在着那个观念性的"不流动"的本质性的时间构造。正是这个"不变"的观念性从根本上拯救了现在点的"可朽性"。由此，不妨说，在胡塞尔那里，生命的基本原理恰恰亦是、根本上是观念性。但在德里达那里就正相反了，点与点之间是彻底间断的，在离散的点之间，既没有流的贯穿力量，更不可能有来自含义和观念的更高的拯救力量，由此，前一个点的寂灭，后一个点的生起，此种"方生方死"的时间性，几乎就是一个不可回避的结论。"我在当下"（je suis présent），在德里达这里，也就同时等于"我是有死的 / 必死的"（je suis mortel）。②

第四个要点，即"想说"（vouloir-dire）这个内在的根本动机，但它同时也明确指向主体性这个根本旨归。然而，德里达的论述在这里尤其显得含混不清。首先，"想说"预设的就是内与外、心与身、表达与指示之间泾渭分明的分化边界，由此显示向着内在性领域的极端回归。一方面，"想说"是最为纯粹而内在的表达行为，是含义在意识之中的最直接、纯粹、"无中介"的在场，它由此展现出自我与自身的那种纯粹的内在关系；其次，它又不只是一种自我关系，而更体现出一种趋势和动态，也即意志的活动。从根本上说，其实表达并不追求任何的外化，因为唯有在内在意识中的纯然的自我在场才是它最理想的形态。因此，也就可以理解，任何表达的背后总是体

---

① Derrida, J. (1993). *La voix et le phénomène*. Paris: Quadrige/PUF, p.114.

② 由此看来，像西斯尼（Vernon W. Cisney）那样把死当作观念性的指向，把生当成是自我触发的本质，这几乎是完全搞错了德里达的原本的意思。参见 Cisney, V. W. (2014). *Derrida's Voice and Phenomenon*. Edinburgh University Press, p.151.

现出一种"回收"、"自持"（réservé）①的基本态度，拒绝外化，持守内在，如此方能捍卫在场和自我在场不受外在因素的影响乃至"污染"。借用克洛德·埃文斯（J. Claude Evans）的说法，"想说"作为意志的根源似乎指向着一个比表达更深的内在向度，那正是主体自身的自我"拥有"（possesion）②。但这里就出现了两个棘手的难题：首先，胡塞尔似乎从未真正坚持甚至提出过表达的极端内化这个所谓的"意志"维度，也全然无意以此来解释内心独白的现象；其次，德里达最终仍然把"想说"归于在场形而上学，而且尤其把这个意志的根源归于"精神"（Geist）这个更高的维度。而我们下文结合电影和电子游戏的阐述，正是试图进行双重逆转。首先，我们赞同德里达，仍将"想说"作为内心独白的意志本源，但将"想说"替换成"想听"（vouloir-entendre）。其次，我们不赞同德里达仅将"想说"归于精神，而试图回归"灵魂"（seele）这个根本向度，并由此展现其自我触发的根本形态。

不妨先给出下文展开论述的大致图示：

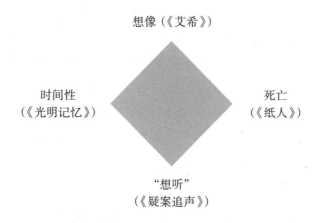

想像（《艾希》）

时间性
（《光明记忆》）

死亡
（《纸人》）

"想听"
（《疑案追声》）

需注意，我们选择这四部作品的依据既非时间线索，也非分类模式，而

---

① Derrida, J. (1993). *La voix et le phénomène*. Quadrige/PUF, p.36.

② Evans, J. C. (1991). *Strategies of Deconstruction: Derrida and the Myth of the Voice*. University of Minnesota Press, p.62.

是基于概念上的辨析框架。不妨借用米歇尔·希翁（Michel Chion）的说法，我们只是想为"游戏中的人声"（The Voice in Game）这个方兴未艾的主题建构出一个大致的"理论纲要"[①]。

五、四部游戏作品解析

1.《艾希》（*Icey*）：作为"幻声"的旁白

我们在这里不拟，亦无力全面处理电子游戏中的视与听、影像与声音的关系，还是直接切入"内心独白"这个主题及其四个要点。那理应先从"想像"这个真正起点开始。实际上，内心独白的想象特征在当代的聆听哲学之中早已有一个现成的词与之对应，即"幻声"（acousmatic）。这里强调"幻"而非单纯的"想象"或"虚构"，正是意在突出游戏人声的那种"幻"与"真"交织的基本形态。

何为"幻声"？希翁有一个明确的定义："一个声音被听到，但它的起因（cause）或来源（source）是不可见的。"[②] 这里有两个要点，一是对"声源"这个物理上的"原因"的被动或主动的拒斥；二是倾向于用相对纯粹的听觉模式来取代日常生活中视觉主导的感知模式。实际上，幻声这个说法源自当代声音哲学的真正先驱皮埃尔·舍费尔（Pierre Schaeffer）对"三种聆听"模式的根本区分，即"因果聆听"、"语义聆听"和"还原聆听"。因果聆听指向声源，语义聆听指向意义，而还原聆听则指向声音本身："将声音……作为被关注的对象本身，而不是作为其他意义的载体。"[③] 在这里，我们发现，这与我们前文试图从胡塞尔的"内心独白"中所"别样"引申出的无意义、非沟通的自我聆听的体验非常契合。实际上，虽然舍费尔的本意是说，对于

---

① Chion, M. (1999). *The Voice in Cinema*. Columbia University Press, p,ix.

② Chion, M. (1999). *The Voice in Cinema*. Columbia University Press, p.18.

③ ［法］米歇尔·希翁：《视听：幻觉的建构》，黄英侠译，北京：北京联合出版公司 2014 年版，第 26 页。

任何的声音都可以采取极端的还原聆听的态度，但严格说来，显然唯有内心独白这个活动才是通达还原聆听的最天然也最理想的场合。

还原聆听中真幻交织的面貌是极为生动明显的。从"幻"的角度看，一旦声音被抽去了它的声源和意义，那也就瞬间斩断了它与真实世界之间的"所有"关系。声音看似开始游离于世界之外，变成了无实体、无基础、甚至无具象的"幽灵"，但这个幽灵似的幻声又同时展现出一种"真"，即声音本身之真，它让听者开始注意到那些在日常世界之中被遮蔽、遗忘、扭曲的"声音固有音质"①。但这又何以能做到？还是拿人声来说。在日常对话中，要想剥离说话者所表达的意义、所指示的对象等基本因素去纯粹聆听"声音本身"，那几乎是全无可能的事情，或者说只有在极端异常的精神错乱的情形之下才有可能。而当我们回到内心独白这个现象时，情形似乎更为诡异，我们根本没有发出真实的声音，也就是说连"声音本身"也被进一步剥离，唯余声音之幻象。更戏剧性地说，在内心独白中，声音变成了幽灵之幽灵，或者说，它将内在领域瞬间化作虚幻的声音形象的共鸣箱。

而一旦进入电影和游戏的视听世界，这个人声的双重幻境就显得更为错综复杂乃至扑朔迷离。这尤其体现于希翁在《视听》的"视听幻象"这一章中所极为深刻地阐释的"无形音"（invisible voice）②这个典型现象。声音本来就是无形的，但在日常生活中，我们总是试图给它赋予各种各样的形象（声源、意义）。在电影中，这样一种为声音"立义"的做法在技术手段的推波助澜之下就更是变本加厉，声音越来越跟影像捆绑在一起，被强制性地缔结视听同步的"契约"。但还原聆听这个概念就启示我们，其实声音还有一个独立的本体在时刻抵抗着各种强加的立义。无形音正是此种抵抗的极端形态。在希翁的笔下，无形音体现出四个基本要点：**上帝视角、异域的神**

---

① ［法］米歇尔·希翁：《视听：幻觉的建构》，黄英侠译，北京：北京联合出版公司 2014 年版，第 28 页。

② ［法］米歇尔·希翁：《视听：幻觉的建构》，黄英侠译，北京：北京联合出版公司 2014 年版，第 110 页。

秘性、宿命感、悬念。上帝视角，无非是突出无形音的全知、全能、全视的至上地位①，这尤其体现于那种"明确超然的旁白者"②的情形。只不过，诚如希翁所言，此种情形并不能算是真正的无形音，因为旁白的人声几乎全然游离于影像和叙事之外，变成了凌驾于影片本身之上的一种超越的秩序。因此，真正的无形音不能只局限于"外"的超越视角，而更是理应跟电影之"内部"产生种种缠结。而异域的神秘性这一点就是如此，它看似"已经走到另外的地方，与现实脱节"③，但实际上却以敞开不可见的声音场域的方式赋予影像一个"微妙而不同的纵深面"④，让影像变得更为立体、含蓄、充满意味。进而，"宿命感"突出无形之音与有形之像，游离在"外"的人声与影片之"中"的人物之间的复杂交错的关键结点；而悬念则将无形音的那种抵抗之强力展现得最为极致，因为它甚至可以用突然消声的方式来赋予影像本身所无法真正抒写和实现之真实："声音消失时，我们对于影像的注视更有洞晰力"⑤。

由此，我们发现，在《艾希》（2016年）这部优秀的国产独立游戏中，无形音的形态似乎尤为突出，耐人寻味。首先，在这部作品中，游戏性本身被明显置于核心的地位，而叙事和情节都被压缩到极简。这原本也是十分自然的选择。因为在此种街机风的快节奏横版过关游戏中，玩家几乎只关心一件事情，那就是打打杀杀的刺激场面，而且玩家的注意力也高度集中在战场上即将出现的各种危险敌人。在这样的整体氛围之下，过于铺陈情节会对游

---

① ［法］米歇尔·希翁：《视听：幻觉的建构》，黄英侠译，北京：北京联合出版公司2014年版，第114页。

② ［法］米歇尔·希翁：《视听：幻觉的建构》，黄英侠译，北京：北京联合出版公司2014年版，第113页。

③ ［法］米歇尔·希翁：《视听：幻觉的建构》，黄英侠译，北京：北京联合出版公司2014年版，第107页。

④ ［法］米歇尔·希翁：《视听：幻觉的建构》，黄英侠译，北京：北京联合出版公司2014年版，第109页。

⑤ ［法］米歇尔·希翁：《视听：幻觉的建构》，黄英侠译，北京：北京联合出版公司2014年版，第117页。

戏性本身造成无谓的破坏。就操作性而言，这部游戏的表现应当说是颇为出色的。各种炫目的连击、自由组合的技能，甚至由影像和声音所烘托的打击感，都令人印象深刻。但或许正是基于这种考虑，开发者采用了一个此类游戏中极为罕见的手法，就是为动作场景添加了人声的旁白。成功与否姑且不论，但这个手法绝对够新鲜够大胆，因为它无疑为这个本来就极为"平面"的游戏增加了一个颇为电影式的人声的"深度"。一众玩家对"旁白君"的迷恋，似乎正是明证。

当然，旁白君看似只是一个简单粗暴的"上帝视角"，甚至往往化身为对小女孩指手画脚的父权形象，那种字正腔圆、拿腔拿调的发声似乎更增强了此种印象。但仔细聆听游戏中的那些旁白的男声，会发现其实绝非如此简单。首先，这个人声旁白显然具有一种审美体验的氛围。它确实让人忆及在院线尚未普及、影院极为稀少的年代，大众喜闻乐见的那种以广播剧的形式所"复述"的电影情节。今天想来，这堪称是一种极为前卫的实验手法，因为绝大多数听众都并未真正"看"过影片，而全靠"听"来领略了整部影片的全貌。这正是"听觉叙事"的典范。但也正是由于声音本身在叙事方面具有先天的劣势，所以充满感情的旁白就成为撑起叙事的重要的人声线索。我们在《艾希》中所听到的正是极为相似的手法。一方面，男声旁白确实更为突出了本来淡化而薄弱的剧情线索，不仅增加了影像的深度，更能够给游戏的进行增加一个额外的动力，让关卡之间的连接显得更为顺畅。换言之，它在很大程度上突破了影像的平面"框架"（frame），而拓展出一个敞开的"画外"空间（offscreen space）[1]。另一方面，这个旁白的无形音虽然不具有什么神秘感和悬念之力，但它仍然具有一种烘托"宿命感"的情感之力。亦与希翁的论述颇为一致的是，《艾希》中，旁白在一些关键场景（比如面对大BOSS前）处变得尤为抑扬顿挫，并带着更为浓烈的感情，这样似乎就愈发拉近了与主角之间的距离，向她预示即将到来的危险，进而激发她身上迎接

---

[1] Chion, M. (1999). *The Voice in Cinema*. Columbia University Press, p.22.

决战的勇气和信念。一句话，这个时候出现的旁白，更像是命运之声，而这个声音更是直接与主角自身、与战斗这条操作性的主线交叠在一起。

但即便如此，旁白的男声仍然来自外部的视角，跟内心独白全无关系。即便我们全程佩戴耳机，让人声更为直接地注入耳朵，也始终只会觉得那个声音来自"别人"，而并不会由此产生自我和自身的反身性关系。一句话，我们会将自我投射于屏幕上的艾希这个主角形象，也会以操作键盘和鼠标的肢体动作跟艾希这个虚拟形象（figure）产生直接的对应乃至认同（identification）。但对于旁白君，如此的对应和认同无论如何都不会发生。但还是让我们再仔细听，认真听。正如旁白男声跟艾希的命运屡有交错，此种宿命感也同样会出现于玩家和无形音之间。一个最戏剧性的场景恰恰出现在整部游戏的结尾，当艾希最终击败了犹大，为艰辛的战斗历程画上一个完美的句号之时，导演的镜头突然一转，开始向艾希拉近，逐渐给出一个面部的特写。这应该是整个游戏过程中，玩家第一次清晰地看到主角的面庞。在这个停留时间并不算短的特写镜头中，玩家不仅更为强烈地体会到与主角之间的身份、情感方面的种种认同，而且更有一种逐渐清晰的感受：那些看似游离的旁白，或许正是艾希说给自己听的声音？那些充满指引、激励和紧张的声音，虽然听上去绝不是那个女孩自己的声音，但在最终胜利的那一时刻，它似乎水乳交融地与浴血重生的艾希完美贴合在了一起。诚如希翁所言："无形音角色的一个固有特征就是它可以被立即剥夺它的神秘能力……当它被解除无声源化（de-acousmatic）时……人声找到了它的归属并被局限于一个躯体。"①是的，游戏之外的无形人声和游戏之内的鲜活人物，在最后的这个特写镜头中交织在一起，声音被归属于一个身体，它不再是漂泊无依的幽灵，而变成了有血有肉的生命。正如在电影中，即便我们听到的并非自己内心的声音，但仍然可以在导演的巧夺天工的手法下在自己之"身"与屏幕之"声"之间

---

① ［法］米歇尔·希翁：《视听：幻觉的建构》，黄英侠译，北京：北京联合出版公司2014年版，第115页。

形成一种激荡灵魂的共鸣。① 在游戏中也是如此，无形音的编配固然是一个常见的手法，但更令人深思的恰恰是那些化不可见为可见的"声"与"像"相互缠结的充满宿命感的结点。将旁白的无形音化作自我触发的根本媒介，这似乎正是电影和游戏所共通的一个幻声手法，游戏因其更突出操作性这个核心而似乎更能将这个手法带入切实的境地。这里我们看到，幻声这个起点已经极大地深化、拓展乃至修正了胡塞尔和德里达的内心独白的概念，所以它足以作为我们展开下文论述的真正起点。

2.《光明记忆》与点状时间

为什么要以《光明记忆》（2019 年）② 为例呢？这难道不就是一部表现上佳的国产第一人称射击游戏而已？固然，游戏中出现的女声旁白明显要比《艾希》更接近内心独白的情形。但是，这个贯穿始终的人声又真的在游戏本身的发展运动过程之中起到重要的推动作用吗？或许真的微乎其微。但问题当然并不直接与这部游戏相关，而是涉及第一人称射击游戏这个重要的游戏类型。在这个名号中，"第一人称"（first person）和"射击"（shooting）之间的张力其实远比看起来的更为明显。"第一人称"的目的当然是拉近视角，突出游戏的沉浸性和交互性。但这充其量只是一种"障眼法"的操作而已，并没有多少敞开乃至建构"内在性"领域的功效。简单说，有两个明显的原因。首先，所谓的第一人称其实并没有明显的优先地位，它无非只是游戏"之中"的可以自由切换的视角而已。主流的第一人称射击游戏基本上都会提供各种视角的转换功能，当切换成第一人称视角的时候，玩家并没有多少想"切近自身"的想法，而不过是想找一个可以准确射击的角度。尤其在进行"狙击"任务的情形下，第一人称几乎是唯一可行的射击视角。

---

① 比如希翁所说的聆听电影中的人物呼吸的真切体验："a subject with whom we identify through auditive mimesis"，Chion, M. (1999). *The Voice in Cinema*. Columbia University Press, p.53。

② 该游戏在 2016 年推出过 iOS 试玩版。

接下来就涉及第二个原因了。那么，第一人称视角的那种颇为明显的沉浸式体验又该如何理解呢？比如，在紧张刺激的战斗或闪躲的场景中，玩家能听到自己的心跳、呼吸，那或许真的是极为逼真的内在体验吧？甚至在受到致命伤的时候，那种满屏流血、视线模糊的场景也或许颇为接近所谓的近似体验吧？或许确实如此，但当内心独白的人声介入之时，却发生了一种极为明显的分裂效应。大致说来，《光明记忆》中舒雅的旁白有三种主要的形态。第一种情形往往发生在电影式的过场之中，比如游戏开始处她和卡特之间一触即发的对峙。这里，玩家并不会与她的声音产生任何的"认同"，更不会产生向着自我体验乃至自我触发进行转化的契机。这个声音无非只是游戏"中"的"那个"女主角所讲出的话语而已，无论怎样充满戏剧性的语调，但它都接近情节那一边，而远非自我这一极。

第二种情形就更为常见，即人声更贴近第一人称的视角，它确实展现出独白的功效，但同样没有任何打开内在性向度的力量，只是起到给主角的行动提供暗示和指引的作用。比如，在破解地面转盘的谜题中，舒雅提醒自己要看墙上的图画。这虽然是独白，但显然并不是自己跟自己在说话，更像是发自一个全能全视全在的"上帝视角"所给出的明确指示。再比如，在沿着即将坍塌的斜坡飞速下滑、几近失控的危机时刻，舒雅的声音显得紧张而焦虑，但那种自己给自己打气的激励的声音也总是显得若即若离，甚至漂浮于游戏的真正织体之外。

这样一种疏离感在第三种情形之中就更为明显。那就是在真正的战斗场景中，女主总是陷入彻底的沉寂，除了必要的呐喊和肢体动作发出的声音，人声在这里似乎全然多余，甚至毫无在场的必要乃至可能。你当然会质疑说："这还用说？在无数敌人从天上地下蜂拥而至的时候，在稍不留神就会命丧黄泉的紧张时刻，还会有功夫自己跟自己独白？还会有闲情自己体验自身？"没错，但这正是第一人称射击游戏的最根本症结所在。或许，它是以"剿灭主体"为终极要务的数码"新巴洛克游戏"的极致体现：**一面是无限诱惑、极度沉浸的自洽而封闭的战斗场景，在其中，唯有"玩下去，挺住别死"是**

最高律令；另一面则是无限疏离、悬浮无根的"内在性"体验。其实，与其说体验，还不如说是"内在性空洞"。正是在这个意义上，FPS 游戏将数码巴洛克的悖谬逻辑毫无掩饰地推向极限，"第一人称"的本意是增加玩家在游戏"之中"的真实在场感，而独白的人声的加入也本是为了更好地烘托这一主体性的体验，但随着游戏的深入和展开，第一人称的玩家却越来越化作游戏"之中"的一个视角和游戏"之内"的种种操作。"我"是谁？"我"又到底在哪里？这些根本性的问题只是被无限弃置而已：游戏中的那个我、正在激烈厮杀的那个我、忙乱地陷入各种操作之中的那个我，其实既不在任何地方，也绝不可能指向任何真实的内在体验，它无非只是漂浮于游戏织体的表层，附赘于操作之边缘的那个"若有若无"，甚至"可有可无"的空洞的幽灵般的影子。苍白空洞的独白，无论怎样忸怩作态，无论怎样营造情感氛围，最终都只是加深了被掏空、被剿灭的主体内在的那个巨大的黑洞而已。但这并不是精神分析意义上的所谓创伤和裂口，因为这个空洞本来就是游戏操作所留出、制造、操弄的实实在在的"游戏效应"而已。那些看似疏离而悬浮的人声独白，如果真的意在起到任何实质性的"效应"的话，那正是在早已空洞、始终空洞的内部营造出一种"在场"的幻象。"玩下去，作为你自己玩下去，为了你自己在游戏之中活下去！"游戏对你发号施令。但你会问："我是谁？我在哪里？"游戏就会进一步回答说："你就是你啊，你就在这里啊，听，你不是自己在跟自己说话？你没听到你的内心独白吗？那个声音跟你说：'战斗下去，千万不能挂！'"

也正是在这里，点状时间这个问题以截然不同的极端面貌呈现出来。在《语音与现象》之中，德里达试图以离散的、点状的现在从根本上瓦解胡塞尔的点与流之统一及其背后的观念性结构。但他从未给出此种点状时间的任何具象形态。并不令人意外的是，恰恰是在第一人称射击游戏这种新巴洛克游戏的极致形态之中，我们发现了时间点的断裂可能。但这样一种断裂却全然未展现出任何德里达意义上的"解构"的潜能。疏离漂浮的人声，时刻都在突显出可有可无的内在空洞。这里既没有胡塞尔意义上的自我在场，也没有德里达意义上的差异性"迂回"，只有彻底的、不带任何修饰和掩饰的断裂。在游戏中连贯的只有一件事情，那就是承上启下的操作、此起彼伏的战斗，至于在这些操作和场景之间是否真的需要一个连贯性的时间线索，乃至一个有待敞开的内在性领域、一个有待建构的主体性形态，这些都是不重要的问题，甚至连问题都算不上。"游戏说，此处应该有人声，所以就有了人声"，但这也只是为了不让内部的空洞显得太过显豁而已。无论怎样，让声音填补这个内在的缺口吧，至于这个声音是真是假，是你自己的还是任何人的，那又有何区别呢？一句话，在游戏的新巴洛克宇宙之中，剿灭的主体和断裂的时间，这二者简直就是合二为一的。

由此就想到关于"女声"的另外一段公案。在《电影中的人声》（The Voice in Cinema）中，希翁曾说过两段近似的耐人寻味的话。他明确将男声与女声截然对照起来："男人的喊叫总是限定（delimits）出一片领地，而女人的尖叫却不得不应付无所限定的局面（limitless）…… 尖叫之点所在之处，正是话语骤然消亡之处，是一个黑洞，是存在的出口（exit）。"[1] 这个针对女声的说法其实有一正一反的双重含义。从正面看，女声无法在影像空间和话语秩序之中有一个明确的"可限定"的位置，这也许恰恰是它的力量所在，因为这样一来它就可以起到拓展、连接、撕裂、敞开乃至转化的功效。如果说男声都是明确可见的，有着相对固定的位置，那么流动、弥漫的女声就恰好可以铺展开一个不可见的背景场域。正是因此，希翁在后文补充："只有一个女人的声音才能如此地侵入并超越（transcend）空间。"[2] 而这样一种弥漫的女声形态或许也确实会让人想起生命之初在羊水中，在怀抱里所听到的温暖而有包容性的母体的声音。然而，看似希翁明确肯定了女声在电影中的积极作用，但卡娅·希尔弗曼（Kaja Silverman）却对此持激烈的批判立场，因为无所限定甚至不可限定的位置恰恰表现了男性霸权的影像空间对女性声音

---

①   Chion, M. (1999). *The Voice in Cinema*. Columbia University Press, p.79.

②   Chion, M. (1999). *The Voice in Cinema*. Columbia University Press, p.119.

的一种最为彻底的歧视乃至排斥。为什么希翁那么偏爱女人的"尖叫"？那无非是因为在他看来，这样一种声音恰恰可以与影片的主导叙事、意义甚至人物的自我认知彻底"隔绝"（sequester）开来。由此证明，电影中如果真的给女性留出了什么"优先"的位置的话，那正是这样一个被强制掏空的毫无意义和明确功能的空洞主体：女人在电影中最完美的人声形态恰恰是，也只能是"噪音，诳语和喊叫"。[1]

当然，我们无法亦无力对二者的这场争论给出一个明确的评判。但不妨由此针对本小节的论述引申出一个进一步的观察。首先，人声的"限定"和"非限定"的双重面貌显然是一个相当深刻的区分，但当电影和游戏进入到数码新巴洛克阶段之后，单纯从性别的角度对这两个方面进行相应的描述就显得不再充分了，因为不单单是女声被迫陷入到非限定位置这个尴尬又无力的境地。实际上，一切人声如今都越来越被清除了它的表达力量，尤其是自我触发、自我体验这个内在性指向，而日益沦为空洞主体内部更加空洞的回声效应。既然如此，希尔弗曼的警示就更具有一种普遍性意味：不断被掏空、悬置、操弄的不只是女性的声音，更是深陷于巴洛克宇宙中的我们每个人自己的真真切切的声音。

3.《纸人》中的死亡之声

在《语音与现象》中，间断的时间点直接指向死亡这个维度。正是因为点与流的统一不再受到观念性内容的终极庇护，"我"也就顺理成章地从"不朽"之荣耀堕入"可朽"之宿命。在此生彼灭的时间点之间，自我也就随之化作"方生方死"的形态。即便失去了观念性生命这个先验的本原，自我却展现出另一种更为直接而真切的自我关系，即自我触发。正是在时间点的差异性张力之中，正是在死亡这个断裂的间隙之中，自我才真正找到了触动自我的根本的内在动力。

---

[1] Silverman, K. (1988). *The Acoustic Mirror: The Female Voice in Psychoanalysis and Cinema.* Indiana University Press, p.77–78.

但如果再进一步深入思辨，这个基本思路就显得疑窦丛生了。时间是间断的，"我是可朽的"，由此我才可以进行无限的差异性的重复。不过，我们还可以且理应进一步发问：到底是什么力量使得时间发生断裂，使得自我方生方死？由此，我们突然发现，其实德里达只是抛出了一个结论，带出了一个问题，但却没有给出任何实质性的回答。当然，在《语音与现象》中已然暗示、在《论文字学》中更是透彻阐释的另一条思路，则明确将"书写－痕迹"作为激发"当下－在场"之中的"非－在场"和"他异性"（l'altérité）①的根本力量。但结合本文的思路，我们仍可以进一步追问：为何语音、人声本身就不具备此种营造断裂、敞开差异的他异性力量呢？至少从上文对于两部游戏作品的分析来看，人声完全具备这样一种力量，而且与书写这种看似游离于外部的媒介相比，人声（尤其是内心独白之声）显然更具有在"自我－在场"的内部撕开裂隙的能力。

就此而言，马尔登·朵拉（Malden Dolar）在其专研人声的经典之作《一个声音，别无其他》（*A Voice and Nothing More*）中给出了一个极具启示性的线索。她首先重申了德里达的立场，指出如内心独白这样的声音展现出自我触发的真切形态，由此捍卫着直接而原初的自我在场。但她随即指出，还存在着另一种"延迟的人声"（deferred voice）②，从根本上瓦解了内心独白的那种"自恋"（narcissim）。她援引纳西索斯（Narcissus）和回声女神（Echo）这一对古老的神话形象来说明这个道理："返归的声音不再是他（纳西索斯）自己的，虽然返归的仅仅是他自己说出的语词（words）。"③ 在回声（echo）这个神奇的现象之中，确实存在着语词（意义）和声音（媒介）之间的鲜明差异。无论语词在外部空间中怎样传播、向何人传播，它所表达和包含的意义是始终保持同一的。能够在不同的行为和情景之中实现、贯穿自身的同一性，这恰恰是观念性的力量所在。但声音可就不一样了。一旦脱离了纯净而

---

① Derrida, J. (1993). *La voix et le phénomène*. Quadrige/PUF, p.74.

② Dolar, M. (2006). *A Voice and Nothing More*. The MIT press, p.40.

③ Dolar, M. (2006). *A Voice and Nothing More*. The MIT press, p.40.

孤独的内在领域，一旦"冒险"进入到外部的真实的空间和环境之中，它就时时刻刻经受着各种差异的、外部的"感染"，因而当它再度以回声的形式返归之际，早已不再是那个原初的纯净之声了。这种怪异的感觉就像是："我听到我说的那句话，但听起来就怎么都像是发自'另一个人'之口。"但其实回声现象远非神话，它是普遍存在的物理现象，在如今，它更是无孔不入的媒介现象。在声音技术和媒介尚不发达的时代，我们要么只能在真实的物理空间中听到真实的回声，要么只能在内心的空间中"表演"虚拟的回声。但在今天，已经有层出不穷的技术和媒介（电话、网络手机、录音笔……）能够记录、处理、修改乃至"杜撰"回声。一句话，我们可以随时随地、随心所欲地听到自己的回声，这不是神话，也不只是物理现象，这就是真实的生活。媒介化的回声正是朵拉所谓的"延迟之声"的极致形态，也正是它足以在内在最根源之处撕开自我在场的差异性间隙。

由此，朵拉总结道："自我在场和自我主宰（self-mastery）的自我触发的人声不断遭遇到来自它反面的对抗，也即那个棘手的他者之声，那个他无法掌控的声音。"[1] 这样看来，确乎可以说，德里达最终留下的那个问题，恰好在拉康那里得到了回答：**到底是何种力量在"当下－在场"之中营造出差异？正是那个作为他者的媒介化回声。**但在我们看来，拉康也仍然只说对了一半，或者说他遗留的问题还需要在《语音和现象》中寻觅进一步的答案。首先，根据拉康的思路，正是他者之延迟回声使得自我在场无法内部闭合，由此撕裂出一个内部的空洞。但我们总要追问一句：这个空洞到底呈现出怎样的形态呢？拉康会说，那就是沿着能指链无尽滑动的"无基础"也"无实体"的主体这个"空洞的位置"（an empty space）[2]。但这并不是一个很有助益的说法。首先，我们欣然接受将主体视作空洞位置这个深刻的说法，但必须看到的是，这个内部的空洞并非仅仅是语言制造的效应，而更是技术和媒

<hr/>

① Dolar, M. (2006). *A Voice and Nothing More*. The MIT press, p.41.

② Dolar, M. (2006). *A Voice and Nothing More*. The MIT press, p.36.

介所产生的实实在在的效果，其中并没有任何晦涩难解之处，也完全不需要画出那些匪夷所思的拓扑图来解释。那么，这个效果到底是怎样发生的呢？它的典型形态又是怎样的呢？德里达所给出的"可朽"之死似乎恰好可以反过来给拉康一个更为切实的回应。返归的他者之声早已脱离了自我在场的生命之源，进而在媒介处理和技术操控之下变成了无生命的死亡之声、幽灵之声。返归的不仅不是"原来的我"，更不是"有生命的我"。这才是问题的关键所在。

在晚近的国产独立游戏中，《纸人》（2019 年）系列将此种幽灵般的回声描摹得入木三分，甚或说摄人心魄。这绝不只是因为这部游戏的题材和氛围。当然，这本来就是一个鬼故事。当我们沉浸其中，尤其是戴上耳机，在那些幽深曲折的回廊中胆战心惊地穿行，屏住呼吸躲避一个个凶神恶煞的冤魂，颤颤巍巍地打开一扇扇吱呀作响的木门之时，难道不会有一种更为深入灵魂的"内在体验"：这不活脱脱就像我们今天实实在在的媒介化聆听空间？那些漂浮在幽暗空间之中，从各个角落各个维度向我们涌来甚至"侵入"的那些"无基础"、"无实体"的人声，在游戏中虽然是源自死去的怨灵，但又何尝不是我们自己所发出的变冷、死去的回声？固然，这样鬼魅阴森的回声氛围在国内外的恐怖类游戏中都是一种标配和基本设定，《纸人》在这方面也未见得有多少突出之处，但就以恐怖氛围来烘托、"反衬"日常生活深处的那种冰冷的绝望而言，这部游戏大有过人之处。

首先，游戏的故事背景就颇有深意。你可以把它简单地理解成"莫名其妙撞见鬼"的低俗小说的情节，但它其实更是男主角自我探寻、自我折磨、自我救赎的心灵历程。他所撞见的"鬼"，绝不只是从偶然间打开的冥界之门中跳出来的一个个不安分的鬼怪，而更是萦绕在他的内在灵魂的最深处的心魔。别忘了，男主本就是一个心碎的、被生活推向绝望和死亡边缘的人。他内心对女儿近乎扭曲的眷恋，似乎是让他活下去的唯一残存的动力。游戏开场的那个车祸场景，正是他和女儿的生离死别。而那个自始至终贯穿游戏的（或许是）老爷发出的令人脊背发凉的声音，其实正是他听到的自己内心深处的那个绝望的声音："你去死吧！""你会死在这里！"这并不单纯是一个古老冤魂的诅咒，而更是男主最深切的"内心独白"。游戏开始处，在古宅中寻找女儿似乎是一个希望的起始，但在最后，男主被大 BOSS 老爷亲手推下楼梯，似乎又再一次跌入绝望的深渊。这个生与死之间的跌宕起伏的纠结，恰恰正是整部游戏的基调。

看起来、"听"起来，游戏中的人声似乎明显呈现出两极分化的面貌。男主的内心独白，那些喘息、呻吟、低吼，无比切近着玩家的内心体验，无时无刻不在勾勒出、凝聚起一片极度压抑紧张的内心氛围。但反过来说，那些游荡在四周幽暗空间中的冤魂之声虽然听起来阴森可怖，却明显只是游荡在"外部"，而始终无法真正侵入内在的领域。游戏中至少有两个场景描摹出这个自足而锁闭的"内在堡垒"。一是被昏黄烛光温暖照亮的佛堂，躲进其中就可以瞬间"屏蔽"所有纠缠不休的鬼魂。二是在被追杀之际需要快速躲进的柜子，这个内在空间显然要比佛堂更为逼仄，但却在内与外之间形成了极具戏剧性的对峙。你和恶鬼就隔着薄薄的一层木门，里面是你自己的呼吸声，外面则是或沉重（护院王勇）或细微（丫鬟丁香）的脚步声。正是在这个极致的场景之中，你会突然发现，所谓的内心堡垒，其实是如此脆弱不安、空洞苍白。它远非安全的领地，而是时刻在揭穿自我在场的幻象：那个看似自足自控的内在生命其实早已"命若游丝"，它的内部空间早已被各种外来的、差异性的他者之声侵入。甚至不妨说，所谓的主体的内在生命，从根本上说无非就是那些早已死去的幽灵之声在内部所形成的鬼魅般的回声效应而已。"我听到我自己在听"，但在这两个"我"之间所延续的并非生命之流，也并非观念性的意义，而只是无数密布的死去的幽灵之声。死亡的重复构成了生命的独白，这又是何等的荒诞？《纸人》也许只是一部游戏，但如果只把它当成一部游戏，那么你或许会错失真实生活的荒诞和恐怖的真相。

4. "内"与"外"的回声，游戏的声音政治学 [①]

在《艾希》之中，来自他者的旁白可以作为自我认同的中介；在《光明记忆》中，源自内心的独白却反倒堕入无尽的空洞；而在《纸人》中，在经由他者所形成的内在生命的回声之中，幽灵和死亡的气息就日益明显。伴随着阐释的深入，似乎人声在新巴洛克宇宙之中也愈发呈现出凄凉的色彩和悲观的前景。

但其实又何必如此悲观？难道不能转换思索的方向，在游戏之人声中探寻重建主体性的内在契机和真正希望？这注定是一个艰难的任务。不妨先回归本文第二节最后所提及的线索。聆听与观看最根本的区别，正在于它在听的同时还打开了一个"我听自己的听"这个内在的自我触发的维度，这尤其体现为苦与乐交织的迷狂形态，并且通过苦痛及其共情打开了通往主体性及主体间性的可能途径。

由是观之，电子游戏中的聆听场景似乎恰恰相反。如《纸人》这样的极致之作带给我们一个鲜明的印象：这个幽暗迷离的空间之中确实充斥着各色回声的迷狂，但其中似乎既没有真实的自我触发，也没有深切的苦痛体验，有的只是赤裸裸的空洞，以及在其中交织、渗透、共鸣的回声之浓雾。若再度回应本文开头的那个问题，答案似乎仍然是否定的——不，游戏绝不可能带来感动和触动，游戏不相信眼泪，游戏只相信它自己：玩下去！别的都不重要！

然而，游戏在变，体验也在变。我们并不知道明天的游戏是什么样子，或许也不想知道。但如《疑案追声》（2019 年）这样的独立游戏的出现，确实让我们感受到一丝别样的可能。在《一个声音，别无其他》中，朵拉对他者之回声现象有着颇为不同的观察，"人声就是……它自身的他者，它自己的回声，它的介入所产生的共鸣。如果说人声意味着自反性（reflexivity），

---

① 声音政治学（Politics of Voices）一词来自阿德里安娜·卡瓦雷罗（Adriana Cavarero）。参见 Cavarero, A. (2005). *For More Than One Voice: Toward a Philosophy of Vocal Expression*. Stanford University Press.

因为它是作为自他者而返归的共鸣，那么这也是一种无自我的自反性"[1]。由此至少逆转了前面给出的三个悲观论调：首先，内心独白确实源自他者之回声，但此种他异性的作用或许并非仅仅是侵入、操控乃至捕获，并非仅造成时间点的间断，以及死亡这个内在空洞的位置；其实，回声的作用还可以是建构性、生成性的，它正是自我和主体得以诞生、实现和展开的有力动机。实际上，本文之前的论述之所以每每陷入侵入、间断、死亡这些充满否定性的悲观词语，或许是因为我们总是或明或暗地预设了内与外之间的泾渭分明的界限——自我总可以躲进光亮的佛堂之中驱除黑暗，主体总可以钻进柜子抵挡幽灵之声的追杀。**但如果内和外之间本来就没有明确的、先在的边界，或者说，这条边界本来就是弥漫于内与外、个体与个体之间的回声共鸣的效果和产物，那又何谈"侵入"、"感染"、"捕获"呢？**当我们有意无意地使用这些说法的时候，是否脑海中挥之不去的仍然是"内在性"这个本真性的迷执呢？即便这个内在性早已不以同一为本质，而是撕开了差异性的裂痕，但它似乎仍然总是心心念念地想要挣脱各种"外部"、"他者"、"异质"的因素和力量的感染与操控，想要竭力回缩到一个"内部"，无论这个内部是叫生命还是死亡。正是因此，这里我们或许可以沿着朵拉的思路追问一句：回声就是自反性，这没错，但此种自反性为何一定要以自我为前提、中心和归宿？为何就不能有一种"无自我"的回声？

若果真如此，那么也就可以顺理成章地颠覆之前的两个基本结论，因为主体如果只是弥漫于内与外、自我和他者之间的错杂交织的回声共鸣所产生的"一种"效果，那么用"空洞"来形容就显得不太恰当了。这个更应唤作"回声"而非"纳西索斯"的自我其实根本不是空洞，也并不欠缺什么，正相反，它时时刻刻都激荡于众多或清晰或幽微的回声海洋之中，充实、充盈才是它的真正形态。换言之，即便我们真的有办法隔离出一个相对封闭的内在领域，仅以内心独白此种极端的形式来进行自反式对话，那也仍然无法遏

---

①   Dolar, M. (2006). *A Voice and Nothing More*. The MIT press, p.49.

制此种生成性的充盈，因为不断地生成回声（becoming-echo）恰恰就是声音的本性，无论这个声音发自何处，是源自自我还是他者。回归声音的生成本性，这或许才是真正的"还原聆听"。

带着这些基本的考量，我们愈发领悟到《疑案追声》的那种独特的魅力和启示。首先，它看似预设了一个玩家的"上帝"视角，你可以随心所欲地"监听"任何人的声音，但这个印象恰恰是错的，因为你不可能如上帝那般将所有人的声音都同时清晰地并置在自己面前，进行比较遴选。你只能穿梭于不同的房间之中，游荡于不同的个体之间，在一个近似迷宫的声音空间之中去探索、去迷失、去体悟。慢慢地，你开始觉得其实你也只是他们之中的"一员"，而绝不是一个高高在上的凌驾的视角。在反复拉动时间轴，"用时间来换取空间"之时，你越来越接近每一个人的声音、每一个人的内心深处，几乎是感同身受地体验着那一个个生命的悲和喜、苦与乐。安东尼·吉登斯曾受戈夫曼的启示，将个体在公共空间中的行为区分为"前台－后台"和"封闭－暴露"这两个面向[1]，用在这里非常恰切。简单说，在日常生活中，我们每个人都是以一种半遮半掩的面貌朝向他人，这或是出于礼貌，或是出于规则、禁忌等原因，因此才会出现各种窥探"后台"隐私的监控侦察手段。《疑案追声》的"用声音破案"这个基本设定似乎一开始也给人这个鲜明的印象。但随着游戏的不断深入，随着你反复听着那些性别、个性、口音、声调等方面都千差万别的人声之时，"侦探"和"破案"这个基本的想法好像也就越来越淡化，你开始更关心每一个人的独特个性，你开始更想走进每一个人的内心世界。这正是声音这种人际沟通的基本媒介的魅力所在，因为它足以营造一种无可比拟、无法替代的"亲密和感动"（intimacy and affection）[2]。在这里，"我听自己说话"和"我听别人说话"几乎是合二为一的过程，自我

---

[1] ［英］安东尼·吉登斯：《社会的构成》，李康、李猛译，生活·读书·新知三联书店1998年版，第213页。

[2] Pettman, D. (2017). *Sonic intimacy: Voice, species, technics (or, how to listen to the world).* Stanford University Press, p.17.

和他者真正以声音为纽带形成了亲密的共振，而内与外的边界、本真和感染的纠结似乎早已变得全然不重要了。当然，游戏之所以能获得如此令人"感动"的效果，也肯定是与配音演员的精湛表演分不开的。

由此，我们不妨将此作与之前的三部游戏进行一个简要的对比。在《艾希》中，始终有一个近乎超然的、单一的主导人声来引导着游戏的推进和叙事的线索，但在《疑案追声》中，根本没有这样一条人声的主线，而是每个声音都是主线，都在吸引着你专注聆听，都在引导着你向着案件的扑朔迷离的深处前进。同样，如《光明记忆》那般疏离而空洞的人声也绝不会出现在你的探案历程之中，因为没有哪个人的声音是游离的，每个真实的声音都不断在编织着案件/事件的复杂织体。每个声音都是真实的，每个声音都是关键的，每个声音都是不可或缺的，因为这就是一个用声音来编织、构制的游戏。

既然如此，我们或许最终得以逆转《纸人》中那种阴森而又绝望的氛围。回声不是幽灵，而是有血有肉的生成物。回声不是死亡的间断，而是自我和他者的共鸣。在回声之中才有主体性建构的切实契机，也才有以共情为纽带的主体间性的维系。

但在全文的最后，让我们不妨模仿本格推理再进行一次出乎意料的逆转。在《疑案追声》之中，虽然生成回声的聆听体验营造出如此真切的感动，但可别忘了，这些都是通过倒转时间的方式才得以实现的。或者说，案件已经发生，灾难已经造成，死亡已经降临，而我们只是从这个悲剧性的"结尾"之处，一次次逆转时间重访每个人的声音世界。虽然我们可以将罪犯绳之以法，还世界以公正，但用句老话来说，"人已经死了，再怎么样也救不回来了！"我们是否只是在死亡这个终极宿命的阴影之下，自无底的毁灭深渊之边缘一次次看似"有功"但却"徒劳"地回返，重探生之意义、人之本性？回声之中，真的摆脱了死亡这个挥之不去的幽灵了吗？

参考文献

Buci-Glucksmann, C. (2013). *The Madness of Vision: On Baroque Aesthetics* (Dorothy Z. Baker, Trans.). Ohio University Press.

Cavarero, A. (2005). *For more than one voice: Toward a philosophy of vocal expression.* Stanford University Press.

Chion, M. (1999). *The Voice in Cinema.* Columbia University Press.

Cisney, V. W. (2014). *Derrida's Voice and Phenomenon.* Edinburgh University Press.

Cubitt, S. (2005). *The Cinema Effect.* The MIT Press.

Derrida, J. (1993). *La voix et le phénomène.* Quadrige/PUF.

Dolar, M. (2006). *A Voice and Nothing More.* The MIT Press.

Erlmann, V. (2010). *Reason and Resonance: A History of Modern Aurality.* Zone Books.

Evans, J. C. (1991). *Strategies of Deconstruction: Derrida and the Myth of the Voice.* University of Minnesota Press.

Ndalianis, A. (2004). *Neo-Baroque Aesthetics and Contemporary Entertainment.* The MIT Press.

Pettman, D. (2017). *Sonic intimacy: Voice, species, technics (or, how to listen to the world).* Stanford University Press.

Silverman, K. (1988). *The acoustic mirror: The female voice in psychoanalysis and cinema.* Indiana University Press.

［德］海德格尔:《林中路》，孙周兴译，上海译文出版社 2004 年版。

［德］胡塞尔:《逻辑研究》（两卷本），倪梁康译，商务印书馆 2015 年版。

［德］胡塞尔:《内时间意识现象学》，倪梁康译，商务印书馆 2010 年版。

［德］胡塞尔:《现象学心理学》，李幼蒸译，中国人民大学出版社 2015 年版。

［法］德勒兹:《感觉的逻辑》，董强译，广西师范大学出版社 2017 年第 2 版。

［法］米歇尔·希翁:《视听：幻觉的建构》，黄英侠译，北京联合出版公司 2014 年版。

［美］詹姆斯·格雷克:《混沌：开创新科学》，张淑誉译，高等教育出版社 2004 年版。

［瑞士］海因里希·沃尔夫林:《文艺复兴与巴洛克》，沈莹译，上海人民出版社 2007 年版。

［英］安东尼·吉登斯：《社会的构成》，李康、李猛译，生活·读书·新知三联书店1998年版。

参考游戏

北京荔枝文化传媒有限责任公司：《纸人》[Windows]，北京荔枝文化传媒有限责任公司，全球，2019年。

飞燕群岛个人工作室：《光明记忆》[Windows]，Playism，全球，2020年。

上海幻刃网络：《艾希》[Windows]，心动网络，全球，2016年。

腾讯NExT游戏工作室：《疑案追声》[Windows]，腾讯NExT游戏工作室、哔哩哔哩，全球，2019年。

《轩辕剑》系列中的"机关术"：蒸汽美学狂想下的技术加速主义恐惧

The "Mechanical Technique" in the *Xuan-Yuan Sword* Series: The Fear of Technological Acceleration under the Steampunk Fantasy

孔德罡* 文

Degang Kong, College of Liberal Art, Nanjing Normal University

摘 要

"机关术"是单机游戏《轩辕剑》系列世界观中的重要组成部分。作为一种跨越历史时代限制的"蒸汽美学狂想"，机关术的存在及其带来的些许机械质感与科幻色彩，是《轩辕剑》系列在风格上区分于传统国产仙侠／武侠单机游戏的重要标尺。这个看似超越历史时代限制的创意，是国人对科技

* 孔德罡，1992 年生于南京，南京师范大学文学院文艺学讲师，南京大学文学博士，南国剧社艺术总监，戏剧编剧、导演、制作人，剧评人，澎湃新闻·思想市场"现代神话学"专栏作家，主要从事 20 世纪后的西方美学和文学理论研究，罗兰·巴尔特、瓦尔特·本雅明研究，戏剧、影视、游戏、当代艺术批评。在中文核心期刊发表《罗兰·巴尔特的电影图像政治》《剧场性在文本理论中的建构与当代扩展》等论文多篇，专栏"现代神话学"文章近三十篇。编剧、导演当代剧场作品《红楼薄命司》《飞向索拉里斯》《超越星辰》《戈多小姐的孤独之心俱乐部》《Yoko Yoko 花神咖啡馆》等十余部，累计社会公演二百余场。在各大全国范围发行报刊发表评论和理论文章百余篇。

发展的精神需求和集体共识的展现，它一方面是游戏架空世界观中重要的美学组成部分和风格标识，另一方面也是中国对错过技术革命和科技发展时代这一普遍遗憾进行的想象性补偿。而与这种代偿和弥补如影随形的是一种技术及异化恐惧，即在 21 世纪的技术加速主义时代，我们作为人类何以存在。此外，游戏中的"机关术"，也仿佛是轩辕剑游戏的开发制作历史的隐喻，代表着创作者对技术采取"追逐 / 摒弃"这一双重态度的矛盾历程，隐含着是拥抱前沿技术还是巩固自身风格的困惑。

关键词：轩辕剑；机关术；蒸汽朋克；技术恐惧；加速主义

Abstract

"Mechanical Technique" is an important part of the worldview of series RPG *Xuan-yuan Sword*. As a kind of "Steampunk fantasies" that transcends the limitations of historical times, the existence of Mechanical Technique and the elements of sci-fi aesthetics that it brings are important standards that distinguish the *Xuan-yuan Sword* series from traditional Chinese Xianxia/Wuxia RPG. This idea, which seems to exceed the limitations of the historical era, is a manifestation of the spiritual needs and collective consensus of Chinese people for the development of science and technology. On the one hand, it is an important aesthetic and style mark in this possible world; on the other hand, it is also an imaginative compensation for the common regrets of Chinese people who have missed the technological revolution and technological development era. And this kind of compensation is accompanied by the technology and alienation fear that how we exist as human beings in the era of technological accelerationism in the 21st century. Besides, "Mechanical Technique" in the game is also a metaphor for the development history of this series. It represents a a paradoxical understanding of technology that mixes two antagonistic attitudes towards technology, that is, to embrace cutting-edge technology or to consolidate one's own style.

Keywords

Xuanyuan Sword, mechanical technique, steampunk, technological fear, accelerationism

中国台湾大宇资讯有限公司旗下的 DOMO 工作室打造的单机游戏《轩辕剑》系列，从 20 世纪 90 年代初算起，到 2020 年发行第七部正传《轩辕剑柒》，已走过三十年的历史。作为一款系列游戏，历代《轩辕剑》大致沿用了相同的世界观，保留了一些重要的剧情和世界观设定，其中，再次成为第七代正传剧情主设定的"机关术"更是让广大玩家印象深刻。在《轩辕剑外传：枫之舞》（1995 年）、《轩辕剑肆：黑龙舞兮云飞扬》（2002 年）以及《轩辕剑柒》（2020 年）中，机关术是游戏的核心主题；在《轩辕剑叁：云和山的彼端》（1999 年），《轩辕剑外传：苍之涛》（2004 年），《轩辕剑陆：凤凌长空千载云》（2013 年）这三部作品中，机关术也占据了非常重要的剧情篇幅。实际上，作为在整个《轩辕剑》世界观中都被延续的设定，机关术在该系列其他作品中即便不是主要剧情构成，也常以配角、敌人、野怪、彩蛋等形式出现。作为一种跨越历史时代限制的"蒸汽美学狂想"，机关术的存在及其带来的些许机械质感与科幻色彩，是《轩辕剑》系列在风格上区别于传统国产仙侠 / 武侠单机游戏的重要标尺。

《轩辕剑》系列的机关术创意可追溯至两个传统，其一是墨家经典记载的、存在于真实历史中的机关术。为实践"兼爱"、"非攻"的政治理想，墨子及其弟子带着他们建造守城机械的技术，奔走于诸国，协助抗击侵略。《墨子·公输》一篇就记载了墨子与公输般"解带为城，以牒为械，公输盘九设攻城之机变，子墨子九距之。公输盘之攻械尽，子墨子之守圉有余"①的机关术沙盘推演。墨子也发明了如连弩车、转射机等大型战争机械，它们在春秋末期、战国初年的守城战争中发挥了重要的作用*。历史上的"机关术"并

---

① 墨子：《墨子》，李小龙译注，中华书局 2007 年版，第 265 页。
* 鲁迅的小说《非攻》及其日本漫画和改编电影《墨攻》等都展现了墨家的机关术成果。

非一门独门秘学，而是对当时所有机械建造技术的代称，墨子及墨家是其佼佼者而非独传者。秦始皇统一全国后"焚书坑儒"，促使严格意义上的"墨家机关术"失传，但后代如诸葛亮发明的"诸葛连弩"、"木牛流马"，以及广义上的大型战争、水利、手工业机械的制造技术都仍延续至今。

相比于来自历史真实记载、具有科学证据支撑的墨家机关术，《轩辕剑》系列的机关术还有另一个颇有幻想传奇色彩的文本来源，即《列子·汤问》中记载的工匠偃师所制造的机关人偶：

> 周穆王西巡狩，越昆仑，不至弇山。反还，未及中国，道有献工人名偃师。穆王荐之，问曰："若有何能？"偃师曰："臣唯命所试。然臣已有所造，愿王先观之。"穆王曰："日以俱来，吾与若俱观之。"翌日偃师谒见王。王荐之，曰："若与偕来者何人邪？"对曰："臣之所造能倡者。"穆王惊视之，趋步俯仰，信人也。巧夫！领其颅，则歌合律；捧其手，则舞应节。千变万化，惟意所适。王以为实人也，与盛姬内御并观之。技将终，倡者瞬其目而招王之左右侍妾。王大怒，立欲诛偃师。偃师大慑，立剖散倡者以示王，皆傅会革、木、胶、漆、白、黑、丹、青之所为。王谛料之，内则肝胆、心肺、脾肾、肠胃，外则筋骨、支节、皮毛、齿发，皆假物也，而无不毕具者。合会复如初见。王试废其心，则口不能言；废其肝，则目不能视；废其肾，则足不能步。穆王始悦而叹曰："人之巧乃可与造化者同功乎？"诏贰车载之以归。
>
> 夫班输之云梯，墨翟之飞鸢，自谓能之极也。弟子东门贾、禽滑釐闻偃师之巧以告二子，二子终身不敢语艺，而时执规矩。[1]

根据上述记载，偃师的机关人偶是一种可以自行行动、舞蹈、演唱歌曲甚至做出"瞬其目而招王之左右侍妾"行为的机器人。它虽然缺乏具体的制

---

① 列子：《列子》，景中译注，中华书局 2007 年版，第 163—164 页。

造细节和可行性记载，是一种道听途说的传奇故事，但其中附带的公输般、墨子等人的"自愧不如"，正指出了国人对于真实的机关术发展现状的更高期待：从制造大型战争和农业机械，转向制造仿生机械，甚至达到人工智能的高度。由此看来，《轩辕剑》系列将"机关术"拔高到技术变革引发历史变革的维度，引出大量具备独立人工智能、以新能源动力为支撑的"机关人形"，这些看似超越历史时代限制的创意，其实也有国人对科技发展的精神需求和集体共识的影子：这种仅仅从古书中的只言片语发展而来的"蒸汽狂想"，它一方面是架空世界观中重要的美学组成部分和风格标识，另一方面也是中国对错过技术革命和科技发展时代这一普遍遗憾进行的想象性补偿。而与这种代偿和弥补如影随形的是一种技术及异化恐惧，即在 21 世纪的技术加速主义时代，我们作为人类何以存在？

一、"自反"式奇观：机关术在《轩辕剑》系列中的运用

机关术首次在《轩辕剑》系列中出现就成为作品最核心的剧情主题。在《轩辕剑外传：枫之舞》（1995 年）中，玩家扮演的墨家弟子辅子彻意外得知，十几年前已经被公输般封存的"机关人"正为乱人间，继而开始了研究和寻找机关术的旅程，最终发现是鬼谷子的弟子蜀桑子从古蜀国的留存中发现了机关术的秘密，并找到了古蜀国发展机关术时运用的能源"黑火"。蜀桑子试图用他的机关术建造"理想国"，最终被墨子、公输般和辅子彻等人阻止，机关术再次被墨家私下掌握并封存。

《轩辕剑肆：黑龙舞兮云飞扬》（2002 年）延续《枫之舞》的故事，之前协助辅子彻等人击败蜀桑子的赤松子（壶中仙）因为研究"黑火"而再度萌发了启用机关术的想法，他加入秦国建造了大量的战争机械，促使秦国以恐怖手段统一中国。玩家扮演墨家弟子水镜，此时墨家团体对机关术的传承已经流失，水镜找到因研究机关术发明而被驱逐的墨家弟子白舆，最终在各方力量的帮助下粉碎了赤松子动用"黑火"的阴谋，再次将机关术封存。此外，

2020年上市的《轩辕剑柒》的前期介绍曾提及，篡位的新朝皇帝王莽手下的"理军"中就有掌握机关术的墨家弟子，而玩家团队的女主角褚红则是反对机关术传播的墨家弟子，双方势力汇聚到了《枫之舞》中曾经出现过的鲁班船屋，尘封的"机关人"再次出现，故事重新回到墨家对于机关术是否应该使用、如何使用的争夺和讨论中。

就《轩辕剑》系列的其他作品而言，机关术虽不是最核心的剧情主题，但同样在主线剧情中占据重要位置。在《轩辕剑叁：云和山的彼端》（1999年）中，奸臣黄雷挑起唐朝与石国的外交纷争，引发了怛罗斯之战，之后又投靠安禄山参与安史之乱。黄雷的才华在于，他发掘了鲁班遗留下来的机关术，研制了机关人、机关兽等武器，后者在少林寺（游戏将少林寺铜人设定成了黄雷制造的机关人）等地都给玩家扮演的赛特造成了不少麻烦。在《轩辕剑陆：凤凌长空千载云》（2013年）中，机关术以两条线索出现：一条是隐藏的剧情设定，姜子牙在协助西周灭商的时候动用了"黑火"的力量，尽管之后又将其封存，但却因此被商人认为"得国不正"；另一条是玩家团队中有古蜀国后裔和机关术少女蓉霜，他们作为古蜀国"战甲"学派的留存，一方面向玩家讲述了古蜀国因过度运用机关术和"黑火"而导致国家毁灭的悲剧，另一方面也展示了一种平衡性地运用机关术的方式和分寸。

按照该系列的传统惯例，《轩辕剑外传：苍之涛》（2004年）作为《轩辕剑肆》的外传作品，原本应延续正传的设定和剧情故事，但《苍之涛》却并未继续讨论墨家机关术，而是直接在剧情设定中加入了木甲术的创意来源，即《列子·汤问》中的偃师。玩家扮演女主角车芸，她的爷爷是偃师的直传弟子，开创了以制造仿生自动机械为主要方向的机关术分支"木甲术"。因此，车芸一家被视作奇技淫巧的异端，惨遭灭族抄家，只剩下车芸及其宠物"木甲云狐"进入到游戏剧情的东周列国之旅中。在像《轩辕剑外传：汉之云》（2007年）这样的剧情与机关术关联不大的作品中，玩家依然可操控掌握机关术的角色徒维。根据后续剧情的解释，这个角色是由女主角横艾根据青年诸葛亮形象所造，是个用幻术控制的稻草人。与此同时，诸葛亮的那些机关术发明，如连弩、木牛流马等，此前被当作对鲁班传统的延续，如今也都在游戏中出现，展现出《轩辕剑》系列一贯的传奇与历史共振的创作特色。

梳理下来，机关术在《轩辕剑》系列中扮演的角色实际上是共通的，它们首先都是游戏最主要的"奇观"。从《枫之舞》中引发洪水的"机关人"，到《轩辕剑肆》中恐怖至极、帮助秦国统一天下的大型机关部队踏弩，再到《苍之涛》中精巧仿生、以假乱真的木甲术，以及《轩辕剑柒》中宏大苍凉的鲁班遗迹。机关术以一种超越时代藩篱的异质化形象，存在于古朴而写实的中国历史图景之中，创造了一种在现有科学理论之外的"科学外虚构世界"①。它本身即一种奇异的异质景观，为人所凝视，塑造出奇观化的机械当代美学魅力。相较于其他国产仙侠／武侠游戏，轩辕剑"玄幻"的色彩较为薄弱，在武术招式套路和玄幻修真内容上并无投入，整体以古朴而写实的历史图景为美学主导风格，在此情况下，奇观化甚至科幻色彩的"机关术"的出现与点缀，创造了具备现代性冲击力的"蒸汽美学"效果，是为游戏美学、可玩性和商业吸引力上的极强补充。

尽管"机关术"是《轩辕剑》系列的重要世界观设定之一，但作为一种被凝视的景观，整个系列对机关术的态度始终是自反的。首先，机关术和机关器械大多数时候都作为敌人出现，玩家的剧情目标往往都是限制和封存机关术，在多部以机关术为主题的作品中，其主要剧情都围绕消灭机关术展开。此外，虽然机关术的地位如此重要，但在历代《轩辕剑》系列游戏中，只有《轩辕剑肆》出现了机甲战斗，《苍之涛》中出现了单独的"木甲术"战斗系统，游戏中一直主动限制玩家以主导和参与的方式与机关术产生连接，玩家并非运用机关术的主体，大多数时候都是以机关术为对象和敌人，如《轩辕剑柒》中那般，向由木头和金属构建的机关挥起长剑，保持着机关术的"反派"和被凝视的奇观位置。

---

① ［法］甘丹·梅亚苏：《形而上学与科学外世界的虚构》，马莎译，河南大学出版社2017年版。

实际上，这种"自反"式"奇观"既是游戏的主打元素，同时又成为了被凝视的反面形象，其塑造过程与《轩辕剑》系列的世界观和游戏剧情设定息息相关，在本质上也与游戏创作者以及近三十年来的大众思潮密切联系：我们虽处于这样一个技术爆发式发展的科技时代，但却似乎永远无法成为真正的技术参与者，对我们来说，技术始终是一种他者。我们似乎正是用长剑攻击机关人的玩家，凝视着技术带来的飞跃式发展和世界的变革，对技术毁灭和人性异化的恐惧铺天盖地加速袭来。

二、不对等的双重恐惧："黑火／毁灭"与"仿生／异化"

人类如何应对技术的发展几乎是历史的永恒课题。实际上，早在真实的历史文献中，人们就围绕"如何使用"墨家机关术展开了争论：公输般与墨子在楚国宫殿上的沙盘推演，一个运用攻城机械，一个运用守城机械，二人是当时天下"机关术"的双绝，在如何使用机关术上就产生了较大分歧。然而，从《墨子·公输》中运用守城机械进行抵抗战争，到《轩辕剑》系列中墨家后代巨子对机关术的负面态度，其实是自《枫之舞》开始，游戏创作者就秉承的一以贯之的观点：如果一个技术无法正确地被运用，那么它就将带来灾难。机关术带来的灾难性惨烈后果，促使人们对它抱有无法抹去的切实恐惧。

《枫之舞》中的蜀桑子，运用机关人炸毁河堤，削弱城防，从而为侵略战争服务，更试图用机关术重建天下；《轩辕剑肆》的赤松子几乎可以算是完成了蜀桑子的愿望，开发了巨型机关踏弩帮助秦国一统天下，造成无数生灵涂炭；《轩辕剑叁》中的黄雷是一个奸臣，机关术在他手上成了犯罪行为的载体和飞黄腾达的工具；《轩辕剑陆》更是直接设定古蜀国亡于黑火实验事故，将前作中提及但被避免的黑暗结局展现了出来；《苍之涛》中的木甲术虽然看似人畜无害，但也因为是"奇技淫巧"，给车家带来了杀身之祸。《轩辕剑》系列对机关术最首要的恐惧，即是它所带来的毁灭性的未来。

作为超越时代条件的"技术爆炸"产物，机关术若被运用到军事战争之中，必将令使用者获得碾压式的胜利。如此一来，机关术极有可能为侵略者和好战者所用，为侵略战争提供绝佳协助，极可能从根本上改变社会秩序，导致军事专制政治。进一步审视，为了解释超越时代科技发展限制的机关术在剧情中的合理性，《轩辕剑》系列引入了"黑火"这一概念，将其作为机关术的动力。就"黑火"而言，无论是游戏中对它的直接刻画，还是剧情中人物对它的看法，在本质上都是对核动力的一种隐喻甚至是明指。在该系列中，随着维度的跨越和这种加速主义式的联想，对作为"工具"的机关术无法被正确运用的恐惧，逐渐升格为对毁灭的恐惧，对机关术，或者说对技术的运用已经不仅联系到善恶，更联系到整个人类的生死存亡[①]。

从普遍意义上看，人类对于技术的恐惧源于对"创世者"身份地位的僭越，对人性异化和何以自为的存在式恐惧。然而，这一点在《轩辕剑》系列中并没有过多描绘，与对毁灭的恐惧相比，该系列对于异化的恐惧显然是不对等的。诚然，机关制造的异兽和机关人是历代游戏必会遇到的敌人，车芸的"木甲术"可以以假乱真，但历代作品的情节都很少涉及由于机关术或木甲术发展到极致而造成的人工智能和人性异化的弊端。首先，鉴于机械幻想作品在视觉上对金属机械元素"自我突出"式的美学生产，游戏中仿生的机关人和机关生物都明显带有视觉异质特征，很难与真实生物联系起来；其次，限于游戏剧情所发生的时代和文本背景，很难以较为现代性的视角强行展开对人类本质存在的认知和讨论。

但最根本的原因在于，对"仿生"和"人工智能"的诉求正是《轩辕剑》系列与真实历史上的机关术的本质区别。前者作为机械幻想作品，潜意识里就主动拥抱人类的机械化甚至数字化，对走向彻底的异化状态存在趋向性。这恐怕是《轩辕剑》系列中不自觉的自我矛盾：它一方面在进行极致的"蒸

---

① Williams, A. & Srnicek, N. (2014). #Accelerate: Manifesto for an Accelerationist Politics. in Mackey, R. & Avanessian, A. (Eds.), *Accelerate: Accelerationist Readers*. Urbanomic.

汽朋克狂想"，极力塑造作为超前技术的机关术一旦被不合理运用后会给人类造成的灾难，树立了反技术的田园牧歌立场；另一方面又极力塑造可能造成的毁灭未来，试图在美学上给予机关术以合理性和适用的美学调整，从而使其更加"仿生"、更加与人类的构成形式贴近，塑造机关与人类和谐相处的未来图景，本质又是技术主义的。

可以看到，相较于真实历史记载，《轩辕剑》系列的机关术最大的创新和不同在于，游戏对仿生机械的制作和运用，对生物躯体和人类身体的模仿，如将偃师的传奇故事嫁接到真实历史上的机关术中，使用了可以自我行动、动力成谜的机关鸟、机关兽和机关人，这些都成为玩家感知机关术的最深刻的意象。此外，就连《轩辕剑肆》中令人为之丧胆的邪恶机关部队"踏弩"，其设计也是以人形为基本概念，这大约是游戏设计者对于二次元机甲文化的喜爱所致。同样，机关和机械对人类身体的改造，以及"机械义肢"现象也是以较为正面的状态出现在游戏中的。例如，《苍之涛》中的女主角车芸幼年因受到族灭牵连而被施以刖刑，用木甲术制造了一双木甲义肢后才可行走，然而在游戏过程中，玩家只能在车芸裙摆翻飞时才能看到她的木腿，否则在大多数情况下，玩家健步如飞，几乎遗忘了这一设定。在这个问题上，《轩辕剑》系列与部分机械幻想作品有共同的倾向性预设，即在刻画机甲或者机关对人身体的改造时，抱有技术必然发展完美、不会给人的身体造成任何负面后果的期待，美学的诉求和对剧情的需要完全越过对单独个体和人类存在形式的拷问。

另一个值得指出的问题是，在《轩辕剑》系列的机关术设定里，独立智能的出现似乎是一种先验的、必然存在的假设，甚至都无需"人工"来产生智能：无论是机关人还是机关兽，是否拥有智能完全取决于制造者的技巧是否高超，而不用探寻意识和智能的来源；同时，产生智能的机关个体，如《枫之舞》、《轩辕剑肆》中的疾鹏，《苍之涛》中的云狐，都是与人类和谐相处并主动服务人类的经典"阿西莫夫式机器人"形象，关于人工智能何以存在、如何存在、如何看待的讨论同样在《轩辕剑》系列里是欠奉的。究其原因，是因为游戏提供了一个同时包含魔法和机械的幻想架空世界，其中，机关术的"仿生"特性和对人类本质的取代与魔法一样，似乎是司空见惯的。由此可见，《轩辕剑》系列展现出来的对机关术的恐惧，以及其所代表的人类对技术的恐惧，尽管带有当代加速主义的特征，但在某种意义上还是前现代的。这种前现代的恐惧强调形而上学的"存在"而非人类本质意义上的"存在"，这也反映出国产幻想作品在嫁接国外科幻元素时必然遭遇到的文化偏差。

三、被"封存"的机关术：技术加速主义的悲观未来和逃逸路线

回顾《轩辕剑》历代作品中"机关术"的出场，我们可以发现一个尴尬的循环：对机关术的"封存"和"启用"形成了永恒的轮回，只要机关术还存在，就必然被野心家们所挖掘和运用，而玩家扮演的主角一次又一次地寻回机关术，将其"封存"和保护，直到下一次泄露。例如《枫之舞》和《轩辕剑肆》的结尾，两者如出一辙，都是掌握机关术的玩家将其封存，在最低程度的运用水平上构建理想国与桃花源。此外，为了新一代游戏的剧情写作能够进行下去，辅子彻、桑纹锦、水镜、姬良等人最终都未能封存好机关术，而成为下一个时代机关术作乱的始作俑者，促使游戏剧情愈发彻底地倾斜至一种田园牧歌式的反技术主义立场：必须将机关术"封存"，甚至将其破坏和消亡也在所不惜。

值得注意的是，在《轩辕剑》系列中，我们似乎很少看到真正"正确"使用机关术为民造福的场景，比如制造农业灌溉设备、手工业机器，为人民建造屋舍等等。实际上，这样的尝试是完全可行的，但在该系列中，无论是各代墨家巨子，还是玩家操控的主角们，都只是在"桃花源"或者"天书世界"里小范围地使用机关术，无法将机关术大规模运用，否则无论如何使用，无论立场如何，都是错误的，都必将滑向毁灭的深渊：一种先验的滑坡谬误。

在游戏剧情中，机关术造成的危害是一种"加速主义"的预想。它最初往往引发一个国家的灭亡，接着是整个国家被军事专制制度和暴政统一，最后指向被"核武器"所彻底毁灭的绝望未来。在系列新作《轩辕剑柒》中，"黑火"甚至已经发生了泄露，能够孕育妖魔危害人间，一个轩辕剑式的"核冬天"已经来临。我们甚至很难想见，如果 DOMO 工作室在之后的作品中继续描绘机关术，制作团队还会把机关术所造成的灾难放大夸张到何种程度。在这种持续加速、直接指向断裂和毁灭的技术恐惧中，机关术作为一种"工具"的性质被模糊了，"正确运用技术工具"成为一种奢望，好像机关术是一个已经被打开盖子的"潘多拉魔盒"，只要存在就意味着毁灭，唯一的解决办法和避开这一宿命的逃逸路线，就是躲回"天书"和"桃花源"，在没有机关术或技术被严厉监控的状态下吟唱田园牧歌。

创作者在游戏中表达的态度和潜意识是微妙的。必须指出的是，机关术作为游戏创作者对经典古籍记载的夸张式放大和借题发挥，其构建和创作过程带有鲜明的主观幻想动机，隐含着一种对中国古代科技水平不满、对近代中国在科技方面落后于时代和西方诸国、错过工业革命的遗憾的潜意识代偿。这种代偿必然会将机关术的奇妙和威力做进一步加强，从而构建更加超出时代和历史背景限制的技术"奇观"。同时从游戏创作和商业吸引力的角度来看，机关术自然也要设计得越宏大精巧、越引人赞叹越好，因此对机关术的刻画更加细致、建模更加震撼、设计更加登峰造极，这必然是游戏开发的主潮。然而，在这一代偿行为得到满足的同时，一种强力的"自反"行为也同时在孕育，无论是游戏剧情的走向，还是设计者试图为玩家创造的"心流"，都指向对于刚刚构建完成的机关术的负面态度。机关术越是精巧强大，越是游戏的"奇观"所在，就越要将其毁灭，以将其"封存"作为主角动机的根本动力。因此，在《轩辕剑》系列的游戏叙事逻辑里，机关术俨然是以BOSS 的存在逻辑而设计的：对它的创造和完善，是为了让玩家更好地摧毁它们。

蓝江在《当代资本主义下的加速主义策略——一种新马克思主义的思

考》中总结了当代西方学界两种对于资本主义和技术发展的反抗策略：一种是将技术发展视为异化的力量，以"试图让引擎慢下来"的方式与异化的力量保持批判的距离；另一种则是让生产力和技术加速进步，从而突破资本主义生产关系的桎梏，向未来社会敞开潜能[①]。某种意义上，DOMO 工作室在《轩辕剑》系列中对机关术的刻画，在潜意识层面呈现了这两种策略的混合：一方面，对技术爆炸所带来的毁灭的恐惧，导致制作团队必然会选择田园牧歌式的"慢下来"策略；另一方面，以前沿的电子游戏为载体，不断地对机关术这一超越历史环境的技术狂想进行更加详细的描绘与革新，客观上又暗示了一种源于技术崇拜心态的加速主义倾向。

如此一来，我们似乎可以解释在机关术的问题上，之所以创作者和玩家对于"毁灭"的恐惧明显高于"异化"，是因为在《轩辕剑》的世界观中，机关术的存在实际上处于一种"曾经拥有"的叠加状态。它首先是"必然失落"的，这种"失落"的状态既可以避免技术爆炸所带来的灾难性后果，同时也没有失去自我存在价值的异化之虞，从而让我们在一种绝对安全的心理状态下，实现对于技术发展缺憾的代偿。从这一角度看，运用机关术制造仿生机械实际上是技术加速主义的绝对恐惧之下相对"安全"的行为：它意味着掌控技术发展的主体依然是人类，技术最终依然以服务和模仿人类作为发展的动力。

再进一步审视，以 DOMO 工作室为代表的创作者对异化恐惧的漠然源于中国古代传奇的叙事框架下创作者对于叙事类型的自觉把控（科幻命题只能是点缀元素而不能是叙事主旨），但根本上是主体对自身居于权力地位的绝对自信，即能"正确"运用科学技术的集体自信。这种鲜活存在的人类主体性，以及对技术"正确"运用的自信，蕴涵着国人百年以来对科技既憧憬又抵触的普遍的矛盾态度：一方面认为国家与个人所遭遇的历史屈辱是因为

---

① 蓝江：《当代资本主义下的加速主义策略——一种新马克思主义的思考》，《山东社会科学》2019 年第 6 期。

对科技发展不够重视所导致，因此对科学有近乎神学主义的过度笃信；另一方面又坚持认为科技的发展必然会带来负面后果，对于技术爆炸和技术发展怀抱有深深的疑虑，自认清醒，知道如何"正确"地运用技术，骨子里对技术和科学不信任。这样的复杂心态促使国人——包括《轩辕剑》系列的制作者们——对于技术发展的态度是"希望其存在过"而并非"希望现在存在"，机关术的存在价值仿佛在于昙花一现的"中式蒸汽美学"的爆发和对古人科技水平和传统文化价值的宣扬，并不在于机关术自身的技术特征。

然而，实际上，作为一个如"科学"般始终为人所凝视的异质对象，机关术在游戏中最大的意义和价值其实是"存在"本身。它存在，意味着我们足够发达，可以撕去前现代的标签；它同时应该在确认存在之后立刻消失，否则我们无法化解 21 世纪以来人类对技术爆炸与资本肆虐的加速主义恐惧；类似于后发国家、第三世界国家面对外来技术和时代发展时所采取的"第三条道路"，它通往一个国家的历史文化深处最可能提供救赎和逃逸的位置，通往所谓的"理想国"，是"天书世界"与"桃花源"——它看似是一种后现代废墟状态下的对人性和人类主体的呼唤与复归，实则却也是前现代性质的，对科学主义的再度确认和对失落的历史进程的"补课"。也就是说，我们只是把该做的梦做晚了一些，而这场梦境正好有助于我们抵御现时对技术的恐惧——尽管不知道能够抵御多久。

结语　一种技术梦魇下的游戏开发隐喻

有趣的是，我们梳理"机关术"在《轩辕剑》历代作品中所扮演的角色、分析其所蕴含的技术恐惧心态的同时，似乎也在书写一个有关《轩辕剑》系列游戏开发历史的隐喻：《轩辕剑》系列游戏的开发制作历史，俨然是一个对技术采取"追逐/摒弃"双重态度的矛盾历程，时刻伴随着是拥抱前沿技术还是巩固自身风格的争议。作为一个自认"时代前锋"的著名系列、有史可查的第一款国产古风单机角色扮演游戏，《轩辕剑》系列在国产单机游戏领域内还有很多值得骄傲的"首先"：首先使用水墨 2D 画风取得广泛成功、首先转向 3D、首先使用女性第一主角，以及 2020 年《轩辕剑柒》首先使用虚幻 4 开发引擎。但与此同时，从《轩辕剑伍：一剑凌云山海情》（2006 年）到《轩辕剑外传：穹之扉》（2015 年），DOMO 工作室在技术开发水平上经历了近十年的原地踏步，被玩家痛斥"不思进取"，也导致整个系列逐渐落后于时代。这也是为什么他们想凭借用虚幻 4 引擎制作的《轩辕剑柒》，再一次做出拥抱技术的姿态，再次证明他们是一个敢于大刀阔斧创新、敢于拥抱前沿技术、颇有国际眼光和胆识的制作团队。

造成这种"革新／固守"双重状态的一大原因，是源于历史上这些令制作组骄傲的"技术革新"，后者在游戏品质和受众评价上往往都是"双刃剑"，褒贬不一。十多年前《轩辕剑肆》因 3D 化引发的争议还在耳畔，《轩辕剑柒》就因为对虚幻 4 引擎的掌握还不够熟练而出现人物表情僵化、面部打光失常等问题，这些问题再次被网络媒体进一步放大。时至今日，玩家中不乏让《轩辕剑》回到 2D 水墨画风、回合制战斗模式的呼声。游戏开发中的"技术创新"成为了机关术的隐喻：它不断被启用，又不断被封存，DOMO 工作室不断地躲进"桃花源"，又时常不得不从"桃花源"回到现实；也许在不少玩家看来，DOMO 工作室并没有掌握好这种"机关术"，对技术的崇拜和恐惧同样宛若梦魇般攫获了他们，将游戏变成了难以挽回的灾难。

如何平衡机关术所蕴含的对蒸汽美学的狂想和对技术加速主义的恐惧？这不仅是《轩辕剑》历代主角所面对的问题，也是 DOMO 工作室的创作者所面临的考验，还似乎成为这个系列如何继续前进的注脚。从这个意义上来说，作为一个时刻与历史发生共振和关联的单机游戏系列，它与历史的关联，实际上也是与现实的对话。

参考文献

Williams, A. & Srnicek, N. (2014). "Accelerate: Manifesto for an Accelerationist Politics" in Mackey, R. & Avanessian, A. (Eds.), *Accelerate: Accelerationist Readers*. Urbanomic.

［法］甘丹·梅亚苏:《形而上学与科学外世界的虚构》，马莎译，河南大学出版社 2017 年版。

蓝江:《当代资本主义下的加速主义策略——一种新马克思主义的思考》,《山东社会科学》2019 年第 6 期。

列子:《列子》，景中译注，中华书局 2007 年版。

墨子:《墨子》，李小龙译注，中华书局 2007 年版。

参考游戏

大宇资讯:《轩辕剑外传：枫之舞》[Windows]，大宇资讯股份有限公司，中国台湾，1995 年。

大宇资讯:《轩辕剑叁：云和山的彼端》[Windows]，大宇资讯股份有限公司，中国台湾，1999 年。

大宇资讯:《轩辕剑肆：黑龙舞兮云飞扬》[Windows]，寰宇之星，中国，2002 年。

大宇资讯:《轩辕剑外传：苍之涛》[Windows]，寰宇之星，中国，2004 年。

大宇资讯:《轩辕剑伍：一剑凌云山海情》[Windows]，寰宇之星，中国，2006 年。

大宇资讯:《轩辕剑外传：汉之云》[Windows]，寰宇之星，中国，2007 年。

大宇资讯:《轩辕剑陆：凤凌长空千载云》[Windows]，畅游，中国，2013 年。

大宇资讯:《轩辕剑外传：穹之扉》[Windows/PS4]，畅游，中国，2015 年。

大宇资讯:《轩辕剑柒》[Windows/PS4]，游力卡，中国，2020 年。

专题三
产业
与
政策

游戏进口与中国网络游戏产业的高质量发展

Game Importation and the High-quality Development of China's Online Game Industry

孙佳山[*] 文

Jianshan Sun, Research Center of Cultural Development Strategy, Chinese National Academy of Arts

易莲媛^{**} 文

Lianyuan Yi, School of journalism and Communication, Guangzhou University

* 孙佳山，毕业于北京大学中文系，现任中国艺术研究院团委副书记、文化发展战略研究中心副研究员、中国文艺评论家协会青年工作委员会委员。他曾出版学术专著《"镀金时代"的中国影像》（2017年），连续6年主编《热点与前沿：青年文艺论坛》文集，并在《人民日报》、《光明日报》、《环球时报》、《读书》等主流媒体及学术核心期刊上发表300余篇文章，曾获第十届中国国际网络文化博览会评论奖一等奖、北京文艺评论2020年度优秀评论文章等奖项，主持国家社科基金艺术学项目《韩流背后的"举国体制"研究》、文化部专项委托项目《2017年网络游戏作品评价体系建设项目》、中国艺术研究院《建设"红军抢渡金沙江"主题展示区的数字化文旅融合方案》等多项国家级、省部级科研项目，并多次受邀作为官方代表出席国际学术会议和政府间文化交流活动。

** 易莲媛，广州大学新闻与传播学院讲师，博士毕业于香港中文大学文化与宗教研究系。主要关注全球视角下当代中国的文化、技术与社会变迁。研究领域为全球化、区域化的媒介工业，以及技术政治和媒介物质性。相关研究发表于《开放时代》、《读书》、《当代电影》、《文化研究》等期刊。

摘　要

以移动端为主的网络游戏，是我国极少数拥有产业意义上的世界性影响力的文化产品。在整个产业的重心从产品向服务转移和几近彻底平台化的时代，进口游戏不仅不会在国内市场上对我国自主研发的网络游戏构成真正威胁，反而在培育游戏市场、梳理我国网络游戏产业链等方面起到了积极作用。中国网络游戏也在对进口游戏的模仿和本土化改造的过程中，逐步拓展了海外市场。同时，充分开放市场既可以将我国网络游戏市场的多样化可能性逐步转化为产业现实，开拓出新的市场需求，也有助于推动海外游戏公司主动正面配合我国的文化安全工作，进而促进我国网络游戏产业实现高质量发展。

关键词：网络游戏；游戏进口；服务；产业链；文化安全

Abstract

Mobile online games are one of the very few Chinese cultural products that have strong influence on worldwide industry. In the era when the focus of the whole industry shifts from products to services and has almost reached completely platformization, imported games not only haven't posed a real threat to China's self-developed online games in the domestic market, but also played a positive role in cultivating the game market and sorting out China's online game industry chain. Chinese online games, too, have gradually expanded overseas markets in the process of imitation and localization of imported games. At the same time, fully opening up the market can gradually transform the diverse possibilities of China's online game market into industrial reality, opening up new market demands, and can also help promote overseas game companies to actively and positively cooperate with China's cultural safety, thus promoting high-quality development of China's online game industry.

Keywords

online games, game importation, service, industrial chain, cultural safety

2020 年上半年，我国游戏市场的实际销售收入为 1394.93 亿，环比增长 22.34%[①]。这个数字比 2019 全年国内电影票房高出一倍还多。的确，在疫情之下，以网络游戏为代表的数字文化产业的媒介优势被进一步放大，不仅没有受到线下实体消费不足的冲击，反而又回到了前些年移动互联网普及时期的高增幅。不仅如此，其他文化领域一直期待的"走出去"，也被游戏领域一再实现：2020 年上半年，以移动游戏为主的中国自主研发网络游戏在海外市场的实际销售收入为 75.89 亿美元，同比增长 36.32%[②]，按用户直接付费计算，占中国大陆以外市场的 21%；即使在传统游戏强国美国、日本和韩国，其国内市场上排名前 250 名的移动游戏发行商中，也分别有 17%、20% 和 28% 来自中国[③]。可以说，以移动端为主的网络游戏，是我国屈指可数的拥有产业意义上的世界性影响力的文化产品。

　　关于这一现象，媒体界、学术界通常将之归因为企业商业模式的创新或政府的产业扶持政策[④]，很少触及进口游戏在培育游戏市场、梳理我国网络游戏产业链等方面所起到的积极作用。本文将聚焦这一议题，从我国游戏产业

---

① 中国音数协游戏工委、国际数据公司（IDC）：《2020 年 1—6 月中国游戏产业报告》，http://www.cgigc.com.cn/info/22026.html，2020 年 7 月 30 日浏览。

② 中国音数协游戏工委、国际数据公司（IDC）：《2020 年 1—6 月中国游戏产业报告》，http://www.cgigc.com.cn/info/22026.html，2020 年 7 月 30 日浏览。

③ App Annie, Google, App Flyer：《2020 中国移动游戏出海驱动力报告》，http://www.nadianshi.com/2020/08/271801，2020 年 12 月 16 日浏览。

④ 相关研究参见 Chew, M. M. (2019). A Critical Cultural History of Online Games in China, 1995—2015. *Games and Culture*, 14(3), 195–215; Huang, G.-J. (2020). Social Capital and Financial Capital Acquisition: Creating Gaming Ventures in Shanghai's Entrepreneurial Ecosystem. *Chinese Journal of Communication*. 1–19; Gong, G.-H. & Hassink, R. (2019). Developing the Shanghai Online Games Industry: A Multi-scalar Institutional Perspective. *Growth and Change,* 50(3), 1006–1025.

的结构性转变出发。首先，追溯电脑端网络游戏时代，本土游戏产业为何可以受益于游戏进口；其次，分析进口游戏在中国网络游戏拓展海外市场的过程中所起到的积极作用；再次，从文化安全的角度，探讨游戏进口与文化安全的相关问题；最后，展望游戏进口对于解决当下我国网络游戏产业结构性痼疾，实现高质量发展的潜在势能。

一、从产品到服务：我国游戏产业的发展受益于进口游戏

一般情况下，进口的文化产品会冲击相对弱势的本土文化产业的发展；但在我国游戏产业，具体情况却并非如此，前者反而在培育游戏市场、梳理我国网络游戏产业链等方面起到了积极作用。因为随着互联网，特别是移动互联网的持续渗透，我国游戏产业的实际结构和商业模式都出现了新的长周期式变化。其中，与本文议题密切相关的有两点：游戏产业提供的最终消费品从相对单一的"文化产品"转变为服务与产品并重的游戏产品，在很多电脑端游戏、网页端游戏和移动端游戏中，服务的权重甚至超过了产品本身；在有限的研发/发行商为相对少数游戏用户提供产品的"少对少"模式这一游戏产业的传统结构之外，近年来出现了众多研发/发行商服务海量游戏用户的"多对多"模式①。在这种情况下，进口游戏原有的技术、知识产权优势就难以构成稳定的行业壁垒。

首先，在以单机游戏为主的时代，游戏产业的商业模式主要是从产品本身盈利。这里的产品，既包括一次性出售的卡带/光盘等游戏实体，也包括游戏机本身。当然，在整个游戏产业链上，还有一些环节聚焦于服务项目，比如零售、租赁和二手交易，但它们的占比很低，与游戏研发环节距离也比较远。互联网的介入大大提升了游戏服务的比重，并促使其向游戏产业

---

① Rayna, T. & Striukova, L. (2014). "Few to Many": Change of Business Model Paradigm in the Video Game Industry. *Digiworld Economic Journal*, 94(2),61–81.

链上游发展。不仅电脑端游戏发行商开始搭建在线平台直接向游戏用户售卖游戏，传统主机厂商也陆续接入互联网，提供联机游戏、内容更新、游戏用户排名和实时聊天等服务。更为重要的是，20世纪90年代中期出现了以大型多人在线游戏为主体的、更加"纯粹"的商业化网络游戏，为游戏用户提供社交平台，通过玩法设计及频繁更新刺激游戏用户持续消费，并发展出免费增值服务模式，甚至游戏研发也在围绕这些服务展开。比如《QQ炫舞》（2008年）对游戏用户的核心吸引力并不在舞蹈竞技，而是对情感的生产与销售，以及以此为基础搭建恋爱社交平台[①]。

其次，在进入互联网时代之前，游戏产业一直被寡头所主导。任天堂、世嘉等少数大型游戏出版发行商，后来崛起的索尼、微软主机平台，以及微软、苹果开发的两个操作系统，它们以独占的形式，生产作为单一文化消费品的游戏产品，每款售价40至60美元——相对高昂的硬件、软件价格和有限的"发行–销售"渠道都限制了游戏用户群体的规模。这一商业模式与好莱坞大片的产销模式非常类似，今天依旧主导着所谓的"3A"游戏的生产与销售，即采用基本代表了行业前沿及发展方向的最先进的数字技术，高投入、高风险，发行商和硬件平台几乎获得全部利润[②]。而免费增值服务模式的出现和移动游戏的普及，大大降低了游戏的渠道和价格门槛，极大地扩充了游戏用户群体的规模。同时，多样化的、相对传统主机硬件平台更开放的在线发行平台和手机应用市场，也让新的出版研发商、发行商、平台、渠道有机会进入游戏产业。

以上两个因素与开放平台游戏引擎的普遍应用[③]，共同造就了一个结果：

---

① Liu, T.-T. (2019). Video Games as Dating Platforms: Exploring Digital Intimacies through a Chinese Online Dancing Video Game. *Television & New Media,* 20(1), 36–55.

② Nieborg, D. B. (2014). Prolonging the Magic: The Political Economy of the 7th Generation Console Game. *Eludamos: Journal for Computer Game Culture*, 8(1), 47–63.

③ Nicoll, B. & Keogh, B. (2019). *The Unity Game Engine and the Circuits of Cultural Software.* Palgrave.

在更倾向于"提供服务"和"多对多"模式的网络游戏中，绝对意义上的"尖端技术"的地位在持续下降，而商业模式上的创新意义则日益被凸显。单机游戏时代通过技术和知识产权建立起来的行业壁垒，在网络游戏兴起后有所松动。因为在"免费增值"模式中，付费用户的比例总是低于免费游戏用户，为了提高游戏用户的留存率与付费意愿，游戏研发和运营——通过与资本配合起来的人力密集型的用户获取策略——日益围绕由数据驱动的设计策略展开。而且，网络游戏经常会根据用户的游戏数据，频繁地在核心玩法、附加内容和盈利模式等方面进行一系列升级改造。这一趋势在移动互联网时代更为明显。目前，我国的游戏公司越来越倾向于将游戏的研发和运营环节深度融合，两个部门联合办公、紧密沟通，甚至研发也围绕着运营展开，即"研运一体"。

如果说"3A"游戏的"生产-流通"是相对线性的结构，网络游戏在这一过程中则形成了首尾相续的反馈循环①。所以，与"3A"游戏漫长的研发周期和一次性的宣传发行相比，网络游戏则要求规模庞大的运营团队进行长期的投入和经营。这也意味着，网络游戏不像过去的单机游戏和今天的"3A"游戏那样依赖顶尖的设计、技术人才，而是需要大量能够对接游戏用户的运营、推广人员和根据市场反馈及时优化、改造游戏程序的普通从业者。有受访者表示，美国、日本在移动游戏甚至更早的电脑端网络游戏产业方面没有获得绝对优势的原因之一，是人才过于集中于高端领域，但却缺乏开发新市场的一般劳动力。这些因素给我国这种在技术、资本和人才等方面都不具备优势的后发市场以难得的"窗口机遇"。

依靠商业模式，而不是游戏本身的设计和技术水平获得成功的一个典型例证，是韩国的网络游戏《传奇》（*Mir2*，2001）。在我国网络游戏产业的起步期里，这款游戏的画面和玩法，即使在 2001 年都显得颇为平庸。盛大

---

① Nieborg, D. B. (2016). From Premium to Freemium: the Political Economy of the App. In Leaver, T. & Willson, M. (Eds.). *Social, Casual and Mobile Games: the Changing Gaming Landscape*. Bloomsbury.

之所以引进这款游戏，部分原因是因为它的代理费远低于同时期的其他热门游戏。当时，网络游戏按照时长收费，但个人在线支付尚不成熟，游戏用户主要在报刊亭、书店等传统渠道购买游戏点卡，非常不便。为了解决付费问题，盛大开发了一款叫 E-sale 的面向网吧的在线点卡销售系统。由于当时电脑、宽带网络均都未大范围普及，很多游戏用户都是在网吧玩网络游戏，于是他们直接用现金向网吧购买 E-sale 在线销售系统的点卡，网吧再通过该系统与盛大用网银统一结算。在推广 E-sale 及《传奇》的过程中，盛大不仅投入大量人力在一二线城市和沿海发达地区对网吧进行逐个游说，还将推广业务拓展到了三四线城市及诸多县级市。这些城市的游戏用户网络游戏经验很少，《传奇》甚至就是他们接触到的第一款网络游戏。如此一个有着巨大潜力的市场很快被开发出来，仅半年时间，《传奇》的同时在线人数就突破了 10 万人[1]。盛大的商业策略随后被广泛地模仿、升级，成为我国网络游戏运营、推广的普遍做法，即"地面推广"，也叫"地推"。而将这一策略发挥到极致的，是 2006 年的《征途》。巨人网络（时为"征途网络"）以原有的保健品销售团队为班底，在各地建立了长期办事处，号称要在三年内组织起 2 万人的地推团队，碾压其他公司几百、上千人的不成规模的队伍。这种市场策略本身并没有技术壁垒，主要就是依靠海量的所谓"地推专员"在网吧中贴海报、安装游戏、引导注册，偶尔也举办一些线下活动。值得注意的是，"地推专员"一般采用劳务外包的形式，不被认为是游戏公司的正式员工，因此缺乏相关劳动保障，用人成本极低[2]。

在某种意义上可以认为，中国网络游戏产业人力替代的市场策略冲垮了单机"3A"游戏通过硬件平台、IP 和技术建立起的壁垒。进口的网络游戏非但没有压抑本土产业的发展，反而在国内网络游戏产业的起步阶段，起到

---

[1] 中国出版工作者协会游戏工作委员会、国际数据公司（中国）：《2005 年中国游戏产业报告》，http://www.joynews.cn/uploadfile/2016/1201/20161201031457979.pdf，2020 年 6 月 6 日浏览。

[2] 杨建华等：《"地推员"：中国网游渠道透视镜》，《电脑报》，2007 年 11 月 26 日。

了培养游戏用户、扩大游戏市场、促进游戏产业链成熟的积极作用。相对于互联网的普及程度，中国网络游戏的诞生并未明显晚于世界潮流，1995 年就出现了非营利性的文字网游《侠客行》。为防止被盗用牟利，这款游戏的研发者们很快就公布了源程序，进而催生了其他同类型的文字网络游戏。再加上"联众世界"棋牌类休闲游戏和少数海外游戏的"私服"，中国在 2001 年之前实际上就已存在一个以自主研发为主、非商业化的微小行业生态[1]，只是规模上还微不足道，无法支撑本土游戏的产业化规模发展。而在《传奇》等进口游戏的带动之下，中国网络游戏市场从 2001 年的 3.1 亿，快速增长到 2004 年的 24.7 亿[2]，其中，韩国游戏的市场份额最高。尽管中国游戏公司由于技术、人才和资本的限制，主要从事代理运营和外包工作，但也在此过程中积累了大量的运营、美术、技术和策划人才。不过，代理授权的商业模式并不稳定，随着资本积累和市场规模的扩大，也有部分公司尝试自主研发或购买进口游戏的源代码，并加以改造，甚至是直接模仿、复制。例如，盛大在代理权问题上与《传奇》的韩国研发商出现矛盾后，就迅速仿制出了《传奇世界》（2003 年）。

　　尽管网易《大话西游 online》（2001 年）等早期自主研发游戏的商业成绩不如预期，但国内游戏产业毕竟在进口游戏的带动下飞速成长，吸引到大量的资本与人才，因此凭借运营模式和游戏机制的创新弥补了技术和美学上与进口游戏的差距。2006 年，国产网络游戏在国内市场份额达到 64.8%[3]，很快超过了进口游戏。

---

① Chew, M. (2019). A Critical Cultural History of Online Games in China, 1995—2015. *Games and Culture*, 14(3), 195–215.

② 中国出版工作者协会游戏工作委员会、国际数据公司（中国）：《2004 年中国游戏产业报告》，http://www.joynews.cn/uploadfile/2016/1201/20161201030842401.pdf，2020 年 6 月 6 日浏览。

③ 中国出版工作者协会游戏工作委员会、国际数据公司（中国）：《2006 年中国游戏产业报告》，http://www.joynews.cn/uploadfile/2016/1201/20161201031858507.pdf，2020 年 6 月 6 日浏览。

在这些"创新"中，最为突出的就是"付费赢"（free-to-play）机制[①]。按照一般游戏理论，依靠金钱而不是自身技能获得胜利，会终结游戏的不确定性、极大地降低游戏体验。但中国最早系统采用"付费赢"机制的《征途》却将"付费直接获得道具"改造为概率化的"开宝箱"制度，即游戏用户并非直接购买道具，而是购买可以打开箱子的钥匙，从中随机获得道具。购买行为和游戏结果之间并没有建立直接的线性联系，如此就重建了游戏中的随机性快感。尽管严格来说，这一机制并非由中国游戏产业首创，但的确是被中国游戏产业发展为明确的收费模式，并"自然"地融入到游戏环节中，深刻地影响了全球游戏产业的发展。今天，它不仅成为免费游戏的常规，也越来越多地应用于收费游戏甚至"3A"游戏当中。

但这并不意味着进口游戏的作用及影响力在衰退，因为在很长一段时间里，成功的国产游戏其品类与核心玩法仍主要是对热门进口游戏进行模仿与本土化改造。无论是早期的《梦幻西游》（2003年）、《完美世界》（2005年）、《征途》与海外大型多人在线角色扮演游戏的相互关系，还是稍晚的《QQ炫舞》之于《劲舞团》（2005年）、《QQ飞车》（2008年）之于《跑跑卡丁车》（2006年），都是如此。正是在这个服务日益压倒产品的结构性转变中，国内游戏厂商凭借运营优势，不断吸纳、消化了进口游戏的优点及其背后的产业链架构，实现了自身的转型升级。

二、从游戏进口到游戏"走出去"：进口游戏对我国游戏产业的深层次梳理

中国游戏在海外市场上的发展同样受益于游戏进口。首先，在模仿进口游戏并加以本土化改造的过程中产生了一些"副产品"。尽管这些更接近国

[①] Chew, M. (2019). A Critical Cultural History of Online Games in China, 1995—2015. *Games and Culture*, 14(3), 195–215.

外原版游戏的产品在国内市场上并没有那么成功，但在游戏生产过程中积累的人才和经验却成为中国游戏产业拓展海外市场的基础。互联网对游戏产业的改造一方面提高了"服务"在整个游戏产业中的位置，另一方面也极大地拓展了游戏用户群。这两方面共同促进了游戏产业的结构性变迁，即从电脑端、网页端到移动端，游戏逐步与专门化的硬件设备切割，深度融入到游戏用户的日常生活里。这一"低技术"市场也成为了起步较晚的中国网络游戏的机会所在。

在电脑端网络游戏时代，尽管也有部分中国游戏企业谋求海外发展，但离开了国内的渠道网络和运营基础，仅靠玩法设计上的创新，还不足以弥补自身与传统游戏强国的技术差距。直到对硬件设备要求更低的网页游戏出现，这一状况才有所改变。网页游戏的低技术倾向，先天地限制了再现系统的视听效果，所以早期的网页游戏基本都将研制重点放在了依靠各项资源数值搭配的策略类游戏。2007年，一款来自网页游戏发源地德国的《部落战争》（*Travian*）进入中国市场，在几乎没有任何宣传、推广的情况下意外获得成功，吸引了一大批中国模仿者的注意。以其为原型，接连出现了《烽火三国》（2010年）、《七雄争霸》（2010年）、《傲视天地》（2010年）等模仿品。

有趣的是，由于作为一个整体的中国游戏产业对技术的依赖度更低，很多电脑端运行的大型网络游戏也并不够流畅，所以中国游戏企业试图将2D的大型多人在线角色扮演类游戏网页化，以触达到更广泛的游戏用户群，因而催生了《蓝月传奇》（2016年）、《传奇荣耀》（2016年）等大量传奇类网页游戏。这就挤压了策略型网页游戏的生存空间。不过，尽管原有的策略型网页游戏在国内市场逐渐失势，但中国游戏公司在这个类型上积累的设计、运营经验却没有被浪费——这是因为智能手机的普及创造了一个更低技术、更大规模的游戏市场，且这个市场在初始阶段，也更适合休闲类、策略类游戏。凭借此前积累的经验，中国的移动端策略类游戏在国内同类型游戏市场并不发达的情况下，却迅速在海外市场上获得了优势地位，先后推出了《列王的纷争》（*Clash of Kings*，2014年）、《阿瓦隆之王》（*King of Ava-*

lon，2016 年）、《王国纪元》（*Lords Mobile*，2016 年）、《火枪纪元》（*Guns of Glory*，2017 年）等游戏。直到现在，移动端的策略类游戏仍然是中国游戏公司在海外市场份额里最大的一个游戏类型，2020 年上半年占所有在海外运营的中国游戏的 38.98%[1]。

然而，随着智能手机性能的日渐提升，也拉高了移动游戏的技术属性。除休闲、策略类游戏依然主要依靠在各平台型应用大规模投放广告"买量"推广之外，很多研发方的重点也转向技术和玩法创新，或者把经典游戏移植到移动端。典型的成功案例是任天堂的《精灵宝可梦 Go》（*Pokémon Go*，2016）。这款游戏在没进入中国大陆市场的情况下，2020 年 6 月的收入已在全球手游中排名第五[2]。中国游戏公司也采取了类似的策略，制作了《梦幻西游》《QQ 飞车》等热门电脑端网络游戏的移动端版本，但因为缺乏具有世界性影响力的经典游戏 IP，而无法在海外市场重复这一经验。同时，为了规避直接模仿的法律风险，中国游戏公司也倾向于寻求与这些版权方合作。目前海外市场上收入最高的中国游戏《和平精英》（*PUBG Mobile*，2018 年）就是韩国战术竞技类游戏《绝地求生》（*PlayerUnknown's Battlegrounds*，2017 年，简称"PUBG"）的移动端版本。而腾讯之所以能够获得授权，部分是因为它在中国大陆代理了《绝地求生》，游戏的研发方韩国蓝洞公司（Bluehole INC）也希望能够借助这种合作进入中国游戏市场。

事实上，对于期待在全球范围内实现多元化发展，而不是局限于某几个特定游戏类型的中国移动端游戏公司来说，以市场换授权或合作已是比较普遍的做法了。一方面，进口代理本身是一个合作过程，国内的游戏公司可以学习到先进的技术、设计、运营理念，并有机会与海外游戏公司发展到资本层面的合作，为它们进一步在海外市场的发展铺路。另一方面，通过资本层面

---

[1]　中国音数协游戏工委、国际数据公司（IDC）：《2020 年 1—6 月中国游戏产业报告》，http://www.cgigc.com.cn/info/22026.html，2020 年 7 月 30 日浏览。

[2]　Sensor Tower：《2020 年 6 月全球热门移动游戏收入 Top10》，https://www.chinaz.com/2020/0724/1162511.shtml，2020 年 12 月 16 日浏览。

的合作，国内公司对海外游戏也有了一定的话语权，可以在游戏设计中融入中国特色的文化和理念。这种以流行文化为载体的跨文化交流、文化输出更具有潜移默化的影响效果。比如《英雄联盟》（*League of Legends*，2011）这款海外游戏公司研发的游戏里就加入了一个以孙悟空为原型的猴子英雄。如果海外游戏用户对这款游戏感兴趣，就会自发地去探寻其背后的故事和文化。而且，通过合作研发、发行，中国游戏公司可以在策划阶段就过滤掉不符合中国国情的相关元素，也可以在运营阶段就阻止会给我国带来负面影响的相关活动。

更关键的是，很多游戏研究者都已经指出，互联网对游戏产业最大的改变是平台渠道取代了主机硬件，成为整个行业最关键的环节[①]。这也是当代平台资本主义在游戏产业的具体表现，即平台通过算法重组整个产业，流量、推送正左右着平台参与者的基本行为方式。尽管新的产业结构给起步较晚的中国网络游戏产业的发展壮大和走向海外创造了机会，但也将中国网络游戏产业纳入到了自身的规则体系之中。如果说在国内，腾讯还可以凭借原有的社交媒体优势绕开苹果市场，建构出某种类平台渠道，那么在海外，几乎所有的移动游戏发行商都在苹果、谷歌的移动应用市场以及脸书、YouTube 等互联网媒体的势力范围之内，这些移动游戏均须为"买量"付出极大的成本。至于传统的主机平台和电脑端游戏发行平台，就更是由任天堂、索尼、微软和 Steam 等国外资本所控制。

当然，中国游戏公司也试图打造自己的平台来主导规则，比如腾讯的游戏市场 WeGame，但是因为游戏资源始终有限，一直没有实现规模发展。还有一个可能的突破口是仅次于 Steam 的在线游戏发行平台 Epic。腾讯在 2013年曾经收购其 48.4% 的股权，希望能够由此从平台层面介入海外市场。只不过，尽管 Epic 近年大幅度削减分成并经常推出限时免费活动，但依旧难以撼动 Steam 的主导地位。如果 Epic 能够获准在中国大陆市场发售更多的进口游

[①] 相关研究的综述可参见 Niebory, D. B. & Poell, T. (2018). The Platformization of Cultural Production: Theorizing the Contingent Cultural Commodity. *New Media & Society*, 20(11), 4275–4292.

戏，那这个有中国资本背景的游戏平台在全球游戏工业中的渠道地位就会有很大的提升，这也有利于中国游戏在海外市场的发展。同样，如果 WeGame 平台能够持有更多的优质进口游戏内容，自然也会迎来实质性的增长，进而被打造成为我国具有幕后主导力的游戏平台。

三、从被动到主动：应调动市场机制的优点全方位维护我国国家文化安全

提及游戏进口，一个无法回避的问题就是文化安全。游戏的沉浸式体验，让它有着比影视、音乐等艺术门类更强的文化渗透力。欧美的奇幻文化，更多的是通过以《魔兽世界》（*World of Warcraft*，2004）为代表的大型多人在线角色扮演游戏，而不是《指环王》等电影、小说，深度融入中国当代流行文化对于自身玄幻世界的想象性建构。而且，随着互联网和数字信息技术的不断发展，游戏产业更倾向于开放游戏用户的内容生产权限，甚至很多游戏的精髓就在于游戏用户的自主创作。2020 年初发行的《集合啦！动物森友会》（あつまれ　どうぶつの森）之所以能在中国游戏市场上打破任天堂游戏用户原有的相对小众圈层，原因之一就是游戏用户自主设计的诸多游戏场景在国内各大媒介平台上得到了广泛的传播，甚至上海消防都用其在微博上进行防火宣传。

当然，任何硬币都有两面，开放内容生产权限就意味着游戏也可能被游戏用户不当使用，生产一些不利于我国文化安全的违法违规内容。市面上出现滥用《集合啦！动物森友会》的现象，部分原因也是因为这款游戏没有被正式引进，我国的游戏用户不能像其他地区的游戏用户一样形成集体文化来反制这些滥用。事实上，我国很多游戏用户乐于在这款游戏中生产积极向上的内容。比如当时正值全国范围内新冠疫情得到初步控制的关键转折点，广大游戏用户群体热衷于再现抗击疫情的经典场景与措施，他们主动为游戏角色佩戴口罩，在岛上划分隔离区、兴建方舱医院和机场的检疫区。如果这款

游戏当时得以正式引进，就会有更多正面、积极的相关场景在国内外的社交媒体上出现，其实际宣传效果自然也远高于传统主流媒体。

而且，正是因为很多热门游戏不能进入中国市场，海外游戏公司往往就会忽视我国的诉求，没有动力处理游戏中涉及我国的不当使用和人为滥用。如果这些游戏或平台能够以合法身份进入中国游戏市场，海外游戏公司自然会在可能的范围内主动配合我国的文化安全工作。同时，资本基于自身利益，会为了可预期的市场前景，主动迎合我国的文化安全工作。比如任天堂2020 年的免费游戏《世界游戏大全 51》(世界のアソビ大全 51)，虽然并未在中国区上架，但由于任天堂的主机 Switch 已经有了国行版，这就意味着其平台上的游戏都有可能进入我国市场，所以任天堂主动使用了上海工作室的普通话配音。这种情况与中国元素在好莱坞电影中的形象变迁有着某种同构性：随着中国市场重要性的增长，好莱坞日益倾向于展现一个积极的中国形象，或者至少表面上看起来是积极的中国形象。可以说，通过扩大进口，将中国市场更深地纳入到全球游戏工业体系之中——而不只是其中的一块文化"飞地"——借助市场的利益机制发挥有利于我国的积极影响，这将对以游戏产业为代表的我国文化产业的发展有着长远的正面意义和价值。

结语　我国游戏产业亟待高质量发展

我国网络游戏近年来在国内外市场上的高速发展，并不意味着未来会一直一帆风顺。今年的耀眼成绩，部分是因为疫情期间其他线下实体文化娱乐活动被大幅压缩。此前，在多种因素综合作用下，我国游戏市场 2018 年的增长从 2017 年的 23% 下降到 5.3%，2019 年虽有所回暖，但也只有 7.7%。值得充分警惕的是，2019 年的游戏用户只比 2018 增加了 0.1 亿 [①]。总之，以

---

① 中国音数协游戏工委、国际数据公司（IDC），《2019 中国游戏产业报告》：http://www.cgigc.com.cn/gamedata/21649.html，2020 年 6 月 6 日浏览。

用户规模扩张为基础的发展模式，已经难以为继。更何况目前我国游戏产业的主流付费模式，"游戏免费，形象与道具收费"，虽然与社会发展水平相适应，也培养了游戏用户的付费习惯，并打击了盗版、扩大了市场基础，但充值就可以提高游戏体验的做法，还是降低了游戏用户对游戏设计，特别是游戏"沉浸感"的期待，也导致我国游戏产业相对单一的面貌和生态，窄化了大部分游戏用户对游戏的想象。2020 年初，《集合啦！动物森友会》《健身环大冒险》（*Ring Fit Adventure*，2019）两款基于主机平台的游戏进入大众视野，恰恰说明了我国游戏市场的不足与潜在的包容度、可能性。

问题在于，如何将这些包容度和可能性转化为现实。如果可以进口更多的优秀游戏，给游戏用户创造多样化的游戏体验，就会开创出新的市场需求，引导国内游戏产业健康、有序地发展。此外，我国主机游戏的占比也大大低于全球游戏市场，这同样是一个潜在的增长点。今天，我国社会的发展水平和消费能力已经可以支撑起一个主机游戏市场，但因为游戏文化的差异，我们还没有充分地培育出相应的游戏用户群体。如果能像电脑端网络游戏时代一样，先以进口游戏培养游戏用户的消费习惯，我国也可以发展出一个有自身文化特色的主机游戏市场。实际上，尽管今天主机游戏在整个游戏产业中的比重已大幅下降，但其地位仍可以和电影在文化娱乐行业中的"旗舰"作用相类比，它代表着最先进的技术、游戏机制和玩法设计。在一定意义上，如果我国不能制作出顶尖的主机游戏，则很难在全球游戏产业中形成真正具有指向文化软实力的国际影响力。

参考文献

Chew, M. (2019). A Critical Cultural History of Online Games in China, 1995—2015. *Games and Culture*, 14(3), 195–215.

Huang, G.-J. (2020). Social Capital and Financial Capital Acquisition: Creating Gaming

Ventures in Shanghai's Entrepreneurial Ecosystem. *Chinese Journal of Communication*. 1–19.

Gong, H.-W. & Hassink, R. (2019). Developing the Shanghai Online Games Industry: A Multi-Scalar Institutional Perspective. *Growth and Change,* 50(3), 1006–1025.

Liu, T.-T. (2019). Video Games as Dating Platforms: Exploring Digital Intimacies through a Chinese Online Dancing Video Game. *Television & New Media*, 20(1), 36–55.

Nicoll, B. & Keogh, B. (2019). *The Unity Game Engine and the Circuits of Cultural Software*. Palgrave.

Nieborg, D. B. (2014). Prolonging the Magic: The Political Economy of the 7th Generation Console Game. *Eludamos. Journal for Computer Game Culture*, 8(1), 47–63.

Nieborg, D. B. (2016). From Premium to Freemium: the Political Economy of the App. In Leaver, T. & Willson, M. (Eds.). *Social, Casual and Mobile Games: the Changing Gaming Landscape*. Bloomsbury.

Niebory, D. B. & Poell, T. (2018). The Platformization of Cultural Production: Theorizing the Contingent Cultural Commodity. *New Media & Society*, 20(11), 4275–4292.

Thierry, R. & Striukova, L. (2014). "Few to Many": Change of Business Model Paradigm in the Video Game Industry. *Digiworld Economic Journal*, 94(2), 61–81.

App Annie，Google, App Flyer：《2020 中国移动游戏出海驱动力报告》，http://www.nadianshi.com/2020/08/271801，2020 年 12 月 16 日浏览。

Sensor Tower：《2020 年 6 月全球热门移动游戏收入 Top10》，https://www.chinaz.com/2020/0724/1162511.shtml，2020 年 12 月 16 日浏览。

杨建华等：《"地推员"：中国网游渠道透视镜》，《电脑报》，2007 年 11 月 26 日。

中国出版工作者协会游戏工作委员会、国际数据公司（中国）：《2005 年中国游戏产业报告》，http://www.joynews.cn/uploadfile/2016/1201/20161201031457979.pdf，2020 年 6 月 6 日浏览。

中国出版工作者协会游戏工作委员会、国际数据公司（中国）：《2006 年中国游戏产业报告》，http://www.joynews.cn/uploadfile/2016/1201/20161201031858507.pdf，2020 年 6 月 6 日浏览。

中国音数协游戏工委、国际数据公司（IDC）：《2019 中国游戏产业报告》，http://www.cgigc.com.cn/gamedata/21649.html，2020 年 6 月 6 日浏览。

中国音数协游戏工委、国际数据公司（IDC）：《2020 年 1—6 月中国游戏产业报告》，http://www.cgigc.com.cn/info/22026.html，2020 年 7 月 30 日浏览。

参考游戏

Blizzard Entertainment. (2004—). *World of Warcraft*. [Windows], Blizzard Entertainment, North America.

Elex Tech.(2014—). *Clash of Kings*. [IOS/Android], Elex Tech, North America.

FunPlus.(2016—). *King of Avalon*. [IOS/Android], FunPlus, North America.

FunPlus.(2017—). *Guns of Glory*. [IOS/Android], FunPlus, North America.

IGG.(2016—). *Lords Mobile*. [IOS/Android], IGG, North America.

Krafton.(2017). *PlayerUnknown's Battleground*. [Windows], Krafton, North America.

Niantic.(2016—). *Pokémon Go*. [IOS/Android], Niantic, North America.

Tencent.(2018). *PUBG Mobile*. [Windows], Tencent, Krafton, Global.

Travian.(2004). *Travian*. [Browser], Travian, Germany.

Warflame：《烽火三国》[Browser]，Warflame，中国，2010 年。

赤烛游戏：《返校》[PS4]，赤烛游戏，中国台湾，2017 年。

方舟子等：《侠客行》，美国，1995 年。

韩国 T3 娱乐公司：《劲舞团》[Windows]，久游网，中国，2005 年。

纳克森：《跑跑卡丁车》[Windows]，世纪天成，中国，2006 年。

拳头游戏：《英雄联盟》[Windows]，腾讯，中国，2011 年。

任天堂：《集合啦！动物森友会》[Nintendo Switch]，任天堂，日本，2020 年。

任天堂：《健身环大冒险》[Nintendo Switch]，任天堂，日本，2019 年。

任天堂：《世界游戏大全 51》[Nintendo Switch]，任天堂，日本，2020 年。

三七互娱：《传奇荣耀》[Browser]，三七互娱，中国，2016 年。

上海巨人网络科技有限公司:《征途》[Windows]，上海巨人网络科技有限公司，中国，2006 年。

上海锐战网络科技有限公司:《傲视天地》[Browser]，上海锐战网络科技有限公司，中国，2010 年。

盛趣信息技术有限公司:《传奇世界》[Windows]，盛趣游戏，中国，2003 年。

腾讯:《QQ 飞车》[Windows]，腾讯，中国，2008 年。

腾讯:《QQ 炫舞》[Windows]，腾讯，中国，2008 年。

完美世界:《完美世界》[Windows]，完美世界，中国，2005 年。

网易:《大话西游 Online》[Windows]，网易，中国，2001 年。

网易:《梦幻西游》[Windows]，网易，中国，2003 年。

游戏谷:《七雄争霸》[Browser]，腾讯，中国，2010 年。

娱美德:《传奇》[Windows]，盛大网络，中国，2001 年。

浙江盛和:《蓝月传奇》[Browser]，恺英游戏、贪玩游戏，中国，2016 年。

中国网络游戏产业创新的多样性：以中国MMORPG游戏运营服务为中心

A Study on the Diversity of Innovation in China's Online Game Industry: Comparative Case Studies of the MMORPG Services in China

中村彰宪[*] 文

Akinori (Aki) Nakmaurai, College of Image Arts and Sciences, Ritsumeikan University

张宇博[**] 译

Yubo Zhang, Graduate School of Letters, Arts and Sciences, Waseda University

---

* 中村彰宪，游戏学者，日本立命馆大学映像学部教授，中国游戏产业研究专家。他曾任立命馆大学游戏研究中心主任及全球电子游戏协会（DiGRA）2019年年会主席，现为日本电子游戏学会（DiGRA Japan）会长、日本著名动漫游戏杂志出版商角川书店首席分析员。研究兴趣为游戏产业、日本流行文化、经营学、组织行为学等，著有《中国游戏产业史》（2018年）。

** 张宇博，日本早稻田大学大学院文学研究科博士在读。主要研究方向为电影及文化，研究领域涉及香港电影、中国电影、日本电影。先后在日本各级刊物发表论文以及参与翻译10余篇。著有论文「近年の香港映画における病の意味」（早稻田大学大学院文学研究科紀要第66辑，2021年），另译「近世東アジアの戦争と文学」收录于『日本「文」学史（第三冊）』（勉誠出版，2019年）等。

摘 要

本文通过追踪中国大型多人在线网络游戏运营服务的发展轨迹，考察了模仿和创新的动态过程，这是促使产业发展创新的条件。此外，这一状况也体现在一个事实中，即由于中国早期庞大的非正规市场常年凌驾于正规市场，结果造成了"复制"横行现象，合法开展业务的企业很难通过模仿、学习（imitation）的经营活动去推进创新，但以网络游戏所开拓的合法市场为契机，这些企业还是通过模仿、创新的动力实现了创新。最终，中国成为了拥有世界最大规模的游戏市场和游戏发行商的游戏强国。

关键词：复制；模仿；创新；MMORPG

Abstract

The present study confirms the dynamism of imitation and innovation, a concept that describes the conditions of industrial formation leading to innovation, by tracing the development of Massive Multiple Online Role-playing Games service in the People's Republic of China. In addition, the situation is reflected in the fact that in China, where for many years that the huge informal market surpassed the legitimate market and "copying" was rampant as a result, it was difficult for legitimate companies to innovate through the process of imitation and learning from business activities, but the online game has opened up a legitimate market and with this, imitation, and innovation dynamism became effective. The result is the realization of China becoming one of the largest markets in the world as well as rising of numerous game publishers that influence global game market.

Keywords

imitation, innovation, diversity, MMORPG

1 概要

创新对于产业的形成是不可或缺的。中国的数字游戏产业也不例外。目前，就市场规模而言，除去家用游戏机市场，中国是全球最大的电脑网络游戏市场和手机游戏市场，它成为全球最庞大的市场也仅是时间问题。与此同时，在2019年不含游戏软件和游戏运营的排行榜中，腾讯夺取榜首，它与网易和完美世界位列全球游戏发行商的前25名[①]。那么，中国的游戏产业进行了怎样的创新呢？本文在追溯中国电脑网络游戏运营服务发展轨迹的同时，将从"模仿与创新的动态过程"这一角度出发，逐一考察中国市场是如何摆脱伴随市场规模发展而壮大起来的盗版等仿制品横行于正规市场的局面，如何向提供游戏运营服务的韩国等国家学习（模仿），从而推进中国独特的网络游戏运营服务发展，再将其运营服务扩展到全球市场的。

2 文献综述

2.1 产业中的模仿与创新

企业和经济活动中的模仿行为（用英语说就是 imitation）不仅存在于作为本文主题的游戏产业中，也可以在其他各类产业的形成期里被发现。例如，米歇尔·克雷门·博尔顿（Michele Kremen Bolton）比较了美国和日本的制造业，他认为日本制造业通过战略性的"模仿"发挥了国际竞争力，逐渐在该研究领域的前沿作出了贡献[②]。研究韩国创始期里的汽车、家用电器、

[①] Newzoo. (2020). *Top 25 Public Companies by Game Revenues.* https://newzoo.com/insights/rankings/top-25-companies-game-revenues//.

[②] Bolton, M. K. (1993). Imitation versus innovation: Lessons to be learned from the Japanese. *Organizational Dynamics*, 21(3), p.34.

半导体产业可以发现，在创新发生前都会有一段模仿期[①]。另一方面，第纳尔·卡莱（Dinar Kale）和史蒂文·利尔特（Steve Little）以印度的制药研发机构为研究对象，考察了在其成长历程中，由单纯模仿发展到创意模仿，最后成长为创新性研发机构的过程[②]。作为本文研究的对象，中国也不例外。藤本隆宏主张，中国制造业的发展是以仿造外国产品为契机，经过通用零件的扩大生产与白热化的制造竞争后，只有那些具有竞争力的企业才能得以续存，藤本把这种状况称为"模拟开放式结构"（擬似オープンアーキテクチャ）的形成[③]。此外，温迪·多布森（Wendy Dobson）和 A. E. 萨法莲（A. E. Safarian）通过考查浙江省的高科技、一般制造业、电子、电子设备和通信工具等行业内的企业，发现多数企业在 2006 年里不只是进行单纯的模仿，还在产品移植和制造工序中进行着创新。[④]

除了上述模仿作为后发进国家对抗先进国家的产业策略的讨论之外，还有一些研究揭示了模仿本身的战略性[⑤]。日本的研究者也整理了很多产业研究的案例，分析了从模仿到创新的发展历程[⑥]。另外，在与游戏产业等文化产业密切相关的文化活动的知识产权（Intellectual Property，下文简称"IP"）领域，

①　Kim, L. (1997). *Imitation to Innovation: The Dynamics of Korea's Technological Learning.* Harvard Business Scholl Press, pp.106–112, pp.133–134.

②　Kale, D. & Lettle, S. (2007, September 01). From Imitation to Innovation: The Evolution of R&D Capabilities and Learning Processes in the Indian Pharmaceutical Industry. *Technology Analysis & Strategic Management,* 19(5), 589–609.

③　藤本隆宏「アーキテクチャ発想で中国製造業を考える」、『経済産業ジャーナル』二〇〇二年六月号、第 34–37 頁、https://www.rieti.go.jp/jp/papers/journal/0206/rr01.html。

④　Dobson, W. & Safarian A. E. (August, 2008) The Transition from Imitation to Innovation: An Enquiry into China's Evolving Institutions and Firm Capabilities. *Journal of Asian Economics,* 19(4), 301–311.

⑤　Schnaars, S. P. (1994). *Managing Imitation Strategies: How Later Entrance Seize Markets from Pioneers.* Free Press.

⑥　井上達彦『模倣の経営学』、東京：日経ビジネス文庫、二〇一五年。

也存在类似的观点 [①]。

2.2 研究假设、研究对象、研究方法

在分析中国的游戏产业时，下列研究假设是成立的。其一，与欧美、日本、韩国相比，中国的网络游戏产业是后来形成的。因此，在黎明期到形成期里就已经出现了采用模仿战略的企业。其二，即使是早期的中国市场，在规模和互联网环境方面也拥有相当高的独特性。因此，中国市场必须独立解决它所面临的课题，其结果就产生了相关的创新措施。其三，网络游戏产业不仅涉及游戏的内容，还牵扯游戏的运营服务、企业发展等多个方面。由此观之，创新就不仅仅体现在游戏内容本身，还可以发生在运营形态的层面。

本文涉及的时间段自 2000 年中国首次推出大型多人在线角色扮演游戏（massive multiplayer online role-playing game，下文简称"MMORPG"）运营服务开始，直至 2010 年中国着手建立页游运营服务市场与手游市场，从而实现了游戏市场的多样化发展，并围绕那些获得了市场业绩评价的企业所提供的主要运营服务来展开论证。这里所说的获得市场业绩评价的企业，是指那些网络游戏运营服务的成功与否跟股票上市紧密关联的企业，以及那些已经实现了股票上市且网络游戏运营服务的销售额成为其拓展业务的关键因素的企业。

2.3 研究方法

本研究为比较研究，充分运用了年度报告、相关人员撰述的有关当时情况的书籍等一手资料，以及从半结构式访谈中获得的信息、文献综述、专业媒体和一般媒体报道等二手资料。

---

① 山田奨治『オリジナリティとは何か 日本文化の模倣と創造』、東京：角川選書、二〇〇二年；山田奨治編『模倣と創造のダイナミズム』、東京：勉誠出版、二〇〇三年。

3. 案例分析

3.1 《传奇》——盛大网络／亚拓士／娱美德（2001年至今）

3.1.1 创业环境

盛大网络创办于1999年，创始人为陈天桥。彼时，陈天桥对事业的构想如下：收购当时在中国具有一定知名度的小狗史丹莫（Stammer）形象和黑猫警长（Blackcat）的版权，将它们作为网站的吉祥物，然后运营聊天室和BBS。盛大网络因此迎来了转机。2000年7月，台湾雷爵开发的《万王之王》（2000年）通过代理商华彩软件在中国大陆运营；2000年9月，台湾软件世界集团的下属公司之一、当时中华繁体字圈规模最大的中华网龙开始在中国大陆运营以《三国志》为故事背景的游戏《网络三国》，华义国际（下文简称"华义"）也通过代理《石器时代》（*Stone Age*，1999—2016）开始了它在中国大陆的运营。其中，除了JSS（Japan System Supply）开发、NTT-DATA和GAMES-DREAM运营的MMORPG游戏《石器时代》是产于日本但由华义提供运营服务之外，其他两部游戏均是由中国台湾地区企业开发并在本土推广的[①]。虽然这些游戏在一定程度上受到了欢迎，但它们在该时期并不像韩国的《天堂》（*Lineage*，1998）那样已经得到了用户的支持。

3.1.2 《传奇》的流行及其创新

2001年11月28日，盛大网络正式运营由亚拓士（Actoz）开发的战斗系统和《天堂》相近、同是作为幻想类型的游戏《热血传奇》（*The Legend of Mir 2*，2001，后文简称《传奇》），不久之后，该游戏的同时在线人数就达到了10万人[②]。当时，网络游戏产业的业界领先者是开发了《风之国度》（*The Kingdom of the Winds*，1996）的纳克森（Nexon）和《天堂》的开发商

---

① 中国出版工作者协会游戏工作委员会、国际数据公司：《2003年度中国游戏产业报告（摘要版）》，2004年1月。

② 《〈传奇〉20年盛趣游戏唐彦文发公开信：真正的传奇能立于任何时代》，17173.com，http://news.17173.com/content/09302020/133403465.shtml，2020年9月30日。

NCsoft 等韩国游戏开发公司，亚拓士和该公司运营的《传奇》系列并未在韩国获得好评①。但是，陈天桥和盛大网络的高层在实际玩了《传奇》之后，有如下感触："尽管《传奇》包装很差劲，但内核相当不错。最主要的是《传奇》的题材很好，很能满足中国玩家的侠客意识和江湖豪情。"②换言之，可以认为，《传奇》在游戏内容上是具备竞争力的。实际上，2001 年在中国运营的 MMORPG 游戏——如前述受到好评的游戏一样——大都是回合制战斗，其中潜藏了实时战斗系统会成为玩家未来诉求的可能性。实际上，《传奇》是在中国国内获得人气之后才被推广开来的，作为已经收获好评且还采用了实时战斗系统的 MMORPG 游戏，它的号召力自然很强。采用实时战斗系统最重要的是避免客户端和服务器之间的延迟。有鉴于此，盛大网络运营服务的重点就是尽早地进行服务器的分配。由《大众软件》的报告可知，2002 年，《万王之王》、《网络三国》、《石器时代》分别设置了 8 至 14 组游戏服务器，盛大网络则设置了多达 195 组。即使与在设备投资方面领先的台湾游戏公司相比，盛大网络在当时也绝对是压倒性的规模。这就构成了《传奇》作为业界领导取得竞争力的重要策略。特别是，根据游戏工作委员会（CGPA）和国际数据公司（IDC）的调查，当时家里和网吧是玩网络游戏的主要场所，而在家上网又主要依靠电话拨号。根据中国互联网络信息中心（CNNIC）在 2002 年的调查报告显示（表 1），60% 的玩家在选择网络游戏时最看重的因素是网速，尽管这是多选题，但该选项的选择率却远超其他选项。换言之，降低服务器和客户端之间交换数据的延迟是非常重要的。盛大网络之所以进行大规模的设备投资，就是为了满足用户的这一需求。

---

① 据魏晶玄所示，亚拓士在 2003 年和 2004 年均未进入韩国网络游戏发行公司的销售额排行榜，由此可知，该公司在韩国市场的评价并不如意。参见魏晶玄『韓国のオンラインゲームビジネス研究——無限の可能性を持つサイバービジネス成功の条件』、東京：東洋経済新報社、二〇〇六年、第 169 頁。

② 王吉鹏、赵婕：《缔造中国富豪：盛大成功之谜》，经济日报出版社 2004 年版。

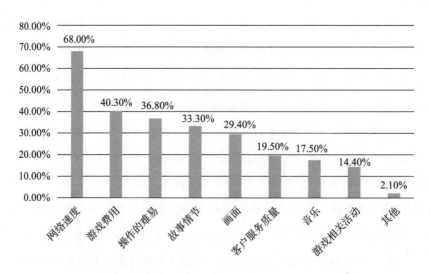

表 1　用户选择网络游戏时最看重的因素（多选题）[1]

　　此外，中村彰宪整理了盛大网络推出的一系列运营服务（见表 2）。他认为，当时中国的网络游戏在运营服务方面存在以下创新：在建立网络游戏的流通网时，把网吧作为销售预付卡的重要场所；在线链接网吧和公司，通过 E-sales 系统的电子点券使电子交易变得可能；提供 365 天 24 小时的客户服务并设置客户服务窗口。换言之，对于中国的网络游戏而言，尽管其内容依赖于在网络游戏产业中居于领先地位的韩国游戏，但又在线上和线下对游戏运营服务的流通网以及服务体系进行了独特的创新。也可以认为，尽管是网易率先验证了与网吧相关的流通网的实用性[2]，但迅速发展的盛大网络在中国网络游戏产业的形成期里就已实现了六成左右的市场占有率，并于 2004 年 5 月在纳斯达克上市。不过，2003 年 7 月该公司自主开发的《传奇世界》仍然

---

① 中国互联网络信息中心：《第 12 次中国互联网络发展状况统计报告》，http://www.cac.gov.cn/files/pdf/hlwtjbg/hlwlfzzkdctjbg012.pdf，2003 年 7 月，第 21 页。

② 中国出版工作者协会游戏工作委员会、国际数据公司：《2003 年度中国游戏产业报告（摘要版）》，2004 年 1 月。

只是《传奇》的模仿品①，未能对游戏内容本身进行创新。

	过去	盛大网络
预付卡	电脑软件包、手机商店、售货亭等	20 ～ 30 万家网吧
网上物流	无	E-sales（B2B 电子交易）
客服（网上）	一般性营业时间	365 天 24 小时
客服	无	设于总公司

表 2　盛大网络在网络运营服务方面的创新②

3.2 《征途》——巨人网络（2006 年至今）

3.2.1　创业环境

如 3.1 所示，在盛大网络运营《传奇》之后，第九城市运营了韩国网禅（Webzen）的 MMORPG 游戏《奇迹》（*MU*，2002）以及北美暴雪（Blizzard）公司的《魔兽世界》（*World of Warcraft*，2004），且都取得了成功，于是中国建立起了一种新的商业模式，即将海外优秀的 MMORPG 游戏与由中国企业提供的契合本国独特信息环境的运营服务结合起来的商业模式。

另一方面，可以认为，网易是通过在中国国内开发 MMORPG 游戏进而跃居业界领先位置的。网易于 2001 年 3 月收购天夏科技的渔夫（Fishman）游戏工作室③，于 2001 年 12 月发行以电影《大话西游》为原型的《大话西游 Online》，并于 2002 年 8 月进行了第 2 版的版本更新④，该系列的游戏在当时也成为了广受欢迎的国产网络游戏。尽管《西游记》的世界观和图像设计可

---

① 实际上，开发《传奇》的游戏工作室娱美德（Wemade）和提供《传奇》运营服务的游戏发行公司亚拓士以《传奇世界》（2003）侵害著作权为由起诉了盛大网络。最终三方达成了和解。

② 中村彰憲「中国オンラインゲームの隆盛に見るビジネス・アーキテクチャ形成に関する一考察」、『赤門マネジメントレビュー』巻五号、二〇〇五年五月、第 183-192 頁、https://www.jstage.jst.go.jp/article/amr/4/5/4_040501/_pdf/-char/ja。

③ 夏海舟、朱晓枫：《网络英雄财富传奇》，中国财政经济出版社 2003 年版。

④ 夏海舟、朱晓枫：《网络英雄财富传奇》，中国财政经济出版社 2003 年版。

以生成独特的中华幻想风格，但该游戏的游戏系统却不是全新的，仍然是俯瞰视角的回合制 MMORPG 游戏系统。继《大话西游 Online》之后，网易为进一步吸引青年人，推出了以可爱角色为主的《梦幻西游》（2003 年），从游戏发展的脉络来看，这一举措是对《大话西游》的继承。

3.2.2 《征途》的流行及其创新

如此，与其说中国的 MMORPG 对游戏内容进行了创新，不如说是对游戏的运营服务进行了创新。巨人网络（时为征途网络，下文简称"巨人"）宣布《征途》（2006 年）永久免费，并于 2006 年 4 月 8 日启动了开放 β 测试的运营服务。不过，并非是巨人首创了永久免费的 MMO 运营模式。2004 年 9 月，游戏橘子就首次以永久免费的模式运营韩国 JOYON 公司制作的 MMOG 游戏《巨商》（*The Great Merchant*，2004）。2004 年 12 月，在成都欢乐数码公司运营的游戏中，《命运 II》（*Destiny II*，2003）、《密传》（*TAN-TRA*，2004—2008）、《彩虹冒险》（*Survival Project*，2003—2007）同样采用了免费模式，当时的业界霸主盛大网络也于 2004 年 12 月开始将《热血传奇》和《传奇世界》转变成"游戏免费、道具付费"的模式[1]。但《征途》却是第一款在发行时就采用"游戏免费、道具收费"模式的中国国产游戏。使该游戏家喻户晓的人物就是令保健品"脑白金"大获成功的史玉柱。史玉柱先将盛大网络的 MMORPG 游戏《英雄年代》（2004 年）的 20 名开发人员招致麾下[2]。当时，作为技术潮流的 3D MMORPG 还未取得进展，据市场调查结果显示，就实际想玩 3D 游戏的玩家来说，其基本月收入仅在 1500 元以上，即使在城市地区，也只有 3% 的玩家期待 3D 游戏。此外，都市周边城市、地方城市和市镇乡村的情况更贴合这种趋势。其中，25 岁以上的玩家中有 70%

---

[1] 中村彰憲『中国ゲーム産業史』、東京：角川アスキー総合研究所、二〇一八年、第171−172 頁。

[2] 黄旭：《〈征途〉研发史：从史玉柱挖走盛大 20 人开始》，TechWeb，http://www.techweb.com.cn/news/2007-09-18/255693.shtml，2007 年 9 月 18 日。

以上都喜欢 2D 游戏，该年龄层的人月收入在 1500 元以上[①]。史玉柱据此铤而走险，决定开发 2D MMORPG 游戏。此外，史玉柱认为，"脑白金"的核心附加值是"真正吃的人觉得它真有效"，而 MMORPG 的核心附加值则是与之相通的"游戏性"[②]。因此，《征途》从开发的初期，就是以"游戏免费、道具收费"为前提来设计的[③]。当时，由于是以"无论是否花钱都各得其所"（不在必需品上花钱）的概念进行游戏设计，所以采取的设计策略是使一分钱不花的玩家能够享受众多游戏功能中的 99%，而花钱的玩家可以享受那 1% 的增值服务[④]。在这一时期里，多数 MMORPG 里充斥着所谓的"代练"行为，即玩家为了升级而雇佣第三者代玩游戏的非正规游戏服务。《征途》则事先编入了"替身宝宝"系统，玩家只要付费，机器人就可以代替自己去升级。对于很难花时间去玩游戏的上班族而言，这是很恰当的设计。

根据自己玩 MMORPG 游戏的经验，史玉柱特别重视游戏中的团队设计。他提出，网络游戏的特点是玩家可以从与他人的互动中"获得尊重与荣耀"[⑤]，并以游戏中"国家级别的镖车接送活动"作为具体例子。他解释道，如果其他国家（游戏中创建的国家）的玩家抢走了镖车，即使该事件无关玩家的个人利益，也会诱发玩家想要购买高价道具去救援镖车的行为，这正是为了从同伴的赞誉中获得满足感的举动。另外，在设计玩家之间的互动时，在他们之间引起一定程度的"憎恶"的设置也很重要，但一方面要让个人、行会、国家内部所生成的"憎恶"保持在最低限度，另一方面，国家、行会之间"憎恶"的情感则需要被最大化[⑥]。接送镖车的活动在家族（行会）之间以及

---

① 史玉柱:《史玉柱自述：我的营销心得》，同心出版社 2013 年版，第 225—226 页。

② 史玉柱:《史玉柱自述：我的营销心得》，同心出版社 2013 年版，第 104 页。

③ Lilla, Z., (2017, November), *China's Giant Interactive soars in debut*. Reuter.com. https://in.reuters.com/article/us-giantinteractive-ipo-idUSN0142094120071101.

④ 《从〈征途〉永久免费看当今网游发展》，腾讯游戏，https://games.qq.com/a/20060621/000087.htm，2006 年 6 月 21 日。

⑤ 史玉柱:《史玉柱自述：我的营销心得》，同心出版社 2013 年版，第 108 页。

⑥ 史玉柱:《史玉柱自述：我的营销心得》，同心出版社 2013 年版，第 108 页。

国家之间进行，且作为《征途》的主要活动事件被予以常态化[①]。此外，游戏中还有如下设计：该游戏配备了九个材料系统、准备了很多高级武器，虽然玩游戏是免费的，但为了体验更多快感，玩家只有付费后才可以备齐各种道具。国家之间发生战争时，为使集齐高级别装备的玩家更有优势，《征途》还设计出通过付费方式实现一人凌驾于十万人之上的游戏体验[②]。如此"完全"免费的游戏模式也在随后的页游、手游中得到广泛应用。这样的游戏运营模式也得到了众多玩家的支持，该公司最终于 2007 年 11 月在纳斯达克上市[③]。

3.3 《完美世界》——完美世界（2006 年至今）

3.3.1 创业环境

到此为止，我们描述了中国网络游戏产业的形成及发展，事实上，在 20 世纪 90 年代中后期中国就已经出现了开发电脑游戏的工作室，例如金山软件旗下的珠海西山居以及北京的目标软件。除此之外，当时教育软件开发的领头羊北京洪恩教育科技股份有限公司（以下简称"洪恩"）在 1997 年成立了祖龙工作室（以下简称"祖龙"），开发了拥有 3D 实时渲染技术的 Angelica 3D 引擎。后来，中国首款全 3D 实时战略游戏《自由与荣耀》于 2001 年 7 月发售，以此为开端，欢乐亿派得以创立，并发行了以秦国为时代背景、以机器人为主角的第一人称射击类游戏（FPS）《大秦悍将》（2002 年）和以抗日战争为主题的射击游戏。此外，Trymedia 面向欧美，开发了针对儿童的休闲 3D 游戏《皮皮猪和呜啡狼》（*Piggy & Wolffy*）[④]。但是，在 3D 实时渲染技

---

① 征途游戏服务中心:《〈征途〉怀旧三大镖车玩法》，巨人网络，http://zthj.ztgame.com/html/news/1341783/00c-1573-00821-110986.shtml，2019 年 11 月 7 日。

② 电影院上映《征途》时开展了"征途之夜"活动，此为史玉柱在该活动上的演讲内容。《游戏免费、道具收费的开发鼻祖：史玉柱！》，每日头条，https://kknews.cc/zh-sg/game/z98a2zl.html，2019 年 4 月 30 日。

③ Zuill, L. (2007). *China's Giant Interactive soars in debut.* Reuter.com. https://in.reuters.com/article/us-giantinteractive-ipo-idUSN0142094120071101.

④ 参见官方网站（最后阅览日期：2002 年 12 月 7 日，Archived by Internetarchive.org）：http://english.epiegame.com/eng_product_Piggy&Wolffy.htm。

术方面，欧美游戏工作室仍然处于领先地位，加之盗版欢乐亿派的游戏软件也直接参与到市场竞争之中，这就造成该公司的市场业绩持续不振。

3.3.2 《完美世界》的流行及其创新

不过，3D 引擎 "Angelica3D Game Engine"（以下简称 Angelica）的开发仍在持续中。因此，曾任洪恩 CEO 的池宇峰以欢乐亿派中祖龙开发部的员工为中心，进行了组织重组，成立了完美世界[1]，并由此启动了 3D MMORPG 游戏《完美世界》（2004 年）的开发。从发行阶段开始，《完美世界》就在内容中整合了欧美日韩游戏中没有涉及的元素。首先是可以完全定制的玩家角色。其实这样的定制系统早就在单机游戏中出现了，但以往的 MMORPG 游戏却没有设置这样的定制功能，欧美媒体也将此项设计评为该作品的特色[2]。此外，诸如可以抱起其他玩家的系统设计，以及空中飞翔等游戏特色，也在日本引起了关注[3]。可以说，这些设计是对武侠片的经典再现，对其他国家的玩家而言也是崭新的体验。不过，就游戏的整体设计看，该游戏似乎仍然是典型的幻想类 MMORPG 游戏[4]。

此外，由开发《完美世界》所衍生出来的独特的技术创新，也与中国的游戏环境相保持着高度的一致。具体来说，为了让低配置的电脑也能玩《完美世界》，该游戏从一开始就配置了简化某些要素的游戏系统，还有可使一个游戏世界容纳 160 人同时在线的网络引擎，瞬间发现作弊人物的防作弊系统等措施。中村彰宪对这些技术性创新作出了如下评价："在把游戏引擎转换

---

① 《网游厂商编年史：完美世界八年历程回顾》，17173.com，http://news.17173.com/content/2012-11-05/20121105100638325_all.shtml，2012 年 11 月 5 日。

② 相关媒体评价可参见 Altay O. (2015). MMORPGS WITH THE BEST CHARACTER CUSTOMIZATION. https://mmos.com/videos/perfect-world-best-character-customization-in-any-mmorpg.

③ 大陆新秩序「中国発の大型 MMORPG がついに姿を現した Perfect World －完美世界－」、『4gamer.net』（2007 年 2 月 16 日）、https://www.4gamer.net/preview/pw/pw.shtml。

④ 大陆新秩序「中国発の大型 MMORPG がついに姿を現した Perfect World －完美世界－」、『4gamer.net』（2007 年 2 月 16 日）、https://www.4gamer.net/preview/pw/pw.shtml。

成最适合于在中国的独特环境中玩的 MMORPG 的游戏引擎的过程中，构筑了国际性的竞争力。"

以游戏引擎调整技术性的基础设施，使游戏开发者可以专注于游戏开发，这对随后的游戏商品开发产生了很大影响。如表 3 所示，《完美世界》于 2006 年 1 月开始运营，2006 年 9 月，该游戏与当时颇受欢迎的电视连续剧《武林外传》、2007 年 5 月与著名网络小说《诛仙》、2008 年 1 月与名导吴宇森执导的电影《赤壁》①进行合作，实现了跨媒体（MediaMix）的融合发展。除此之外，完美世界还发展出武侠、中华幻想、三国时代等不同的游戏类型，扩大了自身的资产组合范围。在此之后，该公司于 2008 年 3 月推出了 3D 休闲跳舞游戏《热舞派对》，于 2008 年 10 月推出以西游记和宠物育成为主题的《口袋西游》，于 2010 年 10 月推出正统的欧美幻想游戏《神魔大陆》，从而集齐了主要的 MMORPG 游戏类型以及在当时的中国玩家中间大受欢迎的节奏跳舞游戏。

发售时间	游戏名称	游戏类型	媒体融合
2006.01	完美世界	幻想（东西统合型）	–
2006.09	武林外传	武侠	电视连续剧
2007.05	诛仙	中华幻想	网络小说
2008.01	赤壁	三国志	剧场版电影（合作）
2008.03	热舞派对	舞蹈	–
2008.10	口袋西游	西游记 × 宠物	–
2010.10	神魔大陆	欧美幻想	–

表 3　由 Angelica 3D Engine 制作的游戏作品（从创业开始到 2010 年为止）

---

① 《完美〈赤壁〉签约中影　电影网游合璧》，17173.com，http://news.17173.com/content/2007-08-08/20070808092009249,1.shtml，2007 年 8 月 8 日。

此外，完美世界还开发了 2D 和 2.5D 的图形引擎，并以此为基础运营了多个游戏，这自然会使人联想到这是利用了开发 Angelica 3D 引擎时所积累的知识。在这样的持续成长过程中，完美世界（彼时为完美时空）于 2007年 7 月 25 日在纳斯达克上市[①]。

3.4 《星辰变 Online》——盛大游戏（2011 年至今）

3.4.1 创业环境

盛大网络在首次公开募股（IPO）之后，也将本公司的 MMORPG 游戏设为基本免费的装备付费制，由此引领了中国网络游戏市场的发展。与此同时，该公司还想把漫画、动漫、角色等进行商业化，进而推进关联内容的群聚化发展。在网络游戏事业获得成功以后，该公司首先将与游戏相关的企业纳入集团旗下。2004 年 10 月，盛大网络收购了当时中国最大的网络小说网站"起点中文网"，2008 年 7 月又将大型网络小说网站"红袖添香"和女性网络小说网站"晋江文学"一同纳入麾下，并在此基础上成立了盛大文学。

2009 年，在线视频服务网站酷 6 网[②]和影像制作工作室华影盛视（由盛大集团和湖南卫视合并）[③]加入盛大网络，截至 2011 年，在线视频服务网站"有妖气"（U17.com）也归于盛大旗下[④]。换言之，在中国的宽带高速信息公路的建设进程中，盛大网络由以网络游戏运营为主的企业转变成了综合性的媒体企业。而与其发展战略相呼应，盛大网络在由盛大游戏发展的游戏产业的基础上，于 2010 年在纳斯达克上市。后来，盛大网络于 2012 年从纳斯达克退市并重新私有化，盛大集团企业控股公司作为盛大互动娱乐集团从此专

---

① Reuters Staff. (July 2007). *China's Perfect World IPO prices at $16/ADS*. https://www.reuters.com/article/perfectworld-ipo-idUSWEN972520070726.

② 《盛大旗下华友世纪与酷 6 网宣布合并》，网易，https://tech.163.com/09/1127/20/5P5D7A8H000915BF.html，2009 年 11 月 27 日。

③ 《盛大成为湖南广电改革催化剂》，转引自新华网，http://jjckb.xinhuanet.com/gd/2009-11/23/content_192984.htm，2009 年 11 月 23 日。

④ 中村彰憲『中国ゲーム産業史』、東京：角川アスキー総合研究所、二〇一八年、第293 頁。

注于新事业的投资。

3.4.2 《星辰变 Online》的流行及其创新

在《星辰变 Online》的发展过程中，比起在技术、游戏设计方面进行创新，其媒体融合的商业模式对于当时的中国而言更是崭新的经营模式。在上文 3.3 的部分也曾提到，媒体融合的发展方式在中国已有很长时间了。这种模式是通过获得既有作品的网络游戏改编授权来实现的。《星辰变》原本是笔名为"我吃西红柿"的网络作家从 2007 年开始在盛大文学旗下的"起点中文网"上连载的网络小说。《星辰变》以武侠为题材，盛大游戏于 2008 年取得了该作品的游戏改编权。游戏发行仅一年就获得了好评。发掘了 IP 潜力的盛大游戏当时的 CEO 是谭群钊，他带领研发了《传奇世界》的精锐部队进行《星辰变》的游戏开发，这个团队由拥有 7 年游戏研发经验的约 100 名员工组成。此外，"我吃西红柿"还对游戏的绘图风格等提出建议。在此基础上，开发团队也与一些知名学者及美术专家反复进行了座谈，弃用方案的数据量接近 70G，进而打造出小说里的世界观，即古秦世界以及人、魔、神三界[1]。

游戏设计方面，在《星辰变 Online》为期 3 年的研发期间，开发团队还花费了相当长的时间进行用户测试。首先，在 PK 系统方面，该游戏于万人攻防战的设计之上，战略性地添加了普遍的游戏支线任务的等级设定。除此之外，由于以往的攻城战和国战不具备参考价值，《星辰变 Online》还就大规模团战系统进行了多次修改，例如针对"势力洞府战"的修改就多达 15次。其次，该作品在六大职业门派的技能体系方面也经常参考用户反馈进行调整，据说最后吸收的修改建议数量多达 5 万多条[2]。如此这般，《星辰变Online》在 2011 年 5 月开启了开放 β 的测试。就在同一时期，游卡桌游开

---

① 《打造〈星辰变〉传世工作室谱写新传奇》，新浪游戏，http://games.sina.com.cn/o/n/2010-09-25/1355439201.shtml，2010 年 9 月 25 日。

② 《星辰变幕后团队 9 壮士：3 年渡劫不容易》，17173.com，http://news.17173.com/content/2011-05-15/20110515132415848,1.shtml，2011 年 5 月 15 日。

始发行卡牌游戏[①]，该公司既是中国的卡牌游戏巨头，又是盛大集团的合作伙伴。这一系列的事件中尤为重要的是，小说、网络游戏以及卡牌游戏都是由盛大集团的下属企业以及合作伙伴共同推动的[②]。实际上，盛大集团在设立华影盛视之时就与湖南卫视以及上海创翊文化传播一起发布了将《星辰变》改编成电影的构想[③]。由此可知，电影也在盛大集团的密切关注之中。此即以"星辰变"这一知识产权（IP）为中心的跨媒体化发展的泛娱乐战略，可以说，这就是日本媒体融合战略的先驱。但后来盛大集团CEO陈天桥因身体不适，难以继续领导集团发展，2014年11月，盛大文学被腾讯集团纳入旗下。盛大互动娱乐集团出售了盛大游戏的所有股份，陈天桥辞去盛大游戏的CEO之职[④]。在此之后，"星辰变"的跨媒体发展曾有中断，但从2016年开始，札雅工作室又将其改编成漫画，并在《大角虫漫画》上连载[⑤]。2018年10月5月，由福煦影视制作、阅文集团、企鹅影视联合出品，《星辰变》的动画登陆腾讯视频[⑥]。除此之外，2019年12月26日，南海洋乐开始运营"星辰变"的手游[⑦]。此外，虽然还需要进一步的查证，但好像还有以"星辰变"为主题

---

① 《游卡〈星辰变〉桌游将与网游同步上市》，GAMELOOK，http://www.gamelook.com.cn/2011/05/37790，2011年5月13日。

② 实际上，《鬼吹灯》也是起点中文网的网络小说，后来被改编为网页游戏《鬼吹灯外传》（2009）。该作品最初登载于天涯论坛，起点中文网获得连载权后才开始连载，这与以往获得授权的方式相近。

③ 《盛大 + 湖南广电 = 盛视影业投拍〈星辰变〉电影》，GAMELOOK，http://www.gamelook.com.cn/2009/11/7345，2009年11月12日。

④ 《陈天桥退出盛大游戏：一个网游王朝的落幕》，腾讯游戏，https://games.qq.com/a/20141210/033615.htm，2014年12月10日。

⑤ 根据百度知道"为什么星辰变漫画到8话就不更新了？"这一提问产生于2016年进行的推测。https://zhidao.baidu.com/question/2014633975273320548.html?qbl=relate_question_0&word=%D0%C7%B3%BD%B1%E4%20%C2%FE%BB%AD%20%B5%DA%D2%BB%BB%B0%20%C1%AC%D4%D8%BF%AA%CA%BC。

⑥ 《3D动画巨作〈星辰变–第一季〉将于10月5日登录腾讯视频》，转引自网易，https://dy.163.com/article/DSSvs93G0517BDM9.html，2018年9月29日。

⑦ 《〈星辰变〉手游12月26日正式公测》，NBE游戏工作室，https://www.nbegame.com/post/3447.html，2019年12月16日。

的包括扮装游戏（Cosplay）、二次创作在内的社团活动（见图 1）。以 IP 为中心的多元化经营，确实就是所谓的"泛娱乐"，但这却与当时的构想不同，此类策略并非是在同一集团的控制中展开的。也就是说，不可否认，盛大游戏和盛大集团所处的企业发展环境或多或少都受到了《星辰变 Online》之后的 IP 发展状况的影响。这就是现在中国的数字娱乐行业引领者腾讯集团倡导的泛娱乐战略的原型之所在，当初的这一尝试或许值得被铭记。

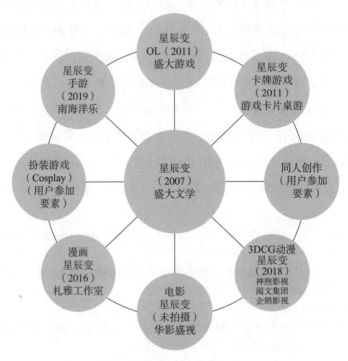

图 1　以"星辰变"为中心的泛娱乐战略

4. 考察

本节将会在上述四个案例以及尚未纳入研究的其他案例的基础上，重新俯瞰 2000 年代中国网络游戏产业形成与发展期里的创新。

4.1 研究假设的验证

由其他产业可知，下列研究假设是成立的。假设一，与欧美、日本、韩国相比，中国的网络游戏产业是后来形成的。因此，从黎明期到形成期里，就已经出现了采用模仿战略的企业。假设二，即使是早期的中国市场，其规模与领先国家的游戏产业相比也是巨大的。此外，包含网络文学在内的市场都很有特色。因此，中国市场必须独立解决它所面临的课题，其结果就产生了相关的创新措施。假设三，网络游戏产业不仅仅涉及内容，还关系到运营服务、企业发展等多个方面。根据这些来看的话，创新就不仅仅体现在内容本身，还可以发生在运营形态的层面。

4.1.1 假设一的验证结果

从这项验证中，可以清楚地发现盛大网络的《传奇世界》是纯粹的模仿之作。但本文想指出的是，亚拓士、娱美德和盛大网络之间曾就专利使用费发生过纠纷，所以该游戏是在假定《传奇》无法续约的状况下被开发出来的。从这方面来看，盛大网络不得不从根本上进行"模仿"。然而，值得大书特书的是，盛大网络将《传奇世界》的开发经验运用到了《星辰变Online》的开发之中。我们可以认为，这个开发团队的每个人都是在突发状况下采取了"模仿"战略，而这个开发项目中其实又孕育着"创新"。

与此同时，亦不能忽视早期的中国网络游戏产业为私服这种"盗版网络游戏"所困扰的事实。游戏产业很早就联手公安机关铲除了私服，这对之后中国网络游戏产业的健康发展起到了重要作用。此外，我们可以认为，盗版横行的情况在某种意义上也为激发中国游戏市场的潜力起到了一定的作用。换言之，令人困扰的非正规市场（盗版）的存在催生出了潜在的网络游戏消费者，通过在正规市场的合法性框架下开展网络游戏运营服务，中国迅速建立起了自己的网络游戏市场。

4.1.2 假设二的验证结果

3.1和3.3两小节表明，中国当时的工作环境使得采用365天24小时服务系统的呼叫中心成为可能，而以网吧为中心的流通网的构建，与在禁止街机游戏的过程中网吧作为娱乐场所的发展壮大不无关系。另外，如 3.3 这一节所示，在 3D 游戏引擎方面，针对多规格的电脑配置而进行的研发、安装防作弊系统等，都反映了当时中国的电脑环境以及玩家群体的状况。

4.1.3 假设三的验证结果

尽管在假设二中也有所呈现，但必须进一步指明的是，如 3.1.2 所示，在中国网络游戏产业的形成期里，比起游戏内容，人们最重视的是游戏"是否好玩"这一本质。在这一点上，3.1 的案例非常重视玩家服务，因此就引申出了游戏运营服务方面的创新。另外，在 3.2 的案例中，巨人网络在最初开发游戏时，一方面有意针对技术成熟的 2D MMORPG 进行开发，另一方面又谋划商业模式的大转变，在此之后，还在页游、手游等新领域确立起在线运营服务的行业标准。在 3.4 的案例中，与其说《星辰变 Online》进行了游戏运营服务的创新，不如说它是在以下方面体现了创新性，即如何在多种媒体上战略性地经营知识产权，以及在此过程中又如何发展作为中心内容的 MMORPG，为此又如何反复进行用户测试，重视在视觉和游戏上再现用户所描绘的 IP 世界观。在该案例中，虽然从某种程度上看，我们也可以发现游戏设计方面的创意，但这些创意并非是在同一类型的游戏设计本身方面产生的创新性。

在本文所分析的案例中，仅有 3.3 的案例是与游戏本身相关的创新。不过，这是与游戏开发相关的技术性创新，而非游戏设计方面的创新。另外，此处的技术性创新并非源于高端的 3D 绘图技术，而是在"如何在低配置的电脑条件下也能玩上 3D MMORPG"这样的视角下展开。当然，如果从全球标准来看，该游戏设计本身的一些要素中也存在着创新的成分，但却不能否认对它的整体印象仍然是"典型的 MMORPG"这一事实[1]。而且，由 3.3 的案例可知，有必要另加说明从 1997 年开始就一直在进行着的 3D 游戏引擎开

---

[1] 大陆新秩序「中国発の大型 MMORPG がついに姿を現した Perfect World －完美世界－」、『4gamer.net』（2007 年 2 月 16 日）、https://www.4gamer.net/preview/pw/pw.shtml。

发。还应该留意的是在九七至九九年间，通过综合解决 3D 实时渲染技术的持续开发以及 MMORPG 在中国的推广而催生的创新。在这方面，由于未上市、业绩不明而未被纳入本研究的蜗牛数字科技亦是如此。该公司在 2000 年成立之初就以开发 3D MMORPG 为目标，并于 2004 年 12 月开放了 β 测试①。据说该公司的作品在 2003 年 10 月北京的一次活动中展出时，收到了与光荣公司共同开发游戏的邀请。从这样的角度出发，在大航海贸易类型的游戏中，既可以共同切磋琢磨如何开发游戏，也可以互相学习。自此以后，蜗牛开发了许多大型 MMORPG 游戏，现在更与完美世界并驾齐驱引领着中国 3D MMORPG 市场的发展。在此基础上，本研究认为，尽管推进创新的想法产生于同一时期，但在"市场投放"方面，率先进行的是游戏运营服务的创新，中国游戏技术创新的发展则迟来一步。

5. 本研究的局限以及未来的研究方向

本研究以 2000 年至 2010 年前后 MMORPG 游戏的研发为中心，探讨了中国网络游戏产业创新的变迁。本研究考察了作为产业的后发国家，从模仿发展到创新的商业模式在多大程度上可以适用于中国的网络游戏产业，但就 MMORPG 游戏而言，即使是后发国家，由于它也可以运营领先国家提供的游戏内容，所以需要重新考察由模仿到创新是否是逐步实现的——可以认为不一定是这样。为了更加清楚地证实这些说法，有必要全面考察休闲游戏、单机游戏、网页游戏、手机游戏等多种类型的数字游戏。但由于 MMORPG 的创新不仅限于游戏内容本身，还包含支持游戏内容的技术、流通等运营方式以及业务发展等诸多方面，我们在考察创新时，理解游戏的多样性就是非常重要的。另外，本研究还想指出，在考察游戏设计本身的创新

① 冰封之蓝:《〈航海世纪〉5 周年庆典 岁末碎碎念》，腾讯新闻，https://games.qq.com/a/20100106/000334.htm，2010 年 1 月 6 日。

时，如果仅以游戏企业的成功与否作为标准，就有可能会遗漏掉真正的创新。只要游戏设计还属于创意领域，那么少数人的构想就有影响全世界的可能。在此意义上，有必要对近年来在中国蓬勃发展的独立游戏也进行反复的考察。

参考文献

Altay O. (2015). *MMORPGS WITH THE BEST CHARACTER CUSTOMIZATION*. https://mmos.com/videos/perfect-world-best-character-customization-in-any-mmorpg.

Bolton, M.K. (1993). Imitation versus Innovation: Lessons to be Learned from the Japanese. *Organizational Dynamics*, 21(3), 30–45

Dobson, W. & Safarian A. E. (August, 2008) The Transition from Imitation to Innovation: An Enquiry into China's Evolving Institutions and Firm Capabilities. *Journal of Asian Economics,* 19(4), 301–311.

Kale, D. & Lettle, S. (2007). From Imitation to Innovation: The Evolution of R&D Capabilities and Learning Processes in the Indian Pharmaceutical Industry. *Technology Analysis & Strategic Management,* 19(5), 589–609.

Kim, L. (1997). *Imitation to Innovation: The Dynamics of Korea's Technological Learning*. Harvard Business Scholl Press.

Newzoo. (2020). *Top 25 Public Companies by Game Revenues*.https://newzoo.com/insights/rankings/top-25-companies-game-revenues//.

Raustiala, K. & Sprigman, C. (2012). *The Knockoff Ecomony: How Imitation Sparks Innovation*. Oxford University Press.

Schnaars, S. P. (1994). *Managing Imitation Strategies: How Later Entrance Seize Markets from Pioneers*. Free Press.

The Office of the United States Trade Representative. (2020). *2019 Review of Notorious Markets for Counterparts and Piracy*. https://ustr.gov/sites/default/files/2019_Review_

of_Notorious_Markets_for_Counterfeiting_and_Piracy.pdf.

The UTSR. (2019). *2019 Review of Notorious Markets for Counterparts and Piracy.* https://ustr.gov/sites/default/files/2019_Review_of_Notorious_Markets_for_Counter-feiting_and_Piracy.pdf.

Wendy, D. & Safarian, A. E. (2008). The Transition from Imitation to Innovation: An Enquiry into China's Evolving Institutions and Firm Capabilities. *Journal of Asian Economics*, 19(3), 301–311.

Zuill, L. (2007). *China's Giant Interactive Soars in Debut.* Reuter.com. https://in.reuters.com/article/us-giantinteractive-ipo-idUSN0142094120071101.

Reuters Staff. (2007). *China's Perfect World IPO Prices at $16/ADS.* https://www.reuters.com/article/perfectworld-ipo-idUSWEN972520070726.

冰封之蓝:《〈航海世纪〉5周年庆典 岁末碎碎念》,腾讯新闻,https://games.qq.com/a/20100106/000334.htm,2010年1月6日。

黄旭:《〈征途〉研发史:从史玉柱挖走盛大20人开始》,TechWeb,http://www.techweb.com.cn/news/2007-09-18/255693.shtml,2007年9月18日。

史玉柱:《史玉柱自述:我的营销心得》,同心出版社2013年版。

王吉鹏、赵婕:《缔造中国富豪:盛大成功之谜》,经济日报出版社2004年版。

夏海舟、朱晓枫:《网络英雄财富传奇》,中国财政经济出版社2003年版。

征途游戏服务中心:《〈征途〉怀旧三大镖车玩法》,巨人网络,http://zthj.ztgame.com/html/news/1341783/00c-1573-00821-110986.shtml,2019年11月7日。

中国出版工作者协会游戏工作委员会、国际数据公司:《2003年度中国游戏产业报告(摘要版)》,2004年1月。

中国出版工作者协会游戏工作委员会、国际数据公司:《2004年度中国游戏产业报告(摘要版)》,2005年1月。

中国互联网络信息中心:《第12次中国互联网络发展状况统计报告》,2003年7月,第21页。http://www.cac.gov.cn/files/pdf/hlwtjbg/hlwlfzzkdctjbg012.pdf。

《陈天桥退出盛大游戏:一个网游王朝的落幕》,腾讯游戏,https://games.qq.com/a/20141210/033615.htm,2014年12月10日。

《打造〈星辰变〉传世工作室谱写新传奇》,新浪游戏,http://games.sina.com.cn/o/

n/2010-09-25/1355439201.shtml，2010 年 9 月 25 日。

《从〈征途〉永久免费看当今网游发展》，腾讯游戏，https://games.qq.com/a/20060621/
000087.htm，2006 年 6 月 21 日。

《盛大成为湖南广电改革催化剂》，转引自新华网，http://jjckb.xinhuanet.com/gd/2009-
11/23/content_192984.htm，2009 年 11 月 23 日。

《盛大旗下华友世纪与酷 6 网宣布合并》，网易，https://tech.163.com/09/1127/20/5P-
5D7A8H000915BF.html，2009 年 11 月 27 日。

《盛大 + 湖南广电 = 盛视影业 投拍〈星辰变〉电影》，GAMELOOK，http://www.
gamelook.com.cn/2009/11/7345，2009 年 11 月 12 日。

《完美〈赤壁〉签约中影 电影网游合璧》，17173.com，http://news.17173.com/con-
tent/2007-08-08/20070808092009249,1.shtml，2007 年 8 月 8 日。

《网游厂商编年史：完美世界八年历程回顾》，17173.com，http://news.17173.com/con-
tent/2012-11-05/20121105100638325_all.shtml，2012 年 11 月 5 日。

《游卡〈星辰变〉桌游将与网游同步上市》，GAMELOOK，http://www.gamelook.com.
cn/2011/05/37790，2011 年 5 月 13 日。

《游戏免费、道具收费的开发鼻祖：史玉柱！》，每日头条，https://kknews.cc/zh-sg/
game/z98a2zl.html，2019 年 4 月 30 日。

《3D 动画巨作〈星辰变 – 第一季〉将于 10 月 5 日登录腾讯视频》，转引自网易，https://
dy.163.com/article/DSSvs93G0517BDM9.html，2018 年 9 月 29 日。

《〈传奇〉20 年盛趣游戏唐彦文发公开信：真正的传奇能立于任何时代》，17173.com，
http://news.17173.com/content/09302020/133403465.shtml，2020 年 9 月 30 日。

《〈星辰变〉手游 12 月 26 日正式公测》，NBE 游戏工作室，https://www.nbegame.
com/post/3447.html，2019 年 12 月 16 日。

大陆新秩序「中国発の大型 MMORPG がついに姿を現した Perfect World – 完美世界 –」、
『4gamer.net』（2007 年 2 月 16 日）、https://www.4gamer.net/preview/pw/pw.shtml。

井上達彦『模倣の経営学』、東京：日経ビジネス文庫、二〇一五年。

山田奨治『オリジナリティとは何か 日本文化の模倣と創造』、東京：角川選書、
二〇〇二年。

山田奨治編『模倣と創造のダイナミズム』、東京：勉誠出版、二〇〇三年。

藤本隆宏「アーキテクチャ発想で中国製造業を考える」、『経済産業ジャーナル』二〇〇二年六月号、第 34-37 頁、https://www.rieti.go.jp/jp/papers/journal/0206/rr01.html。

魏晶玄『韓国のオンラインゲームビジネス研究——無限の可能性を持つサイバービジネス成功の条件』、東京：東洋経済新報社、二〇〇六年。

中村彰憲『中国ゲーム産業史』、東京：角川アスキー総合研究所、二〇一八年。

中村彰憲『中国ゲームビジネス　徹底研究 2005』、東京：エンターブレイン、二〇〇五年。

中村彰憲「中国オンラインゲームの隆盛に見るビジネス・アーキテクチャ形成に関する一考察」、『赤門マネジメントレビュー』巻五号、二〇〇五年五月、第 183-192 頁、https://www.jstage.jst.go.jp/article/amr/4/5/4_040501/_pdf/-char/ja。

参考游戏

Blizzard Entertainment. (2004—). *World of Warcraft*. [Windows], Blizzard Entertainment, U. S. A.

HanbitSoft. (2004—2008). *TANTRA*. [Windows], Hanbitsoft, South Korea.

NCSoft. (1998—). *Lineage*. [Windows], NCSoft, South Korea.

Nexon. (1996—). *Nexus: The Kingdom of the Winds*. [Windows], Nexon, South Korea.

IO 娱乐：《彩虹冒险》[Windows]，成都欢乐数码公司，中国，2003 年—2007 年。

Japan System Supply：《石器时代》[Windows]，金山，中国，2005 年—2008 年。

JOYON、游戏橘子：《巨商》[Windows]，游戏橘子，中国，2004 年。

韩光软件：《命运 II》[Windows]，成都欢乐数码公司，中国，2003 年。

金洪恩：《自由与荣耀》[Windows]，金洪恩，中国，2001 年。

雷爵资讯：《万王之王》[Windows]，雷爵资讯，中国台湾，1999 年。

麦石信息：《鬼吹灯外传》[Windows]，盛趣游戏，中国，2009 年。

上海巨人网络科技有限公司：《征途》[Windows]，上海巨人网络科技有限公司，中国，

2006 年。

盛趣游戏:《传奇世界》[Windows]，盛趣游戏，中国，2003 年。

盛趣游戏:《英雄年代》[Windows]，盛趣游戏，中国，2004 年。

盛趣游戏:《星辰变 Online》[Windows]，盛趣游戏，中国，2011 年。

完美世界:《赤壁》[Windows]，完美世界，中国，2008 年。

完美世界:《口袋西游》[Windows]，完美世界，中国，2008 年。

完美世界:《热舞派对》[Windows]，完美世界，中国，2008 年。

完美世界:《神魔大陆》[Windows]，完美世界，中国，2010 年。

完美世界:《完美世界》[Windows]，完美世界，中国，2005 年。

完美世界:《武林外传》[Windows]，完美世界，中国，2006 年。

完美世界:《诛仙》[Windows]，完美世界，中国，2007 年。

网易:《大话西游 Online》[Windows]，网易，中国，2001 年。

网易:《大话西游 Online Ⅱ》[Windows]，网易，中国，2002 年。

网易:《梦幻西游》[Windows]，网易，中国，2003 年。

娱美德:《热血传奇》[Windows]，盛大，中国，2001 年。

智冠:《网络三国》[Windows]，智冠，中国，2000 年。

祖龙工作室:《大秦悍将》[Windows]，欢乐亿派，中国，2002 年。

网络游戏中的中国传统文化元素分析

Chinese Traditional Culture Elements in Online Games

吴小玲[*]　文

XiaolingWu, School of Humanities, Southwest Jiaotong University

摘　要

　　中国传统文化已经成为网络游戏开发的重要文化资源，在部分国产网络游戏中得到了不同程度的运用。本文选取107款中国网络游戏作为研究样本，分析了"国风网络游戏"的主流表现形式，指出了当下网络游戏对中国传统文化的开发利用存在的明显问题，并进一步提出了具有可行性的解决建议。为实现网络游戏对中国传统文化的充分、合理开发，在理念层面，应坚持传统性与现代性的统一、娱乐性与功能性的平衡；在操作层面，应在深入理解中华传统文化、精准把握中华传统文化精髓的基础上，分层提取传统文化要素并分层植入网络游戏。具体而言，可从精神文化、制度与文艺成果、物质与日常生活文化三个层面提取中华传统文化要素，再将中华传统文化的精神

---

* 吴小玲，文学博士，西南交通大学人文学院副教授，硕士生导师。主要从事网络传播与网络文化的研究工作，对网络游戏有长达十余年的关注与研究，已在CSSCI来源期刊和核心期刊发表相关论文10篇（其中两篇被人大复印资料全文转载），出版学术专著《幻象与真相：网络游戏的文化建构》，主持省社科规划项目2项，主研国家和省部级课题3项。

文化要素植入网络游戏的背景与世界观，将制度文化与文艺成果元素植入网络游戏的游戏机制、规则、情节、任务之中，将物质与日常生活文化元素植入网络游戏场景、器物与人物形象中。通过这种系统可行的操作，实现网络游戏开发和中国传统文化传承的彼此促进和互相成就。

关键词：网络游戏；中国传统文化；国风网络游戏

Abstract

Traditional Chinese culture has been applied to varying degrees in some domestic online games and has become an important cultural resource for online game development. This paper, by choosing 107 Chinese online games as research samples, analyzes the representation of Chinoiserie Online Games", and points out major problems during the development and utilization of Chinese traditional culture by online games beforing providing solutions. In order to realize the full and reasonable development of Chinese traditional culture by online games, at the conceptual level, it is necessary to adhere to the unity of tradition and modernity, and to balance entertainment and education. In terms of operation, on the basis of a deep understanding of Chinese traditional culture and an accurate grasp of the essence of Chinese traditional culture, elements of Chinese traditional culture should be extracted and layered into online games. Specifically, the elements of traditional Chinese culture can be extracted from three levels of spiritual culture, system and literary achievements, and material and daily life, and all three levels could be implanted into the background and worldview of online games, the mechanism, rules, plots, and tasks of online games, and scenes, artifacts and characters of online games, respectively. Through the feasible operation of this system, the mutual promotion and mutual achievement of online game development and the inheritance of Chinese traditional culture can be realized.

Keywords

online games; Chinese traditional culture; Chinoiserie online games

经过近 20 年的迅猛发展，目前我国网络游戏产业已进入产销两旺的状态。中国音像与数字出版协会游戏出版工作委员会（以下简称"中国游戏工委"）发布的《2019 年中国游戏产业报告》^①显示，2019 年中国游戏市场实际销售收入 2308.8 亿元，国内游戏用户规模达到 6.4 亿人。第 46 次《中国互联网络发展状况统计报告》^②显示，我国网民的网络游戏使用率达到 57.4%，超过一半的中国网民会消费网络游戏。显然，玩网络游戏已经成为人们上网的主要目的之一和重要的娱乐休闲方式。

中国传统文化是指中华民族在漫长的发展中创造和传承的物质文化与精神文化的总和，旨在观察并解释世界、他人、自我，组织自我与世界、自我与他人的种种关系，提升个人和群体的生存、适应能力，丰富日常生活。中华传统文化源远流长、兼容并包，经过几千年的发展，形成了完整而成熟的体系，具有丰富而深厚的内涵，是中华民族的文化血脉与身份标识。在国产网络游戏快速发展的近 20 年里，中国传统文化已经成为国产网络游戏开发的重要文化资源，为网络游戏创作提供了丰富多彩、源源不断的灵感与素材。网络游戏对中国传统文化的开发利用在一定程度上契合了游戏者的文化心理需要，提升了网络游戏的文化品格，同时也为中国传统文化的现代传承提供了一种互动性、参与性、娱乐性极强的虚拟空间和传播渠道，对国产网络游戏的可持续发展和中国传统文化的现代传承是一种双赢。

目前国内对网络游戏的研究主要集中于网络游戏与青少年发展、网络游

---

① 中国音数协游戏工委、国际数据公司（IDC）：《2019 年中国游戏产业报告》，http://www.cgigc.com.cn/info/21617.html，2019 年 12 月 19 日。

② 中国互联网络信息中心（CNNIC）：第 46 次《中国互联网络发展状况统计报告》，http://www.cnnic.net.cn/hlwfzyj/hlwxzbg/hlwtjbg/202009/t20200929_71257.htm，2020 年 9 月 29 日。

戏生产、经营管理及监管、网络游戏的文化研究等三个方面。其中，对网络游戏与传统文化的研究虽已取得一些成果，但仍存在数量少、零散、深度不够、实证研究有待加强等问题。

在中国知网，以标题中包含"网络游戏／电子游戏"和"传统文化／经典文化／古典文化／民族文化／本土文化"为关键词进行检索，共查找到相关论文 20 余篇，大多发表于近十年间，总其要义，主要有三点：

其一，探讨网络游戏与传统文化的关系，以理论分析为主。论文认为中国传统文化是网络游戏的文化资源，网络游戏是中国传统文化的一种传播渠道，因此有必要利用网络游戏传播中国传统文化[①]，或利用中国传统文化改善网络游戏的负面形象[②]。

其二，分析网络游戏中的中国传统文化元素及其文化意义，以现象描述为主，如罗斌的《论国产网络游戏对中国传统文化的继承》认为，国产网络游戏的世界观、价值观、故事背景、游戏氛围中都包含有中国传统文化元素[③]。

其三，研究利用网络游戏传承中国传统文化的现状、问题并进一步提出建议，以现象描述为主，理论探讨为辅。白爱萍在《民族网络游戏与中国优秀民族文化的传承》一文中对 41 种民族网络游戏进行统计分析，并针对网络游戏传承中国优秀民族文化的不足，提出了拓展取材范围、以价值观传承为核心、创新表现形式和内容、把握历史改写的度、提高网络游戏创作人员的文化素养等建议[④]；任建东在《网络游戏与传统文化的传播》中，着重探讨

① 孙立群：《"软实力"理论视角下看网络游戏中传统文化的传播》，《传播与版权》2015 年第 3 期；王瀛晗：《从〈魔兽〉看本土文化在网游中的应用》，硕士学位论文，南京师范大学，2015 年；陈红玉：《角色扮演类网络游戏对传统文化的传播功能研究》，硕士学位论文，重庆大学，2009 年；李森：《论网络游戏与传统文化融合的必要性—以〈天下贰〉〈仙剑〉为案例》，硕士学位论文，安徽大学，2010 年；涂锐：《中国传统文化在网络游戏中的表现与运用》，《东南传播》2009 年第 2 期。

② 徐春霞：《中国传统文化在网络游戏中的表现与运用》，硕士学位论文，四川社会科学院，2010 年。

③ 罗斌：《论国产网络游戏对中国传统文化的继承》，《东南传播》2007 年第 8 期。

④ 白爱萍：《民族网络游戏与中国优秀民族文化的传承》，《东南传播》2006 年第 9 期。

了网络游戏中传统文化被肢解和过度娱乐化问题①。

综上，国内"网络游戏与传统文化"的相关研究较少，且大多流于泛泛而谈，理论探讨有待深化，实证研究和方法意识有待加强，尤其是"如何通过网络游戏来传播中华优秀传统文化"这一议题尚缺乏系统、深入、细致的研究。

为深入考察国产网络游戏开发利用中国传统文化的具体情况，本研究以内容分析法为主要方法，着重从网络游戏背景与世界观、建筑场景、角色设定与人物造型、器物、音乐等方面分析网络游戏中的中国传统文化元素，归纳总结网络游戏开发利用中国传统文化的现状和问题，从而为网络游戏传统文化资源的发掘和中国传统文化的现代传播提供参考。

1. 研究方法与研究样本

1.1 研究方法

本研究以内容分析法为主。内容分析法是指通过测量某种传播形态的随机样本的某些数据得出研究结论的方法。内容分析隐含的前提是：对于信息和传播的调查能够更好地了解那些接收这些信息的人的信仰、价值观等方面②。内容分析法是在面对大量文本时运用最广泛的社会科学研究方法之一，客观、系统和定量是内容分析法的特征。本章通过对研究样本的统计分析，以量化研究方式，考察中国传统文化元素（主要包括背景与世界观、建筑场景、角色设定与人物造型、器物、音乐等）在网络游戏中的存在状态。

1.2 研究样本

本研究中的网络游戏，是指在中国内地市场上运营的网络游戏，以游戏平台的差异划分，可分为客户端游戏、网页游戏和能支持多人同时在线的手机游戏。为增加样本的代表性，本研究以 2007 年至 2017 年中国游戏产业年

---

① 任建东:《网络游戏与传统文化的传播》,《伦理学研究》2010 年第 11 期。

② ［美］阿瑟·伯格:《媒介分析技巧》(第三版),李德刚译,清华大学出版社 2016 年版,第 102 页。

会评选的"最受欢迎的网络游戏"为抽样范围。在此期间，中国游戏产业年会共评选出 315 款"最受欢迎的网络游戏"。

本研究的抽样标准为：样本需满足以下任一条件：

（1）题材上运用了中国古代文学、历史小说、神话故事等元素；

（2）世界观背景涉及 1919 年之前的中国；

（3）人物设定与中国传统文化相关；

（4）画风为中国风。

根据上述标准，共抽取出研究样本 105 个，占样本总量的 33%。此外，本研究还增加了《天涯明月刀》（2016 年）和《天下贰》（2009 年）这两个研究样本。尽管这两款游戏并未入选"最受欢迎的网络游戏"之列，但由于这两款网络游戏较好地将中国传统文化融入游戏，故将这两款游戏列入研究样本之中，最终获得研究样本 107 个，其中包括 26 款客户端游戏、37 款手游和 44 款页面游戏，详见文末附表 1。

2. 中国传统文化在网络游戏中的广泛应用

中国传统文化已经在国内网络游戏的创意、设计中得到广泛应用，尤其是在游戏背景与世界观、建筑场景、角色设定与人物造型、器物、音乐等五个方面有较为充分的体现。

经笔者对 2007 年至 2017 年国内最受欢迎的网络游戏统计发现，中国传统文化类端游、手游和网页游戏的占比分别达到了 54%（59/110）、45%（47/105）和 57%（57/100）。如此高的占比，一方面是因为中国传统文化的深厚广博为网络游戏的发掘提供了广阔的空间，另一方面也是因为中国传统文化背景对国内游戏开发者和消费者潜移默化的影响及其引发的文化认同。与此同时，官方有意识的引导、鼓励也发挥了重要作用。从 2004 年起至 2015 年止，新闻出版总署组织实施"中国民族网络游戏出版工程"，共推出了 214 款具有中国民族文化特色、内容健康向上的网络游戏。2017 年，中共中央办公厅、国务院办公厅印发《关于实施中华优秀传统文化传承发展工程的意见》，进一步鼓励网络游戏公司从中华文化资源宝库中提炼题材、获取灵感、汲取养分，把中华优秀传统文化的有益思想、艺术价值与时代特点和要求相结合，运用丰富多样的艺术形式进行当代表达[①]。广阔的市场空间、日渐完善的硬件设施、激增的游戏者、天然的文化优势、良好的政策环境和浓厚的电竞氛围，为我国民族网络游戏的发展提供了有利条件。

中国传统文化不仅已经成为国内游戏开发的富矿，也成了国外游戏开发的文化资源。其中，《魔兽世界》（*World of Warcraft*，2004）在资料片《魔兽世界：熊猫人之谜》（*World of Warcraft: Mists of Pandaria,* 2012）中设立了新种族"熊猫人"和新职业"武僧"。《守望先锋》（*Overwatch*，2016）将英雄"美"设定为一名出生于陕西西安的气象学家，每年春节该游戏还会给英雄们设计颇具中国古典特色的新皮肤。《刀塔2》（*DOTA2*，2013）在2016年设立了新英雄"齐天大圣"，并请86年版《西游记》的演员配音李世宏为其配音，2018年，又设立了颇具中国特色的新英雄"天涯墨客"。《刺客信条编年史：中国》（*Assassin's Creed Chronicles: China*，2015）将游戏背景设定为中国明朝，游戏画面具有浓厚的中国水墨风。除了欧美国家的不断尝试，有着共通东方文化背景的游戏大国如日本和韩国，也经常在游戏中汲取中华传统文化元素。日本光荣公司对我国三国时期的历史情有独钟，在制作《三国志》（*Romance of the Three Kingdoms*，1985—）、《真·三国无双》（2000—）两个著名的系列游戏之后，该社又以三国为背景先后制作了《三国志 Online》（2008）和《百万人的三国志》（2010）两款网游。韩国大型MMORPG网游《剑灵》（2011），其小桥流水的游戏场景具有浓厚的中国传统风格，八卦牌的设定取自中国道家文化，从门派设定到武打动作都具有中华传统美学色彩。

---

① 中共中央办公厅、国务院办公厅：《关于实施中华优秀传统文化传承发展工程的意见》，http://www.gov.cn/gongbao/content/2017/content_5171322.htm，2017年1月25日。

2.1 游戏背景与世界观中的中国传统文化

游戏背景提示网络游戏的故事情节（诸如游戏的缘由、时间、空间、任务），阐述游戏的世界观、人生观，设置游戏场景，营造游戏氛围，然后召唤游戏者出场。游戏世界观一般包括游戏的自然观、社会观、时空观、人生观、价值观等，是游戏者实现自由交互体验的重要前提[①]。我国网络游戏在世界观的设定上，经常会从古代历史、武侠文化、神话传说、仙侠文化中寻求灵感，按背景题材可细分为成六个小类：武侠类、历史类、仙侠类、神话类、玄幻类和其他类型。这六类游戏背景和世界观在本次采样的具体分布情况详见图1。

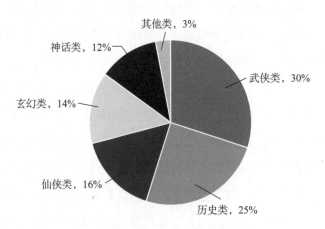

图1　游戏背景与世界观分类统计

其中，以武侠文化为游戏背景的网络游戏共计32款，占到了研究样本的30%，其中不乏制作精美、广受好评的客户端游戏，如《征途》（2006年）、《九阴真经》（2012年）和《剑侠情缘网络版叁》（2009年）等。由此可见，武侠文化已经成为国内网络游戏建构游戏背景和世界观建构的重要来源。"千古文人侠客梦"，中国武侠文化源远流长、影响深远。千百年来，行侠仗义、

---

① 朱昊然：《自由交互下RPG游戏的形象设计与体验研究》，硕士学位论文，江西师范大学，2015年。

扶危济困的侠义精神一直蛰伏在中国人的精神世界中。这种侠义精神，既包括"先天下之忧而忧"的情怀、"纵死侠骨香，不惭世上英"的洒脱，也包括"宏图霸业谈笑间"的豪迈和"相逢一笑泯恩仇"的快意。而武侠类网络游戏则是这种侠客文化在互联网时代的延续。飘逸的古典服饰、悠远的背景音乐、充满传统韵味的游戏场景、惩恶扬善、除暴安良的江湖义气，为游戏者侠客梦的替代性满足打造了良好的虚拟空间。

武侠类网络游戏的世界观一般设立为群雄割据混战、国家分崩离析、百姓颠沛流离的乱世，为拯救者（玩家）的出场形成紧迫而强烈的召唤。如《天龙八部》（2007 年）的背景设立在北宋年间，外族纷纷觊觎大宋国土，汉、辽的对立迫在眉睫。游戏以萧峰、段誉、虚竹等英雄人物为主角，上演各大门派之间的恩怨情仇。游戏者可以选择加入少林、武当、峨眉、星宿、天山、天龙、丐帮、明教、逍遥、慕容世家、唐门等门派，在江湖中扮演快意恩仇的武林侠客。

以历史时空和历史事件为游戏背景和世界观的网络游戏占研究样本的25%，其中最常见的有两种，其一是将历史人物设定为游戏中的角色，如《梦三国 2》（2015 年）中的游戏人物均来自于古典小说《三国演义》，《三国杀》（2009 年）中的武将牌也来自三国历史或衍生小说戏曲中的经典人物；其二是历史策略类网络游戏，鼓励玩家充分发挥战略战术作用，实现征战杀伐、开疆拓土和"治国平天下"的梦想。

16% 的研究样本以仙侠文化为游戏背景和世界观。仙侠文化的心理基础是人们对神异怪诞题材的热衷，源于人类对未知、奇异事物的好奇以及对超自然现象的想象[1]。国内的仙侠类游戏通常会设立一个架空的仙侠世界，如《花千骨》（2015 年）、《凡人修仙传》（2017 年），并经常取材于中国传统宗教，如仙侠类网游《飞升》（2012 年）的游戏名就源于道教术语，意指道士

---

[1] 韦天聪：《国产 RPG 游戏中的中国仙侠文化传播分析》，硕士学位论文，广西大学，2017 年。

修炼得道后升境成仙。

以玄幻世界为背景和世界观的网络游戏占研究样本的 14%，这是一种世界观比较混杂的游戏类型。这类游戏将中国古代玄幻、西方魔幻、日本式神、现代科幻等多种文明混搭在一起，在同一款游戏中出现多种文化的杂糅与拼贴，如手游《传奇霸业》（2014 年）中，游戏角色包括西方魔幻风格的法师和战士，也包括中国风的道士，这类游戏的角色通常都有超自然的能力，游戏者在幻想世界里体验超越现实的奇妙感受，其代表作如《传奇世界》（2003 年）、《天谕》（2016 年）等。

神话体现了远古时代人们对自然和社会的想象，以神话传说为背景和世界观的网络游戏占研究样本的 12%。这类网络游戏经常取材于中国古代神话故事或民间传说，如《仙侠世界》（2013 年）、《九州 OL》（2012 年）等；或取材于中国经典神话小说，如《梦幻西游》（2003 年）、《封神 OL》（2009 年）等。

2.2 建筑场景中的中国传统文化

游戏场景既是所有游戏元素的载体，也是游戏者互动的虚拟平台，直观地显示了游戏的画面风格。制作精良的中国风网络游戏除了将中国传统建筑移植到游戏场景设计之中，还要将中国传统建筑思想和建筑观念深深贯穿于游戏场景的设计之中。

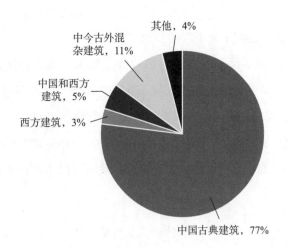

图 2 游戏建筑风格分类统计

在研究样本中，建筑风格为中国古典建筑的网络游戏共83款，占比77%；纯西方建筑共3款，占比3%；糅合中国古典建筑和西方建筑的游戏共5款，占研究样本的5%，如网游《星辰变》（2011年）的游戏场景，既有云雾缭绕、仙气弥漫的"蓬莱仙域"，又有阴暗诡异、极富西方魔幻色彩的"紫焰魔域"；古今中外建筑场景混杂的网络游戏共计12款，均属玄幻类游戏，如《赤月传说2》（2016年）和《悍将传世手机版》（2012年）。从总体上看，超过90%的游戏建筑场景或多或少地带有中国传统建筑色彩。网络游戏对中国传统建筑艺术的承袭主要体现在两个方面：

一方面，游戏的场景设计取材于中国传统建筑艺术的外在形式。以古代中国为背景的游戏为了营造出让游戏者身临其境的氛围，通常将中国古代的特色建筑，如宫殿、佛塔、道观、民居、园林等广泛应用于游戏之中。其中，宫殿代表着中国古代建筑的最高成就，具有规模宏大、富丽堂皇、结构严谨等特点，彰显着皇家的尊贵与权威；佛塔格调庄严肃穆、气势雄伟，登高望远，大好风光尽收眼底；道观幽静整洁，钟天地之毓秀，蒙道教之神奇，坐落于高山之中，隔绝世俗繁华；民居结构规整，坐北朝南，门口小桥流水，舒适惬意；园林之内，碧水入景，景中含诗，亭台山石交错通达，景色美不胜收。

另一方面，游戏的建筑思想体现了中国传统建筑艺术的精神，尤其是"合和"与"中正"思想。其中，"和合"精神一直贯穿于中国传统文化之中，中国古代建筑观都深受中国古代"三教合一"、"天人合一"思想的影响。这种"合和"精神在游戏建筑中多有体现，一些游戏建筑既糅合了儒、道、释等宗教建筑的元素，也充分体现了"天人合一"的精神。同时，中国传统建筑也深受儒家中正思想的影响，建筑讲究方正严整、南北有序、中轴对称。建筑布局以一条中线为主，主要建筑排列在中心线上，次要建筑分立东西两侧，多进院落等级森严[①]。这种传统建筑思想在网络游戏场景设计中也有较为

---

① 杜英博：《中国传统建筑文化在游戏场景中的应用》，《大舞台》2015年第8期。

充分的体现，尤其是在网络游戏主城地图中。例如《天涯明月刀》中开封城的主城区建设整体布局上极为方正规整，东西南北四侧皆有城门，建筑轴线明确，由东门引进的中心轴线是城区主轴，儒家中正思想体现得淋漓尽致。

研究样本在体现中国传统建筑形式和精神两方面具有共性，但每一款中国风游戏的场景设计依旧存在差异。这与每款游戏的游戏风格和游戏世界观密切相关。比如同样是长安城，卡通风游戏《梦幻西游》的背景设置在大唐贞治年间，三界大战已平息逾五百年，天下恢复了安宁与繁荣。此时的长安城金碧辉煌，呈现出大气恢宏、繁华热闹的景象。而《剑侠情缘网络版叁》中的地图战乱长安，其背景是安史之乱长安失陷后，被安禄山、史思明的军队把守，长安城内人烟稀少、衰颓破败，百姓流离失所。

2.3　游戏角色设定与人物造型中的中国传统文化

游戏角色设定，又称游戏人物设定，包括设定游戏角色的年龄、性格、背景、形象、服装、武器等诸多元素，是游戏设计的重要内容。性格鲜明、形象饱满的游戏角色设定，能够激发游戏者的表现欲和代入感，增强游戏的吸引力。人物造型包括人物形体设计和服饰设计，制约着游戏者对角色的最初印象，也是游戏者了解游戏角色最直观的路径。形体设计是指人物相貌、体格和招牌动作的设计，服饰设计是指角色服装、配饰的设计。角色造型依附于角色设定，不论是游戏中的 NPC 形象，还是游戏者角色形象，丰富饱满的角色设定和出色的人物造型才能吸引更多游戏者的关注。

通过对 107 个研究样本的统计分析，发现比较忠于中国传统人物形象的游戏有 76 款，占研究样本的 71%。该类游戏角色主要来源于中国历史、古典小说和神话传说等。其次，是将中国和西方的某些人物形象加以拼贴、糅合的角色设定，总共 18 款，占研究样本的 17%，以玄幻类网络游戏为主。如《神墓 OL》（2013 年—2016 年）中的游戏角色，既包括中国传统文化特色的"东方武者"和"修道者"，也包括西方魔幻特色的"西方武者"和"魔法师"。第三，是对中国传统文化人物加以大幅度改写，增加了较多虚构元素，仅保留少量中国传统文化特色的游戏角色形象。这种游戏角色总共有 13

款，占研究样本的 12%，如《王者荣耀》（2015 年）。该游戏将荆轲[①]的性别设定成女性，把李白的职业设定为刺客，与文学史中的李白相去甚远。此外，以桌游三国杀为基础的三国类卡牌游戏，将三国时期的历史人物引入游戏之中，但又加入较多虚构元素，使新的网络游戏角色与《三国演义》中的人物形象大相径庭。如《三国杀传奇》（2017 年）中吕布这一角色，除了名字与《三国志》、《三国演义》一致，其四只手臂、满头白发、头戴金盔、身披金甲的人物形象迥异于历史或小说中的外貌描述。

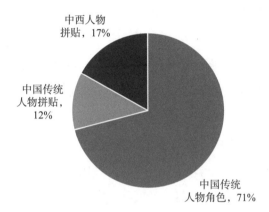

图3　游戏角色分类统计

传统职业也经常成为网络游戏中的角色设定。传统职业中，木匠、茶艺师、诗人、画家等都经常成为游戏中的职业或者 NPC 身份。如《王者荣耀》中的英雄明世隐，其游戏人设是一名占卜师，其技能"临掛·无忧"、"师卦·飞翼"等皆来源于周易卦名。

此外，宗教也经常成为网络游戏角色设定的元素之一。中国武侠类 RPG游戏《剑侠世界》、《笑傲江湖》、《天下贰》、《天涯明月刀》、《剑侠情缘网络版叁》等都以道教、佛教为背景创建了门派。其人物造型也颇有门派特色。道家通常头戴精致的道冠，身着蓝白相间的道袍，腰间佩戴饰品，有仙风道骨之感。而少林派通常为光头造型，脖子上佩戴大串佛珠。

---

① 　2017 年，该游戏中的"荆轲"更名为"阿轲"。

将中华传统文化的哲学思想融入网络游戏角色之中，则是一种更隐蔽也更深刻的植入方式。如《鹿鼎记》（2011年）中的门派"无名"一直秉承"兼爱非攻"这一墨家思想，体现了游戏角色对中国传统思想的传承。

2.4 游戏器物中的中国传统文化

器物，是对各种器具、物件的统称，具有实用功能、精神功能等多种功能，对人类生存发展具有重要价值。同样，器物也是网络游戏中不可缺少的部分，恰如其分的器物设计既能突出道具的某些特殊功能，又能强调游戏角色的身份地位，还能彰显游戏的独特风格。

对研究样本的统计分析发现，研究样本的器物设定以中国传统器物为主，达到了88款，占总量的82%；中国传统器物加西方器物的游戏共16款，占总量的17%，如《仙魂》（2013年）、《传奇霸业》中，既有中国的传统器物，也有法杖、魔法盾等西方魔幻器物；游戏中既有中国传统器物，又有现代器物的仅有一款，即网页游戏《苍穹变》（2013年），作为中国古代仙侠题材的网游，驾驶工具中却出现了摩托车这种现代道具。

从功能上来看，中国传统器物可以分为功能性器物、精神性器物、身份标志性器物、仪式型器物等。[①] 网络游戏的器物也可按照这样的类别进行分析。

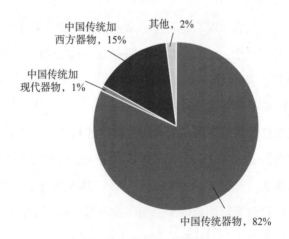

图4　游戏器物分类统计

① 朱大可：《器物符号学：分类、表象和寓意》，《文艺争鸣》2010年第1期。

1. **功能型器物**。功能性是器物最基本的属性，衣食住行中所需要的日常器具都属于功能型器物，如吃饭用的瓷盘、瓷碗、木杯，房间内陈列的木桌、木椅，出行用的轿子等。游戏中，民居、客栈、帮会领地等场景内到处可见功能型器物。

2. **精神型器物**。包括化妆品、书籍、绘画、雕塑等，通常是为了展示持有者在精神层面的喜好或追求。精神型器物不同于功能型器物，并不是日常生活中所必需的器具。热爱美术的角色家中必定挂着名家绘画，热爱书法的角色房间内笔墨纸砚不可或缺。《天涯明月刀》中的门派移花是最为风雅出尘、逍遥写意的门派，在其门派场景内立着仙鹤雕像。仙鹤在我国传统文化中具有超凡脱俗、仙风道骨等象征意义，与移花门派风雅除尘、遗世独立的精神十分吻合。

3. **身份型器物**。身份型器物象征着一个人的身份特色或等级。在古代，"龙"是皇权的象征，以龙为意象的器物是皇帝的专属，这类身份型器物将持有者与其他人区分开来。玉器是一种典型的身份型器物，不同的质地、纹理、色彩都象征着身份地位的差异。历史上既定人物使用的独特器物也是身份型器物的一种，如《三国志2017》中诸葛亮拿着的鹅毛扇，与诸葛亮的智者形象吻合；《梦幻西游》中的观世音菩萨，手里拿着杨柳枝和装满甘露水的"玉净瓶"，符合观音菩萨的形象。

4. **仪式型器物**。仪式型器物通常在"人与人"或"人与神"之间产生盟约时才会发挥作用，它包括但不限于特定的仪式性器物，如戒指的作用就是结婚仪式内的信物交换。其他类型的器物在必要的时候，也能充当仪式性器物。比如在男女双方成亲时，天地桌上摆放的"剪子、尺子、镜子、斗、秤和算盘"也属于仪式性器物。我国国风类网络游戏中常见的仪式包括成亲仪式、结拜仪式、师徒仪式等。在《梦幻西游》中，游戏者举行结拜仪式前，需要找到结拜所需的物品（如黄纸、佛跳墙、虎骨酒等）才能正式结拜。结拜仪式完成后，还能得到NPC赠送的仪式庆祝专用酒"烧春香"，供自己饮用或赠送给到场宾客。

2.5 游戏音乐中的中国传统文化

音乐也是网络游戏的重要成分。好的音乐不仅可以推动游戏情节发展，还可以渲染场景氛围，增加游戏者的角色代入感。对于多地图的游戏来说，音乐还具有区分不同游戏地图的功能。根据音乐风格的不同，可将研究样本中的音乐粗略地分为中国传统音乐、中国传统音乐加西方音乐、中国现代音乐、其他类型等四类。

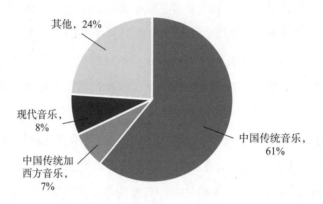

图 5　游戏音乐分类统计

在 107 个研究样本中，有 66 款网络游戏采用了比较典型的中国传统器乐，占总量的 62%；有 7 款游戏的音乐既有中国传统音乐元素又有西方音乐元素，占总量的 6%，如《三国志 2017》（2017 年）既有恢弘大气的中国古典背景音乐，又有张靓颖所唱的中英文歌曲《Amazing》；有 8 款游戏的音乐属于中国现代音乐，占总量的 7%，该类游戏以玄幻类网页游戏为主，例如《武林英雄》（2008 年）的背景音乐是羽泉的《画地为牢》，《傲视天地》（2010 年）的背景音乐是龙井的《归》；另有部分研究样本的音乐由于关服而难以考证。

随着国内游戏自主研发力量的加强和国产游戏主流地位的确立，中国传统器乐在我国本土游戏音乐得到充分体现。游戏开发者通常会综合运用多种民族传统乐器渲染东方色彩和古典韵味，着力打造古典优雅、令人沉醉的游戏氛围，同时也传播了中国传统音乐①。中国民族网络游戏音乐有时也会采纳西方器乐元素，如《傲剑》（2011年）地图中绝情谷的背景音乐就是钢琴曲，配合女声宛转悠扬的和声，烘托出绝情谷遗世独立、神秘凄美的场景氛围。但在国内游戏音乐领域，国风器乐一直占据主流地位，如《鹿鼎记》中的歌曲《爱的涟漪》就是通过笛子、琵琶、钢琴和吉他共同演绎的。具体而言，我国网络游戏音乐中的常见乐器主要有几下几种：

1. 古筝

古筝是中国传统乐器中极具代表性的民族乐器之一，音色清丽优雅，在游戏场景中的应用非常广泛。古筝的音色会让人联想到江南女子在水榭歌台抚琴的动人模样，因此在"江南"场景之中通常都可以听到古筝的动听旋律。如《天龙八部》中，"苏州"的背景音乐就大量采用了古筝，《天涯明月刀》中的杭州地图背景音乐也运用了古筝，着力打造白墙黑瓦、小桥流水的江南场景。

2. 笛子

笛子，又称竹笛，是一种传统吹奏乐器，音色清亮高亢。笛子的适用范围比较广，既可以演奏明亮欢快的曲目，营造活泼愉快的氛围，又可以演奏舒缓悠扬的曲调，营造悠远空灵的氛围。竹笛和其他民乐合奏，则具有更丰富多元的表现力，如《天涯明月刀》中金陵城的伴奏《龙楼凤阙》，竹笛、鼓、长号的合奏共同演绎出南国都城的磅礴气势。

3. 琵琶

琵琶是一种拨弦类弦鸣乐器，白居易曾用"大弦嘈嘈如急雨，小弦切切如私语。嘈嘈切切错杂弹，大珠小珠落玉盘"来形容琵琶，可见其强大的表现力。《十面埋伏》是琵琶十大名曲之一，该曲生动形象地展示了垓下决战的激烈战况。《天下贰》中的西陵主城，位于大荒世界的中间地带，是一座历经沧桑的王朝古都。西陵城的背景音乐就借鉴了《十面埋伏》序部中的小

---

① 恽如伟：《数字游戏概论》，高等教育出版社2012年版，第265页。

节，让游戏者感受到位处西陵都城所带来的强烈震撼。

4. 二胡

二胡是中国传统的拉弦乐器，其独特的音色能营造饱含情感的深邃意境。二胡在国内的游戏中很少做为背景音乐的主要演奏乐器，通常都是作为具体场景中的点缀，常在市井、集市中使用。《九阴真经》中主线剧情的背景音乐《风歌梦远》用二胡婉转的曲调，述说着儿女情长与江湖大义的纠结、欢聚与分离的纠葛。

5. 箫

箫和笛子同属吹奏类乐器，但二者音区有差异。笛子的音区较高，而箫的音区偏低，且夹杂着吹奏发出的气息声，更多地用来营造悠扬伤感的氛围。《九阴真经》中的泛黄平原，满地黄沙，四周廖无人烟，边塞军士常年驻守。以箫为主旋律的背景音乐《偃仰箫歌》不仅道出了镇守黄沙的军人们慷慨投身军旅的豪迈，也道出了他们思念家乡、思念妻小的复杂情绪。

6. 中式打击乐

中式打击乐包括锣、鼓、钟铃等，在传统乐器配乐中地位出众，具有浓郁的民族风格。游戏音乐中的锣声让人感受到热闹喜庆，如雷鼓声让人联想到战场的紧张和压抑。《七雄争霸》（2010年）中战斗画面常采用鼓配乐来展示恢弘激烈的史诗场景。而编钟等常用于与宗教相关的场景，比如《诛仙》（2007年）中的地图青云山，由钟、鼓等打击乐开场的背景音乐，营造出超凡脱俗的氛围，与云雾缭绕、山峰耸立的道家胜地非常契合。

3. 网络游戏对中国传统文化的开发利用存在不足

尽管网络游戏对中国传统文化的开发利用较为普遍，但这种运用大多仍是随意、肤浅和碎片化的，很难做到深度理解与融合。不管是为了迎合游戏者的文化心理需要，凸显游戏作品的文化风格，还是顺应意识形态与主流文化的需要，大部分都是出于权宜之计。因此，近二十年来取材于中国传统文化的网络游戏虽然数量不少，但像《剑侠情缘网络版叁》那样的精品却不多，背景东拼西凑、内容张冠李戴、游戏机制雷同的网络游戏较为常见。总体而言，国产网络游戏在借用中国传统文化中主要存在如下问题。

3.1 对中华传统文化的理解较为肤浅

目前不少网络游戏策划、设计对中国传统文化的理解比较浅表，对中国传统文化的内涵缺乏深入研究，往往只见"皮毛"不见"精神"，只见形式不见内涵。具体而言，主要体现在如下两个方面：

内容上，文化理解的表层化。在对中国传统文化的理解和开发方面，注重传统文化的形式，忽视传统文化的内容；注重视觉化、具象化的表层文化符号，忽视其人文精神和价值观念等深层内涵。不少武侠类网络游戏在游戏背景和角色设定上尚有武侠文化的元素，但在具体的游戏机制和进程中，不管是升级任务还是游戏副本都沦为了简单粗暴的打斗和强食弱肉的丛林社会，很少把惩恶扬善、行侠仗义的武侠精神贯彻始终。

架构上，西方游戏模式的主流化。部分网络游戏披上中国传统文化的外衣，但架构上仍然沿袭西方游戏模式，虽然题材上借用了中国传统文化的元素，但本质上仍然是打怪升级、做任务、刷副本模式的循环往复，并没有突破西方游戏的常见套路。"游戏的世界观、基础架构、收费模式都要真正符合传统文化，不能只追求外在形式，要突出游戏文化的个性化特征和符号。"[1] 要做到这点，还需要游戏从业者们加深对中国传统文化的理解，在真正把握中国传统文化深厚内涵的基础上，赋予游戏作品独特的文化魅力，并将中国传统文化的精髓发扬光大。

3.2 对中华传统文化的运用较为碎片化

"碎片化"是后现代的主要特点之一，连续性的断裂、深度的消解、历史感的消失、马赛克式的拼贴是其主要特征，与此相应的是内在和外在、本

---

① 《网络伦理与游戏文化分会在沪召开 游戏成传统文化传承"新阵地"》，中国青年网，http://news.youth.cn/wztt/201707/t20170728_10399430.htm，2017 年 7 月 28 日。

质与现象、隐义与显义、真实性与非真实性、能指与所指的模糊。这种"碎片化"在国风类网络游戏中的体现就是片面粗暴地把中国传统文化和外国文化、现代文化进行随意拼贴，对网络游戏风格的协调性和游戏者的沉浸感造成程度不一的负面影响。

网络游戏的"碎片化"在其背景与世界观中体现得较为明显。近年来流行的玄幻网络游戏，既想吸引中国风爱好者又想迎合西方魔幻风爱好者，便自作聪明地将多种文化杂糅拼贴在一起。在背景设定上东拼西凑、支离破碎，形成的不是中国传统文化与西方魔幻文化和谐共处的文化墙，而是一锅调性混杂的"文化大杂烩"。在世界观的架构上，试图用中国传统文化来掩盖其错乱的时空观和破碎的世界观，其结果却往往适得其反。

除了世界观外，建筑场景和人物设定的"碎片化"也较为普遍。以古代中国为背景的网络游戏，却时常出现现代或西方风格的建筑，以及服饰现代甚至穿着暴露、衣不蔽体的人物形象。比如《飞天西游》（2009年—2013年）中的女性角色扎着颇具现代感的单马尾，圣诞节戴着圣诞帽。

网络游戏中的器物和音乐也具有"碎片化"的特征。如历史策略网络游戏《热血三国》（2008年）中，出现了充满违和感的道具"亡灵项链"和"亡灵护肩"。而仙侠网络游戏《仙纪》（2012年）的背景为上古中国，但其"法士"、"咒师"的道具均为充满西方魔幻色彩的"法杖"，背景音乐中也出现了现代流行音乐和英文歌曲，与游戏整体风格并不协调。

国内网络游戏在运用中国传统文化方面的"碎片化"有多方面的原因。其一是由网络游戏文本的特殊性造成的。不同于小说、影视剧等线性叙事文本，网络游戏是一种网状的互动文本，它最重要的任务不是给受众提供完整的情节或系统的观念，而是提供游戏者互动的空间。游戏者进入游戏世界的主要目的不是作为受众来接受已经完成的作品，而是作为当事人开展自己的游戏历程。因此，传统文化只不过是营造这个互动空间的装饰品，经常被碎片化地使用。其二，是因为游戏开发者对中国传统文化理解不深入不系统，难以精准把握、系统开发中国传统文化的精髓，而倾向于零散、肤浅、随意地使用中国传统文化元素。其三，对中国文化和西方文化、传统文化和现代文化的有效融合，目前业界尚在探索之中。不论是将中西文化的世界观生硬拼贴成新的架空世界，还是直接将外国文化拼接到中国文化之中，都容易造成游戏风格的违和，影响游戏者的体验；传统文化与现代文化的平衡，也是一个颇有难度的问题：游戏中植入的传统文化过多，会显得晦涩难懂，容易和游戏者产生隔膜；若现代文化融入过多，又会损伤游戏的古风古韵。因此，网络游戏如何做到中外文化、古今文化的有效融合，是一个十分重要而又悬而未决的问题。

3.3 普遍存在歪曲史实的问题

游戏作为一门艺术形式，从中国五千年的历史长河里汲取有用成分，对历史人物和历史事件进行艺术演绎，适当地调整历史人物的角色设定，这是游戏策划者在建立游戏世界观和人物设定时的常规操作。但在对真实存在的历史朝代和历史人物进行改编时，游戏策划者须遵循一定的原则和把握适当的"度"，避免造成历史事实的扭曲与变形。否则就出现歪曲史实的现象：

其一是对历史人物形象的扭曲。网络游戏在挪用中国历史人物形象的时候，经常对其外形、年龄、身份、职业、性格甚至性别等进行篡改，导致历史人物在游戏中的扭曲变异。例如在手游《王者荣耀》中，荆轲的性别被设定为女性，李白的职业被设定为刺客，这种人设与历史人物的本来面目明显不符，导致历史人物形象的严重变形。对一种文化的过度戏谑和改写，是消解这种文化的常见方式。

其二是历史时空的错乱。我国传统文化游戏的世界观经常设立为从尧舜禹时期到明清时期之间的古代中国。《秦时明月》（2014年）的故事背景取自秦灭六国到西楚霸王项羽灭秦这段英雄辈出的历史时期。《啪啪三国》（2013年）则将背景定位于三国乱战。《剑侠情缘三网络版》处于气势恢弘、壮丽华美的大唐世界，《神雕侠侣》（2013年）讲的是蒙古军入侵南宋，郭靖、神雕侠等英雄豪杰保卫南宋的故事。把游戏背景建立在历史史实之上，可以增加游戏者的真实体验感和代入感，但如果游戏从业者对中华传统文化理解程度不高，同时也更易出现历史时空的扭曲。比如游戏背景设定为夏朝的仙侠类网游《天下叁》（2016年），游戏中却出现了唐朝的诗歌和宋朝的词作。

其三是对历史事实的歪曲。网络游戏经常借用某些历史事件，但尊重历史事实、努力还原历史的并不多见。大部分游戏因为对历史理解有限和出于为我所用的便利，会对历史事实进行随意的改写和拼贴，导致历史事实的歪曲和错乱。2020年7月正式上线的经营类国风游戏《江南百景图》就是一个较为典型的案例。游戏以明朝江南为背景，人物设定包括郑和、徐霞客、潘安等，大多源于我国历史人物。就场景设置而言，游戏的水墨画风格和人物造型设计与我国古代江南较为契合，但从内容上来说，虽借用明代背景，依托江南水乡，场景角色众多，但真正意义上还原真实历史人物、故事情节符合历史事件的却屈指可数。例如，游戏中李清照的属性是以农牧和理财见长，这明显背离了宋代女词人李清照的历史身份和人生经历。尽管《江南百景图》整体展现了明朝的部分历史文化和生活图景，但就历史文化与游戏的结合层面来看，仍存在随意拼贴、歪曲历史事实的问题，例如，将岳飞设计为"肉袒牵羊"的投降者形象，受到了历史学者及公众的批评。①

综上，网络游戏对历史人物、历史时空、历史事件的随意改写、戏谑和拼贴，可能会对游戏者（尤其是未成年游戏者）的历史认知造成某些负面影响。

结　语

在2007年至2017年最受欢迎的315款网络游戏中，具有中华传统文化元素的网络游戏达到105款，占总量的33%，这说明中华传统文化已经成为

---

① 《〈江南百景图〉人物立绘惹争议　根据历史改编游戏究竟怎么改》，央广网，http://china. cnr.cn/yaowen/20210824/t20210824_525577596.shtml，2021年8月24日。

网络游戏开发的重要文化资源，并在部分国产网络游戏中得到了不同程度的运用。通过对 107 个研究样本的内容分析发现，在游戏背景和世界观方面，武侠文化成为网络游戏背景和世界观的重要来源，占到了研究样本的 30%，以历史事件为游戏背景和世界观的网络游戏占 25%，以仙侠文化为游戏背景和世界观的网络游戏占总量的 16%，以玄幻世界为游戏背景和世界观的网络游戏占研究样本的 14%；在建筑方面，较为纯粹的中国古典建筑占到 77%；在游戏角色方面，中国传统人物角色占比高达 71%；在器物设计方面，中国传统器物的占比高达 82%；在背景音乐方面，较为纯粹的中国古典器乐占总量的 61%。总而言之，以中国武侠文化、历史题材、仙侠文化为背景，以中国古典建筑为游戏建筑、以中国传统人物为游戏角色、以中国传统器物为主要道具、以中国古典器乐为背景音乐的网络游戏是研究样本中的典型样态和主流形态，表明中国传统文化已经在部分网络游戏中得到了较为普遍、深入、系统的运用。

与此同时，网络游戏与中华传统文化的融合发展仍存在明显不足，主要体现在网络游戏生产者对中华传统文化理解和运用的肤浅、碎片化和对史实的歪曲。

为保证我国网络游戏的可持续发展和中国传统文化现代传承，在理念层面，应坚持传统性与现代性的统一、娱乐性与教育性的平衡。一方面，应在深入、系统理解中国传统文化的基础上，精准剔除传统文化的糟粕和不合时宜的成分，充分开发、合理利用中国传统文化的精华尤其是适合网络游戏转化的部分；另一方面，要坚持娱乐性与教育性的平衡，二者不可偏废，以免出现说教代替娱乐或娱乐至死的极端情况。

在操作层面，应在深入理解中华优秀传统文化的基础上，通过分层提取、分层植入的办法，将中国传统文化元素系统、深入地植入网络游戏，使网络游戏充分汲取中国传统文化的营养，使中国传统文化借助网络游戏得以潜移默化、润物无声地传播。具体而言，对中华优秀传统文化可从精神文化、制度与文艺成果、物质与日常生活文化三个层面提取要素，再将中华优秀传统文化的精神文化要素植入网络游戏的背景与世界观，将制度文化与文艺成果元素植入网络游戏的游戏机制、规则、情节、任务之中，将物质与日常生活文化元素植入网络游戏场景、器物与人物形象。通过这种系统而具体的操作，实现网络游戏传统文化资源开发和中国传统文化现代传承的彼此促进和互相成就。

参考文献

Gee, J. P. (2003). *What Video Games Have to Teach Us About Learning and Literacy*. Palgrave Macmillan.

Wolf, M. J. P. & Perron, B. (Eds.). (2003). *The Video Game Theory Reader*. Routledge .

Kelly, R. V. (2004). *Massively Multiplayer Online Role-Playing Games: The People, the Addiction and the Playing Experience*. McFarland & Company.

Poole, R. S. (2000). *Trigger Happy: Videogames and the Entertainment Revolution*. Arcade Publishing.

白爱萍：《民族网络游戏与中国优秀民族文化的传承》，《东南传播》2006 年第 9 期。

陈超：《论经典文本网络游戏的文化呈现》，《新闻爱好者》2009 年第 10 期。

陈红玉：《角色扮演类网络游戏对传统文化的传播功能研究》，硕士学位论文，重庆大学，2009 年。

陈怡安：《线上游戏的魅力：以重度玩家为例》，南华大学社会所 2003 年版。

杜英博：《中国传统建筑文化在游戏场景中的应用》，《大舞台》2015 年第 8 期。

段礼明：《新媒体时代下国产单机游戏中古典文化探究——以仙剑奇侠传为例》，《西部广播电视》2014 年第 9 期。

郭晓蓓、李子恒：《网络游戏：推广中国传统文化的一种潜力》，《科教导刊（下旬）》2015 年第 6 期。

侯守金：《中国传统文化在角色扮演游戏中的应用研究》，硕士学位论文，华东大学，2009 年。

孔少华：《网络游戏玩家的信息接受行为研究》，经济管理出版社 2017 年版。

李森：《论网络游戏与传统文化融合的必要性—以〈天下贰〉〈仙剑〉为案例》，硕士学位论文，安徽大学，2010 年。

李影、韩喜平：《在高校思想政治教育中实现优秀传统文化的现代传承》，《思想政治教育研究》2016 年第 3 期。

梁簌溟：《中国文化要义》，上海人民出版社 2005 年版。

潘可武：《新媒体研究方法与观念》，中国传媒大学出版社 2015 年版。

任建东：《网络游戏与传统文化的传播》，《伦理学研究》2010 年第 11 期。

史罗成：《网络游戏〈仙剑奇侠传三〉中传统文化的多模态分析》，硕士学位论文，中国海洋大学，2013 年。

孙立群：《"软实力"理论视角下看网络游戏中传统文化的传播》，《传播与版权》2015 年第 3 期。

孙隆基：《中国文化的深层结构》，广西师范大学出版社 2004 年版。

涂锐：《中国传统文化在网络游戏中的表现与运用》，《东南传播》2009 年第 2 期。

王丽荣、杨玢：《式微与固基：传统文化现代传承路径考量》，《广西社会科学》2015 年第 8 期。

王瀛晗：《从〈魔兽〉看本土文化在网游中的应用》，硕士学位论文，南京师范大学，2015 年。

韦天聪：《国产 RPG 游戏中的中国仙侠文化传播分析》，硕士学位论文，广西大学，2017 年。

徐春霞：《中国传统文化在网络游戏中的表现与运用》，硕士学位论文，四川社会科学院，2010 年。

恽如伟：《数字游戏概论》，高等教育出版社 2012 年版，第 265 页。

张岂之：《中国传统文化》，高等教育出版社 2010 年版。

朱大可：《器物符号学：分类、表象和寓意》，《文艺争鸣》2010 年第 1 期。

朱昊然：《自由交互下 RPG 游戏的形象设计与体验研究》，硕士学位论文，江西师范大学，2015 年。

中共中央办公厅、国务院办公厅：《关于实施中华优秀传统文化传承发展工程的意见》，http://www.gov.cn/gongbao/content/2017/content_5171322.htm，2017 年 1 月 25 日。

中国互联网络信息中心（CNNIC），第 46 次《中国互联网络发展状况统计报告》，
http://www.cnnic.net.cn/hlwfzyj/hlwxzbg/hlwtjbg/202009/t20200929_71257.htm，
2020 年 9 月 29 日。

中国音数协游戏工委、国际数据公司（IDC），《2019 年中国游戏产业报告》，http://
www.cgigc.com.cn/info/21617.html，2019 年 12 月 19 日。

［荷］约翰·赫伊津哈：《游戏的人：文化中游戏成分的研究》，何道宽译，花城出版
社 2007 年版。

［加］罗伯特·洛根：《理解新媒介——延伸麦克卢汉》，何道宽译，复旦大学出版社
2012 年版。

［美］阿瑟·伯格：《媒介分析技巧》（第三版），李德刚译，清华大学出版社 2016
年版。

［美］保罗·莱文森：《新新媒介》，何道宽译，复旦大学出版社 2014 年版。

［美］迈克尔·海姆：《从界面到网络空间——虚拟实在的形而上学》，金吾伦、刘钢
译，上海科技教育出版社 2000 年版。

［日］中嶋谦互：《网络游戏核心技术与实战》，毛姝雯、田剑译，人民邮电出版社
2014 年版。

［西］曼纽尔·卡斯特：《网络社会的崛起》，夏铸九、王志弘译，社会科学文献出版
社 2006 年版。

《〈江南百景图〉人物立绘惹争议 根据历史改编游戏究竟怎么改》，央广网，http://
china.cnr.cn/yaowen/20210824/t20210824_525577596.shtml，2021 年 8 月 24 日。

《网络伦理与游戏文化分会在沪召开 游戏成传统文化传承"新阵地"》，http://news.
youth.cn/wztt/201707/t20170728_10399430.htm。

参考游戏

1. 抽样游戏

巴别时代：《放开那三国》[Android/iOS/WP]，巴别时代，中国，2014 年。

北京雅哈:《赤壁 online》[Java]，北京雅哈，中国，2009 年。

边锋网络:《三国杀传奇》[Android]，边锋网络，中国，2017 年。

边锋网络:《三国杀 Online》[browser]，游卡桌游，中国，2008 年。

成都墨龙:《秦美人》[browser]，硬通网络，中国，2012 年。

呈天时空:《诛神 online》[Android]，呈天时空，中国，2012 年。

电魂网络:《梦三国 2》[Windows]，电魂网络，中国，2015 年。

动网先锋:《仙魂》[browser]，腾讯，中国，2013 年。

多益网络:《神武 2》[Android/iOS]，多益网络，中国，2016 年。

多益网络:《神武 2》[Windows]，多益网络，中国，2015 年。

广州爱游:《神魔仙界》[browser]，4399 等，中国，2012 年。

广州菲音:《凡人修真》[browser]，4399，中国，2010 年。

广州九娱:《龙将》[browser]，37 游戏，中国，2011 年。

广州酷游:《青云志》[browser]，9377，中国，2016 年。

广州盈正:《yy 三国》[Java]，广州盈正，中国，2008 年。

杭州乐港:《热血三国 3》[browser]，乐都网、哥们网、XY 游戏、9377，中国，2016 年。

胡莱游戏:《胡莱三国 2》[Android/iOS]，互爱互动，2017 年。

华多网络:《百战天下》[browser]，YY 游戏，中国，2014 年。

欢瑞世纪:《神墓 online》[Android]，欢瑞世纪，中国，2013 年—2016 年。

灰烬游戏:《剑侠 online》[Symbian]，灰烬游戏，中国，2010 年。

吉比特:《乱战》[browser]，吉比特，中国，2012 年。

吉比特:《问道》[Windows]，光宇华夏，中国，2006 年。

极光工作室:《传奇霸业》[browser]，尚趣玩网络，中国，2014 年。

巨人网络:《仙侠世界》[Windows]，巨人网络，中国，2013 年。

巨人网络（征途网络）:《征途》[Windows]，巨人网络（征途网络），中国，2006 年。

巨人网络（征途网络）:《征途 2》[Windows]，巨人网络（征途网络），中国，2010 年。

君游网络:《花千骨》[browser]，三七互娱，中国，2015 年。

骏梦网络:《秦时明月》[Android]，触控科技，中国，2014 年。

骏梦网络:《新仙剑奇侠传 online》[browser]，骏梦网络、360 游戏中心，中国，
    2011 年。

空中猛犸：《封神 online》[Android/iOS]，空中猛犸，中国，2009 年。

昆仑万维：《昆仑世界》[browser]，昆仑万维，中国，2009 年。

昆仑万维：《三国风云》[browser]，昆仑万维，中国，2008 年。

昆仑万维：《武侠风云》[browser]，昆仑万维，中国，2009 年。

蓝港在线：《飞天西游》[browser]，4399，中国，2009 年 -2013 年。

蓝港在线：《蓝港在线三国演义》[browser]，9511、1773、欢乐园游戏，中国，2012 年。

乐港科技：《热血三国》[browser]，乐都网、4399 游戏、91wan，中国，2008 年。

猫扑游戏：《天书奇谈》[browser]，千橡网景，中国，2008 年。

麒麟游戏：《成吉思汗》[Windows]，麒麟游戏，中国，2008 年。

麒麟游戏：《成吉思汗 2》[Windows]，麒麟游戏，中国，2010 年。

麒麟游戏：《画皮 2》[Windows]，麒麟游戏，中国，2012 年。

青果灵动：《仙纪》[browser]，趣游科技，中国，2012 年。

青云互动：《大主宰》[browser]，趣游时代，中国，2015 年。

趣乐多：《西游之路》[browser]，西游网，中国，2017 年。

拳头游戏：《英雄联盟》[Windows]，腾讯，中国，2011 年。

人人游戏：《名将传奇》[Android/iOS]，人人游戏，中国，2012 年。

锐战网络：《傲视天地》[browser]，锐战网络，中国，2010 年。

上海晨路：《武林三国》[browser]，九维网，中国，2008 年。

上海晨路：《武林英雄》[browser]，九维互动，中国，2008 年。

上海火溶：《啪啪三国》[Android/iOS]，飞流九天，中国，2013 年。

上海江游：《街机三国》[browser]，上海江游，中国，2013 年。

上海乐宝：《飞天 online》[Java]，上海乐宝，中国，2009 年。

上海旗开：《武林传奇 2》[browser]，游戏盒，中国，2010 年。

深蓝创娱：《九州 online》[Java]，深蓝创娱，中国，2012 年。

深圳墨麟：《风云无双》[browser]，硬通网络，中国，2014 年。

深圳墨麟：《战龙三国》[browser]，动网先锋，中国，2012 年。

盛大游戏（盛趣游戏）：《传奇》[Windows]，盛大游戏（盛趣游戏），中国，2001 年。

盛大游戏（盛趣游戏）：《传奇世界》[Windows]，盛大游戏（盛趣游戏），中国，2003 年。

盛大游戏（盛趣游戏）：《传奇世界 2》[Windows]，盛大游戏（盛趣游戏），中国，2012 年。

盛大游戏（盛趣游戏）:《传奇世界手机版》[Android/iOS]，盛大游戏（盛趣游戏），中国，2012 年。

盛大游戏（盛趣游戏）:《风云》[Windows]，盛大游戏（盛趣游戏），中国，2006 年。

盛大游戏（盛趣游戏）:《悍将传世，传世手机版》[Android/iOS]，盛大游戏（盛趣游戏），中国，2012 年。

盛大游戏（盛趣游戏）:《星辰变》[Windows]，盛大游戏（盛趣游戏），中国，2011 年。

盛大游戏（盛趣游戏）:《纵横天下》[Android/iOS]，盛大游戏（盛趣游戏），2016 年。

搜狐畅游:《鹿鼎记》[Windows]，搜狐畅游，中国，2011 年。

搜狐畅游:《天龙八部》[Windows]，搜狐畅游，中国，2007 年。

搜狐畅游:《天龙八部 2》[Windows]，搜狐畅游，中国，2010 年。

搜狐畅游:《天龙八部 3d》[Android/iOS]，搜狐畅游，中国，2014 年。

搜狐畅游:《新天龙八部》[Windows]，搜狐畅游，中国，2013 年。

随手互动:《大宋豪侠》[Symbian/Java]，随手互动，中国，2007。

腾讯:《天涯明月刀》[Windows]，腾讯，中国，2016 年。

腾讯:《王者荣耀》[Android/iOS]，腾讯，中国，2015 年。

天津猛犸:《天劫》[Java]，空中网，中国，2009 年。

天神互动:《傲剑》[browser]，厦门趣游，中国，2011 年。

天神互动:《苍穹变》[browser]，腾讯，中国，2013 年。

天神互动:《凡人修仙传》[Android/iOS]，乐逗游戏，中国，2017 年。

天神互动:《飞升》[browser]，腾讯，中国，2012 年。

完美时空（完美世界）:《武林外传》[Windows]，完美时空（完美世界），中国，2006 年。

完美时空（完美世界）:《诛仙》[Windows]，完美时空（完美世界），中国，2007 年。

完美时空（完美世界）:《诛仙 2》[Windows]，完美时空（完美世界），中国，2007 年。

完美世界:《青云志》[Android/iOS]，完美世界，2016 年。

完美世界:《三分天下》[Android/iOS]，完美世界，中国，2015 年。

完美世界:《神雕侠侣》[Android/iOS]，完美世界，中国，2013 年。

完美世界:《笑傲江湖》[Windows]，完美世界，中国，2013 年。

玩蟹科技:《大掌门》[Android/iOS/PC 模拟器]，玩蟹科技，中国，2015 年。

网圣腾飞:《泡泡西游》[Android/iOS]，网圣腾飞，中国，2017 年。

网易:《梦幻西游》[Windows]，网易，中国，2003 年。

网易:《天下贰》[Windows]，网易，中国，2009 年。

网易雷火:《大话西游》[Android/iOS]，网易，中国，2015 年。

网易雷火:《梦幻西游手游》[Android/iOS]，网易，中国，2015 年。

网易盘古:《天谕》[Windows]，网易，中国，2015 年。

网游网络:《霸刀》[browser]，糖豆游戏，中国，2016 年。

维尔福:《Dota 2》[Windows]，完美世界，中国，2013 年。

西山居:《剑侠情缘网络版叁》[Windows]，西山居，中国，2009 年。

西山居:《剑侠世界》[Windows]，西山居，中国，2008 年。

厦门大黑:《天书残卷》[browser]，1773 等，中国，2015 年。

厦门大黑:《万世》[browser]，哥们网、厦门大黑，中国，2014 年。

厦门光环:《神仙道》[browser]，心动游戏，中国，2011 年。

翼逗网络:《三国之刃》[Android/iOS]，腾讯，中国，2014 年。

逸友网络:《三国志 2017》[iOS]，逸友网络，中国，2017 年。

游久时代:《君临天下》[Android/iOS]，游久时代，中国，2015 年。

游卡网络:《三国杀手机版》[Android/iOS]，游卡网络，中国，2011 年。

游卡网络:《三国杀 web》[browser]，游卡网络，中国，2010 年。

游刃互动:《决战天下》[browser]，游刃互动，中国，2012 年。

游戏谷:《七雄争霸》[browser]，腾讯，中国，2010 年。

游戏蜗牛:《九阴真经》[Windows]，游戏蜗牛，中国，2012 年。

游族网络:《大侠传》[browser]，游族网络，中国，2012 年。

游族网络:《萌江湖》[Android/iOS]，游族网络，中国，2013 年。

掌上明珠:《明珠三国》[Symbian/Java]，掌上明珠，中国，2009 年。

掌上明珠:《明珠轩辕》[Android/iOS]，掌上明珠，中国，2011 年。

掌上明珠:《武林 online》掌上明珠 [Wap]，掌上明珠，中国，2012 年。

4399 游戏:《七杀》[browser]，4399 游戏，中国，2013 年。

9377 游戏:《赤月传说 2》[browser]，9377 游戏，中国，2016 年。

2. 其他参考游戏

Blizzard Entertainment. (2004—). *World of Warcraft*. [Windows], Blizzard Entertainment, U.S.A.

Blizzard Entertainment. (2016—). *Overwatch*. [Windows], Blizzard Entertainment, Global.

Climax Studios. (2015—). *Assassin's Creed Chronicles: China*. [Windows], Ubisoft, Global.

NCsoft:《剑灵》[Windows]，腾讯，中国，2014 年。

冰川网络:《九州 OL》[Windows]，冰川网络，中国，2012 年。

光荣:《百万人的三国志》[Windows]，光荣，日本，2010 年。

光荣:《三国志》[PC-88]，光荣，日本，1985 年。

光荣:《三国志 Online》[Windows]，光荣，日本，2008 年。

光荣特库摩:《真·三国无双》[PS2]，光荣特库摩，日本，2000 年。

杭州乐港:《热血三国》[browser]，乐都网、4399 游戏、91wan，中国，2008 年。

网易:《天下叁》[Windows]，网易，中国，2016 年。

专题四
前沿与创新

数字化转型下的中国文化产业：虚拟现实内容生产与商业创新

The Digital Shift of China's Cultural Industries: Virtual Reality Content Production and Business Innovation

单羽[*] 文

Yu Shan, Queensland University of Technology

摘　要

　　自 2016 年"数字文化产业"首次出现在我国政府报告中以来，以虚拟现实（VR）为代表的数字技术逐渐引起我国创意人才的兴趣。一方面，我国关于 VR 的科研与投资焦点都还处于"重技术而轻内容"的历史阶段；另一方面，VR 凭借着自身特有的沉浸与互动体验，在近几年的创意实践中逐步打破了游戏、戏剧、电影、直播等传统内容（艺术）类型的边界。因此，关于我国 VR 内容创作人才的实证研究显得尤其必要。本文立足中国本土，以扎根理论为理论框架，透过深度访谈、参与式观察、二手资料等得来的多方数据，主要讨论了我国 VR 内容的创作主体、创作环境以及数字内容生产可持续发展的问题。最后，本文指出，为实现我国文化产业在国际社会中长期

---

* 单羽，同济大学人文学院博士后，昆士兰科技大学数字媒体研究中心博士。她的博士论文主要探讨了虚拟现实技术在中国文化产业中的应用与实践。她的研究兴趣包括沉浸式技术、草根创新、社会想象和文化创意。

且稳定的发展，社会各界应加大对内容创意以及创意内容生产者的保护与支持。

关键词：虚拟现实；数字内容生产；媒介融合；创新；文化产业

Abstract

Ever since the term "digital cultural industries" first appeared in the Chinese government report in 2016, digital technologies such as Virtual Reality (VR) has gradually attracted the attention of China's creative talents. Nonetheless, the focus of China's research and industries on VR is still situated in the historical stage of "valuing technology but underestimating content". In recent years, on the other hand, VR has gradually disrupted the boundaries of traditional content (art) types, including games, dramas, movies, and live broadcasts, thanks to VR's exclusive immersive and interactive experiences. Therefore, it is necessary to conduct empirical research to examine how China's content creators employ VR to conduct creative practice. This article adapts grounded theory as the research methodology. The source of data in this study includes in-depth interviews, participated observation, and secondary data. Finally, this article points that China should enhance protections and support to local creative content and creative content producers to realize long-term, sustainable development of China's cultural industry in the global environment.

Keywords

Virtual Reality; digital content production; media convergence; innovation; cultural industries

引 言

近年来，随着互动电影式游戏与互动式电影①兴起，游戏和电影的边界逐渐模糊，这也为文化产业等相关领域的学术讨论带来了挑战。以 2019 年由我国独立游戏工作室 New One Studio 推出的互动电影式游戏《隐形守护者》为例，该游戏以"重剧情与多线性叙事"出名——玩家在游戏中作出的选择会影响游戏的剧情发展。这样的互动娱乐形式也出现在了影视剧中。以 2018 年由网飞（Netflix）出品的独立单元剧《黑镜：潘达斯奈基》（*Black Mirror: Bandersnatch*）为例，该剧所采取的叙事结构和互动电影式游戏如出一辙，即二者都需要观众在看剧时不断为主角的行为作出主动的选择，从而推进剧情的走向。因此，所谓的"互动式电影"或"互动电影式游戏"之间的关系如同"双胞胎"：尽管二者在命名方面有所差异，但它们内在的内容运转逻辑与叙事结构如出一辙。正如美国媒体学者亨利·詹金斯（Henry Jenkins）在《媒介融合的文化逻辑》一文中强调的一样："媒介融合所描述的并非是简单的技术层面转型，这种融合实际上也正在影响技术之间、产业之间、市场之间、艺术形式之间以及观众之间的关系。"②而 VR 技术的介入，为该理论的进一步延伸与发展提供了潜在且丰富的实证经验。在 VR 和动作捕捉技术辅助下，穿戴 VR 设备的受众其身份首先发生了跨界与融合。因为他们在所处空间里的一举一动都将被实时记录在虚拟现实内容中，因此，受众既是被动的内容接受者，又是积极的内容创作者。与此同时，他们不仅在"观看"剧情，也在用行动影响剧情，因而他们既是观众也是玩家。于是，此

---

① 互动电影式游戏或互动式电影，主要指由于某些沉浸式技术的介入，导致用户（或观众）在体验数字内容过程中自主性得到大幅度提升，从而使得传统意义上的游戏和戏剧（或影视）之间的界限发生模糊的艺术类型。具体概念可参考 Vosmeer, M. & Schouten, B. (2014, November). Interactive Cinema: Engagement and Interaction. In *International Conference on Interactive Digital Storytelling*. Springer, Cham.

② 详情请见 Jenkins, H. (2004). The Cultural Logic Of Media Convergence. International Journal of Cultural Studies, 7(1), p.33.

类 VR 内容既可以被理解为是一部戏剧，也可以被理解为是一场游戏。然而，和强调沉浸与互动体验的 VR 内容本身相比，本文更加关注创作 VR 内容的创意生产者以及他们的创作环境。

自《第十三个五年规划纲要》①（后简称"十三五"）发布以来，以虚拟现实、人工智能、大数据为代表的文化产业新业态在我国逐步受到社会各界广泛且持续的关注。中央及地方政府在政策层面对虚拟现实等技术的持续支持（如《关于加快推进虚拟现实产业发展的指导意见》②以及《"十三五"国家信息化规划》③的出台），亦引发了产业和资本对"沉浸式媒体"的兴趣。根据国际数据公司（International Data Corporation，IDC）发布的全球 AR/VR 支出指南④，中国在 2020 年对虚拟现实（VR）以及增强现实（AR）的投资达到57.6 亿美金，成为对沉浸技术投资数额最高的国家。中国市场也因此备受全球 VR 产业的瞩目。这一发展态势符合我国为建设"科技强国"而奋斗的发展战略⑤。然而，在成为真正的"科技强国"之前，我国依旧存在很多亟待解决的实际问题。如何令"硬实力"和"软实力"相得益彰，是正在经历数字化转型的中国文化产业必须要关注的议题之一。本文将以 VR 技术的本土化

---

① 《中华人民共和国国民经济和社会发展第十三个五年规划纲要》，http://www.xinhuanet.com//politics/2016lh/2016-03/17/c_1118366322.htm，2016 年 3 月 17 日。
② 《工信部电子（2018）276 号：工业和信息化部关于加快推进虚拟现实产业发展的指导意见》，http://www.scio.gov.cn/xwfbh/xwbfbh/wqfbh/39595/39765/xgzc39771/Document/1646356/1646356.htm，2018 年 12 月 25 日。
③ 《国发（2016）73 号：国务院关于印发"十三五"国家信息化规划的通知》，http://www.gov.cn/zhengce/content/2016-12/27/content_5153411.htm，2016 年 12 月 15 日。
④ 根据 IDC 提供的数据，从地理维度来看，中国市场的 AR/VR 技术相关投资于 2020 年达到 57.6 亿美元，占比超过全球市场份额的 30%，成为支出规模第一的国家。其次是美国51 亿美元。西欧与日本仅次于中国和美国，分别于 2020 年达到 33 亿美元和 18 亿美元。具体详情可见 IDC：《IDC：全球 AR/VR 支出指南发布，2020 年中国市场规模达 57.6 亿美元》，IDC，https://www.idc.com/getdoc.jsp?containerId=prCHC45738319，2019 年 12 月13 日。
⑤ 习近平：《为建设世界科技强国而奋斗》，新华网，http://www.xinhuanet.com/politics/2016-05/31/c_1118965169.htm，2016 年 5 月 31 日。

应用为案例，试剖析我国数字内容创作者正在采用怎样的战术和战略，应对来自未来与全球的机遇与挑战。

研究背景：中国虚拟现实内容的挑战与机遇

技术层面的推陈出新对数字化转型固然至关重要，然而一味鼓吹技术而轻视创意内容也可能令我国的科技进步陷入低速发展的境遇。这一问题受到越来越多的学者和产业从业人员的关注。以 VR 技术为例，艾瑞咨询在 2016 年发布的《中国虚拟现实行业研究报告》中指出："内容制作，作为整个 VR 行业增加用户吸引力的核心力量，在过去几年中的融资总占比仅为行业总量的 11.4%。"[①] 除此之外，根据 VR 陀螺 2020 年发布的 VR/AR 投融资报告，自 2015 年以来，尽管和 VR/AR 内容相关的融资数量呈逐年递增趋势，但和硬件以及应用类融资相比，VR 内容被投资的比例依旧很低[②]。然而，随着 2020 年新冠疫情的全球大流行，HTC 中国区总裁汪丛青在接受人民网访谈时表示："随着 5G 的发展和硬件技术的成熟，依托 VR 的办公、社交、娱乐和教育也将迎来爆发的机会。"[③] 显然，在 5G 和线上办公需求与日俱增的趋势下，缺乏内容创意的技术创新将难以应对我国巨大的文化消费需求。尽管如此，"重技术轻人文"的观念在我国依旧盛行。它不仅存在于我国虚拟现实产业界，亦广泛存在于我国学术界。比如，以"虚拟现实"为关键词在中国知网搜索相关论文，我们不难发现这样一个现象，即目前国内学术界关于虚拟现实的讨论依旧主要集中于"计算机领域"（占 50% 以上），而关于新闻

---

① 艾瑞咨询：《2016 年中国虚拟现实（VR）行业研究报告》，http://report.iresearch.cn/report/201603/2542.shtml，2016 年 3 月 4 日。

② VR 陀螺：《乍暖还寒，2020 年上半年 VR/AR 行业投融资报告》，搜狐网，https://www.sohu.com/a/406162866_549351，2020 年 7 月 7 日。

③ 人民网：《HTC 汪丛青：5G 时代 VR 产业将迎来爆发新机遇》，http://it.people.com.cn/n1/2020/1109/c1009-31923480.html，2020 年 11 月 9 日。

传播、美术、影视的创意类应用研究比例加在一起也不超过 10%。[①]

因此，近年来我国本土不断涌现出的"先锋式"VR 创意内容作品，尤其值得文化产业学者的关注，如由 VR 内容工作室沙核科技文化（北京）有限公司出品的 VR 真人互动沉浸式戏剧《浮生一刻》（2019 年）以及爱奇艺 VR 出品的《杀死大明星》（2020 年）等。作为一种实验式的数字内容创意，它们的贡献不仅在于填补我国优质虚拟现实内容的空白，更在于它们开创了一种新的视听体验。正如沙核科技文化（北京）有限公司创始人楼彦昕介绍的：未来的叙事方式将是游戏、戏剧、艺术、直播的融合[②]。随着虚拟现实、增强现实等新兴技术的介入，未来的大众娱乐将逐渐呈现"跨界融合"的趋势。这里所谓的"跨界融合"不仅局限于平台、产业、技术与受众之间，亦体现于艺术类型的融合[③]。而虚拟现实技术不仅让我们看到虚拟与现实、沉浸与互动之间融合的可能，亦令我们看到游戏与戏剧、动画、电影、影视剧融合的可能。

因此，扎根于我国本土的虚拟现实内容生产实践尤其值得文化产业学者的关注与讨论。是谁在创作这些优质的虚拟现实内容？他们的创作环境是怎么样的？他们如何在这样的创作环境下持续发展？结合 2019 年本文作者在北京、深圳、青岛以及昆明四地长达 4 个月的田野调查，以及与 44 位 VR 产业的从业人员长达十六个月（从 2019 年 6 月到 2020 年 10 月）的深度访谈，本文将分别对上述三个问题进行解释和讨论。

---

① 该数据来源于中国知网，采集路径为以"虚拟现实"为关键词在中国知网搜索中文论文的量化统计，采集时间为 2020 年 7 月 10 日。

② 该观点最早出现在娄彦昕的社交媒体账户，这里的引用已经得到他本人的授权。

③ 美国媒体学者亨利·詹金斯曾提出"媒介融合"（Media Convergence）理论。具体可参考 Jenkins, H. (2004). The Cultural Logic of Media Convergence. *International Journal Of Cultural Studies*, 7(1), 33–43.

理论框架与研究方法：媒介融合与中国文化产业的"数字化转型"

当前中国的 VR 内容制作公司还未形成规模，且分布也相对分散，本文因此选择了定性的研究范式对数据进行采集和分析。首先必须要说明的是，尽管本文是与 VR 技术相关的学术研究，且采集的大部分数据都围绕着 VR 技术在中国的落地与应用，但实际上本研究的侧重点是理解中国文化产业的数字化转型，而非 VR 技术本身。即便关于 VR 的话题贯穿了全文始终，但 VR 在本文的价值更多的是体现在其符号意义层面，而非技术层面。因此，本文的主要目标是透过 VR 在我国本土化应用过程中的所衍生出的现象，来理解扎根于我国本土的创意人才在使用新兴数字技术过程中所面临的机遇与挑战。

鉴于 VR 对于我国的文化产业而言依旧是相对前沿的技术，本文采用扎根理论的研究路径收集和分析取得的田野调查数据。扎根理论作为一种研究方法，是指一种从研究问题出发，扎根于原始数据，从中发展出相应理论来解释存在于真实世界中的现象的研究过程。与传统的研究方法相比，扎根理论强调在研究过程中发现新的理论，而不是从固有的理论出发解释现象[①]。本文立足中国的文化产业，试回答如下问题：数字化技术的兴起对中国的创意人才带来了怎样的影响？这种影响又将如何影响中国文化产业的未来走向？

本文的数据主要来自三个方面，包括深度访谈、参与式观察以及来源可靠的二手资料。在访谈数据方面，本文作者共访谈了 44 位扎根于我国本土的从事 VR 相关工作的各类创意人才。其中，访谈内容主要围绕创意人才在我国的各类 VR 实践，访谈时长一般为 1—2 个小时。这里的创意人才包括 VR 内容创作者、VR 内容销售者以及从事 VR 或者文化产业相关教研的学术工作者。第二部分数据来自本文作者于 2019 年走访北京、深圳、青岛与昆明这四个内地城市的参与式观察。其中，本文作者曾走访的企业包括腾讯、

[①] 可参考 Glaser, B. & Strauss, F. (2017). *Discovery of Ground Theory: Strategies for Qualitative Research*. Routledge, pp.13–15.

完美世界以及华强方特等多家国内一线数字娱乐内容公司，以及沙核科技文化（北京）有限公司（Sandman Studios，后文简称"沙核科技"）和平塔工作室（Pinta Studios）等 VR 内容公司。为了进一步了解中国 VR 内容生产者的工作环境，作者曾以核心志愿者的身份参与 2019 年青岛国际 VR 影像周的活动。青岛的工作经历也为本项目收集众多有效的数据提供了帮助。最后，我国政府历年发布的与 VR 相关的报告、第三方机构发布的产业数据以及学界与媒体从业人员发表的相关文章，也是本文的另一辅助数据来源。

因此，本文的实证数据主要来自：一，44 位专业人士的访谈记录；二，参与式观察记录；三，包括政策、企业报告、产业数据在内的二手资料。为了尽可能客观地对数据进行比对、分析和总结，本文从"身份境况"、"创作境况"以及"发展境况"三个方面对数据进行了编码和分析。接下来，本文将按照这三个主题分别对数据进行陈述和分析。

身份境况："他们"是谁？

在"大众创业，万众创新"的背景下，上到科技巨头下至草根创业者都曾以不同的形式参与中国 VR 技术的"狂欢"。其中，与中国 VR 行业相关的里程碑事件大都发生于 2016 年。首先，以索尼、脸书（Facebook）以及 HTC 为代表的国际科技巨头在 2016 年先后推出消费级的 VR 头显设备。这些消息如"兴奋剂"一般激活了全球 VR 娱乐市场，中国也不例外。从 2016 年开始，"虚拟现实"一词反复出现在政府发布的各项报告中。同年 9 月，VR 被文化部（现文化与旅游部）写入《关于推动文化娱乐行业转型升级的意见》，并提出"鼓励游戏游艺设备生产企业积极引入体感、多维特效、虚拟现实、增强现实等先进技术，加快研发适应不同年龄层，益智化、技能化和具有联网经济功能的游戏游艺设备"[1]。这意味着，无论在技术层面还是内

---

[1] 《文化部全面启动文化娱乐行业转型升级》，http://www.gov.cn/xinwen/2016-09/22/content_5110939.htm，2016 年 9 月 22 日。

容层面，VR 在 2016 年里都得到了我国政府的重视。为响应这一政府号召并顺应市场趋势，国内以百度、阿里巴巴、腾讯（三者合称 BAT）为首的科技（娱乐）公司也分别在 2016 年前后以不同形式加入 VR 赛道。比如，腾讯在 2015 年年底便公开了一项名为"VR 游戏生态战略"的计划[①]。除了致力于 VR 相关产品的开发，BAT 的身影也频繁出现在全球虚拟（增强）现实产业的创投领域。平塔工作室和沙核科技作为国内第一批尝试自主开发 VR 内容的独立工作室，也是在这样的现实背景下相继成立的。如今，这两家 VR 工作室分别创作的如《拾梦老人》（2017 年）和《地三仙》（2018 年）等多部 VR 沉浸式互动作品已入选第 74 届与第 75 届威尼斯国际电影节的 VR 单元[②]。在政府、科技巨头以及初创企业的共同协力下，2016 年普遍被认为是中国的 VR 元年。

政府的鼓励政策与头部科技公司的积极参与也激发了满怀创业热情的"VR 创客"们。伴随"创客运动"与"大众创业，万众创新"热潮的出现，VR 也在 2015 年前后成为国内众多"淘金者"的追捧对象。根据艾瑞咨询在 2016 年发布的《中国虚拟现实（VR）行业研究报告》统计，从 2014 年到 2016 年中国的虚拟现实线下体验店总共开设了 2000 余家[③]。尽管这个数据并不十分精确，但廉价版的 VR 头显设备一度风靡深圳华强北的电子市场却是不争的事实。据前华强北创吧咖啡创始人郝云慧介绍：

---

① 游戏陀螺：《腾讯 VR 大战略曝光：设备、生态、SDK、商业分成、开发者分级及支持计划》，https://www.youxituoluo.com/104209.html，2019 年 5 月 27 日。

② 和平塔工作室和沙核科技是两家北京的虚拟现实内容工作室，它们均成立于 2016 年。尽管这两家工作室成立时间不长，但其 VR 内容曾多次在海内外电影节中获奖。除了本文提到的两部分别由和平塔工作室和沙核科技创作的 VR 内容《拾梦老人》（2017 年）和《地三仙》（2018 年），它们还有多部其他作品曾多次获得海内外大奖。详情可见这两家工作室的官网网站：http://www.pintastudios.com（和平塔工作室）、http://www.sandmanvr.com（沙核科技）。因此，这两家工作室的内容创意人员也是本文重点参与式观察和访谈的对象。

③ 艾瑞咨询：《2016 年中国虚拟现实（VR）行业研究报告》，http://report.iresearch.cn/report/201603/2542.shtml，2016 年 3 月 4 日。

2015 年，赛格广场一楼的商位里，几乎家家都在卖 VR 盒子。华强北街边的那些小店也是。各式各样的 VR 盒子里，有纸壳做的（眼镜），也有塑料做的。有的 VR 眼镜不仅可以看 3D 视频，还可以配合枪支玩具玩些简单的射击游戏。①

然而，这场属于华强北的"VR 神话"注定不会走得特别远。后来，VR 眼镜在华强北市场全面遭遇滑铁卢，如同时代缩影一般映衬着我国早年因缺乏创新精神而使得科技行业发展受到制约的事实。

在这场属于中国的 VR "热潮"中，我们不难发现政府、科技巨头以及草根创业者的身影。然而，当回到本文提出的第一个问题——是谁在创作优质的虚拟现实内容时，我们发现，那些真正扎根于本土 VR 内容创作的"他们"不是政府，不是科技巨头，更不是以"华强北创客"为代表的投机者们，而是以平塔工作室和沙核科技为代表的独立内容工作室。在走访沙核科技的过程中，该公司创始人楼彦昕曾提到：

> 中国需要一个能够整合技术、硬件和内容的 VR 平台，否则（VR）硬件厂商很难有销路，没有内容的硬件就只能放着。但是我不知道谁可以做这个联盟。我觉得，按理说这个事情应该是腾讯之类的大平台来做。要知道，我能做的只是一小部分内容引进的工作。大规模的（VR内容引荐）是需要去广电申请到资质才可以做。但这样的要求，是我们这种独立工作室没办法做到的。②

从楼彦昕的介绍中，可以看到扎根于我国本土的"草根创业者"对 VR 事业的热忱，同时也能感受到他们对当前现实环境的无奈。

---

① 摘自与 D 在 2020 年 7 月 12 日的访谈记录。
② 摘自与楼彦昕于 2019 年 7 月的访谈记录。

在从政府、科技巨头以及初创企业的角度出发，对中国早期 VR 行业进行了概括性地回顾后，我们既能发现抬头仰望"月亮"的理想主义（如平塔和沙核工作室），也能看到弯着腰迫切捡起地上"六便士"的现实主义（如华强北）。谁将带领中国 VR 内容生态开辟出一条新的道路？这条新道路又将带领中国数字文化产业走向何方？在回答以上问题之前，也许我们更需要考虑这样一个问题：如果依靠粘贴复制他人的创意就可以轻易地获得不菲的经济利益，那为何还要鼓励创新？或者说，中国 VR 行业的发展需要怎样的创新？

创作境况："他们"在怎样的环境下创作？

正如 2016 年被公认为是中国 VR 元年一样，2017 年也普遍被业内人士称作 VR 寒冬。关于寒冬的说法，不仅体现于华强北市场里销量直线下滑的山寨 VR 盒子，也体现在国内部分 VR 企业的裁员和倒闭风波 [1]。比如，已在 2016 年完成 B 轮融资的暴风魔镜就是代表之一。据 36 氪报道，有接近一半的暴风魔镜员工在 2016 年年底面临被辞退的压力 [2]。除了暴风魔镜，国内的其他大型科技公司对 VR 的热情也在 2017 年后逐渐退却，比如腾讯在 2015 年所对外公布的腾讯 VR SDK 以及开发者支持计划，先是小范围地在 2017 年宣布延期，再后来便直接"不了了之"。腾讯在 2015 年上线的 VR 官网"vr.qq.com"如今也已不见踪影。VR 行业在 2017 年遭遇的寒冬，或可被看

---

[1] 本文作者在 2019 年回国调研过程中，反复听到受访者提到的一大关键词即为 2017 年的"VR 寒冬"。VR 在中国之所以会进入寒冬的原因，主要是因为 2016 年的 VR 行业中充斥着太多的"投机者"。投机者因为不了解 VR 这个行业，盲目对这一领域进行投资，从而导致 2017 年的资本泡沫破碎。关于这一点，可见由 VR 陀螺整理的"VR 寒冬"专题系列报告：https://www.vrtuoluo.cn/tag/ 资本寒冬。然而，也有 VR 企业称 2017 年是中国 VR 的一个新的开始，比如 HTC。

[2] 卢晓明：《暴风魔镜大规模裁员，是自身硬伤还是 VR 泡沫将破？》，36 氪，https://36kr.com/p/1721222070273，2016 年 10 月 24 日。

作是 VR 在中国盲目发展后的一次修正。当回忆起这场"VR 寒冬"时，国内某知名 VR 巨头公司员工 L（化名）说：

> 很多人当时对 VR 行业都高估了，所以 VR 才会短时间内在中国聚集起那么多的泡沫。而实际上我们需要一点时间来认识这个行业。与其说 2017 年是 VR 寒冬，不如说那时候的 VR 行业进入到了一个平缓期。VR 泡沫的破碎教育了行业内的一批人。当时被淘汰的企业可能本身就不属于 VR 这个领域，而扎根于 VR 行业的企业实际上并不会因为寒冬而离场。①

在和其他 VR 内容创作者的交谈中，作者发现 L 的观点被不断地印证和重复着。比如，在大环境对 VR 行业并不友好的情况下，一些 VR 内容创作者并没有因为严峻的创作环境而放弃自己的初心。在一次与平塔工作室创始人雷铮蒙以及沙核工作室创始人楼彦昕的交谈中，他们就曾反复提到在国内做 VR 内容开发所面临的种种困境。雷铮蒙说：

> 因为 VR 内容市场规模较小，国内依旧坚持做 VR 内容开发的团队应该没有几家了。在商业模式以及国家相关政策都不明朗的情况下，能够坚持做（VR 内容）一年或两年的团队也许纯凭爱好驱动。如果想坚持更久，那么团队成员就注定要承受来自外界的更多压力。②

在举步维艰的市场环境下，VR 内容创作者实际上很难专注在内容开发本身上。楼彦昕在访谈中曾提到一段自己的经历。作为公司创始人的他说：

---

① 摘自与 L（受访者要求化名），2019 年 4 月 6 日的访谈记录。
② 摘自与雷铮蒙 2019 年 7 月的访谈记录。

在协助筹备一家 VR 线下体验店时，从内容开发到项目落地，我除了最后没有亲自去现场看店，其他环节所涉及的所有工作我几乎都做过。[①]

而这种现象在 VR 内容初创企业中也很常见，VR 线下大空间品牌游幕（YOMOV）的创始人刘力权也曾在访谈中回忆自己和同事的工作经历：

只睡三四个小时，每天加班几乎是我们的常态。比如我的同事 MZ（化名），她一个人就要负责整个门店的装修、图纸规划、施工人员的管理等等运营工作。[②]

根据美国科技网站"技术之声"（TechCrunch）在 2018 年公布的数据，尽管 2017 年的全球 VR/AR 投资交易数量较 2016 年出现明显减少的趋势，但实际上 2017 年全球资本在 VR/AR 领域所交易的总投资额度几乎与 2016 年持平[③]。因此，与其说 2017 年是 VR 寒冬，不如说它是一次"优胜劣汰，适者生存"的行业调整。对于一直以创新和创意为核心竞争力的 VR 企业而言，2017 年依旧充满机遇。比如平塔工作室就在 2017 年对外宣部完成了他们第一个千万级的 Pre-A 轮融资[④]。

VR 泡沫在中国的破碎，凸显了 VR 被盲目追捧后可能存在的风险与弊端。同时，它也证明了创新精神在 VR 行业发展过程中的高价值与必要性。尽管部分 VR 公司在泡沫覆灭后生存了下来，但它们接下来必须接受生存与

[①] 摘自与楼彦昕于 2019 年 7 月的访谈记录。

[②] 摘自与刘力权于 2020 年 1 月的访谈记录。

[③] Glasner, J. (2017, December 3). *Virtual Reality Gets Its Groove Back*. https://techcrunch.com/2017/12/02/virtual-reality-gets-its-groove-back/.

[④] IT 桔子：《Pinta Studios 获得千万级人民币 Pre-A 轮融资》，《IT 桔子》，https://www.itjuzi.com/investevent/36341，2017 年 9 月 21 日。

发展的双重挑战。面对还远不成熟的中国 VR 消费市场，创意阶层必须辗转徘徊于商业回报与创作自由的矛盾之间。它们在谋求可持续发展的过程中所衍生出的一系列创新策略，是本文接下来探讨的重点。

发展境况："他们"如何实现可持续发展？

经济学家约瑟夫·熊彼得（Joseph Alois Schumpeter）曾指出，自发形成的企业家精神在以市场为导向的经济发展过程中发挥着十分重要的作用，正是这种企业家精神与商业创新存在着密切的联系[①]。从华强北的案例中不难发现，创业者的价值取向对 VR 行业的发展起着至关重要的作用。VR 传入中国后所引发的热潮，无疑为整个行业带来了巨大的泡沫。然而，泡沫破碎之后，也许更值得我们思考的不再是泡沫本身，而是中国的创意阶层须采取怎样的策略应对来自生存与发展的危机。

1. 以外包业务为主要收入来源

尽管将目标市场从还未成熟的 C 端（消费者市场）调整到规模相对较小但收入稳定的 B 端（企业端市场）和 G 端（政府）市场是现阶段 VR 内容公司的常态，但实际上这种调整对多数 VR 公司来说仅是缓兵之计，"为 C 端市场时刻准备着"的诉求依旧贯穿 VR 商业逻辑的始终。以诺亦腾科技有限公司为例，作为成立于 2012 年的 VR 公司，该公司在资本环境并不乐观的 2017 年完成了 C 轮融资。诺亦腾之所以可以取得这样的成就，不仅源于它在动作捕捉（motion capture）方面的技术创新优势，也源于公司从一开始就非常清晰的商业策略，即优先发展 B 端和 G 端业务，再考虑 C 端业务。据诺亦腾海洋科技研究院研究员郭瑢介绍：

[①] 详情可参考 Schumpeter, J. A. (1991). *Essays: On Entrepreneurs, Innovations, Business Cycles, And The Evolution Of Capitalism*. Transaction Publishers, pp. xxx–xxxi。

诺亦腾的核心竞争力是专利技术。这是帮助诺亦腾抵御来自外部变化的根本。诺亦腾因此也获得了来自业界和政府的肯定和支持。我们（诺亦腾）在过去几年里，不仅协助完成了像《权力的游戏》这样高质量的影视作品，也同政府合作了很多 VR 项目，比如协助北京西城区举办了关于京剧和党员教育的一系列社区活动。尽管我们一直对 C 端市场的文化板块非常感兴趣，但鉴于一些来自外部环境的限制，我们目前还是以服务 B 端和 G 端市场为主。①

在市场定位的问题上，诺亦腾几乎代表了近年国内大多数 VR 企业的选择与愿景。在 C 端市场不成熟的前提下，定制化的外包式业务几乎成为帮助 VR 企业度过生存危机的救命稻草。尽管这样的市场策略非常普遍，但实际上对外包业务的依赖在某种程度上也限制了 VR 内容公司在创意与创新层面的发挥。比如在访谈楼彦新时，他表示：

我们不排斥 B 端的业务，但不是所有的 B 端项目都会接。比如地产类的项目对我们来说性价比就不高。除了经济上的收益，这类业务对工作室的发展不产生什么真正意义上的价值。而未来我们会接（受）的 B 端业务需要具备两个特点：一，它是否可以提高工作室的团队能力；二，从 B 端项目中取得的经验成果是否可以在未来我们自己的计划中被复用。②

与此同时，他也表示了对外包业务的警惕与担忧："如果工作室长期为 B 端市场服务，就会丧失对 C 端市场的敏感度。这将是得不偿失的。"③

---

① 摘自与郭瑢于 2019 年 6 月的访谈记录。
② 摘自与楼彦昕于 2019 年 7 月的访谈记录。
③ 摘自与楼彦昕于 2019 年 7 月的访谈记录。

2. 从线上到线下：大空间市场再次崛起

据德国统计公司 Statista 的一项调查显示，从 2017 年 8 月到 2018 年 11 月，约有 55% 的受访对象表示 VR 头盔价格昂贵是阻碍他们购买 VR 设备的主要原因[①]。与此同时，国际数据集团 IDC 在报告中预测："2019 年 VR 游戏市场将增长 75%，线下体验店游戏收入占比整体 VR 游戏收入超过八成。优秀的 VR 游戏将拓展到体验店，体验店下沉又将带来更多潜在用户。"[②] 实际上，线下体验店对中国的 VR 行业来说并不陌生，据中国 VR 网在 2016 年的新闻报道，我国在早年（2016 年前后）曾拥有超过 3000 家的 VR 线下体验店。众多 VR 从业人员也在该文中表示，其中接近七成的 VR 体验店不具备成熟的商业模式，其空间形态也以 10—50 平方米的小型 VR 蛋椅店铺为主[③]。因跟风而起却并不具备成熟运营能力的小型 VR 空间就成为了 VR 寒冬中最先被淘汰的对象。

在此之后，Veer VR 与爱奇艺 VR 等线上平台开始成为国内 VR 内容的主流分发渠道。小型 VR 蛋椅模式从 2019 年开始不再是 VR 线下体验店争相追捧的对象。取而代之的是面积更大、内容和体验更为丰富的升级版 VR 线下大空间。比如，开设在北京王府井大街上的 So Real 虚拟现实主题乐园，仅占地就约为 3000 平方米。除此之外，该体验店除了提供众多 VR 体验之外，也为顾客提供餐饮、拍摄、团建等服务。VR 陀螺就曾在 2019 年发表了一篇名为《是什么造就了 2019 年 VR 大空间体验的"火爆"》的行业报告，该报告总结了 2019 年后包括阿里巴巴、云游控股、爱奇艺 VR、诺亦腾以及数字王国等公司对 VR 线下大空间的重视和投入，并得出 VR 领域线下市场

---

① McCarthy, N. (2019, March 26). *Familiarity With VR Increases But Cost Remains A Hurdle*. https://www.statista.com/chart/17482/share-of-americans-familiar-with-vr-and-perceived-barriers-to-adoption/.

② 梅岭：《IDC 发布 2019 年 VR/AR 市场 10 大预测》，《中国质量万里行》2019 年第 3 期，第 77 页。

③ VR 网：《VR 线下体验店面临洗牌 3000 家体验店何去何从》，https://www.hiavr.com/news/detail/9708.html，2016 年 8 月 11 日。

比线上市场更成熟的结论①。

对于 VR 行业而言，硬件普及率与 VR 内容生态之间的关系是类似于"先有鸡还是先有蛋"的世纪难题。一方面，VR 硬件的低普及率必然不利于 VR 内容在 C 端市场的商业变现；另一方面，VR 内容的匮乏也导致 C 端市场对 VR 硬件市场的消费动力不足。面对这样的两难局面，本小节主要讨论了前者，即如何实现快速变现的商业问题。商业变现能力固然重要，然而值得注意的是，商业变现没办法从根本上解决 VR 内容匮乏的问题。这也是沙核科技创始人娄彦新在访谈中表示"B 端和 G 端业务对工作室发展无真正意义价值"的主要原因。在解决了企业"温饱问题"后，如何应对我国 VR 内容匮乏的问题，将是下一小节讨论的重点。

讨论：数字化转型下的中国文化产业需要什么样的创新？

回顾了我国 VR 内容行业的生存境况、创作境况以及发展境况后，本文认为 2016 年到 2019 年我国 VR 内容生态的创新策略大致可分为两个部分。第一部分可统称为"破坏式创新"（disruptive innovation），它主要是从战术层面解决较为实际的企业生存问题。根据克里斯滕森（Clayton Christensen）等人的说法，破坏式创新描述的是"初创企业战略性地先服务于小众市场，后挑战主流市场的过程"②。作为一种商业策略，该理论主要针对的是企业的短期生存问题，而非长期发展问题。

然而，对于 VR 内容公司而言，创意与创新能力才是决定企业未来发展的关键。为实现企业的可持续发展，本土 VR 内容行业自发形成了一种以开放式创新（open innovation）为主导的创作氛围。区别于以往"鼓吹竞争，

---

① VR 陀螺 锅灶、案山子：《是什么造就了 2019 年 VR 大空间体验的"火爆"？》，VR 陀螺，https://www.vrtuoluo.cn/514881.html，2019 年 9 月 16 日。

② 可参考 Christensen, C. M., Raynor, M. E., & McDonald, R. (2015). What Is Disruptive Innovation. *Harvard Business Review*, 93(12), 44–53.

排挤对手"的商业策略，亨利·切斯罗布格（Henry Chesbrough）等人认为，开放式创新强调通过与外界知识和外部资源展开最大程度的交流与合作，从而达成行业利益最大化的战略目标①。就中国 VR 内容产业而言，开放式创新主要包括两种策略，分别是中外合制和跨内容合作。

1. 中外合制

差异化文化之间的碰撞为 IP 内容的孵化提供契机。国内的 VR 内容工作者在发现这一规律后，也展开了相关的实践工作。比如，由中国和法国联合制作的 VR 戏剧《浮生一刻》（2019 年）就是在这一生产逻辑下诞生的成功的 VR 案例。《浮生一刻》改编自我国经典小说《西游记》。作为我国第一部沉浸式 VR 戏剧，它由法国导演托马斯·威乐普（Thomas Villepoux）与沙核科技共同制作完成。据楼彦昕介绍，该项目受到了法国艺术基金的资助。在实际创作过程中，法国团队主要负责剧情设计与配乐方面的工作，中国团队则主要负责技术落地与部分编剧工作。楼彦昕在采访中说：

> 之所以产生和托马斯一起合作的想法，一是因为我们之前在国际影展中看过他的作品，我们当时非常喜欢；二是因为托马斯本人对东方文化也比较感兴趣。他看过的关于《西游记》的电影可能比我还要多。我们相信法国人脑子里的《西游记》会脱离中国人自己的框架。同时他又有创作沉浸戏剧的经验，这都会在创作中弥补我们的不足。②

由此可见，基于开放式创新精神的跨国合作模式正在成为我国 VR 内容生态的主流生产模式之一。比如，入围 2020 年翠贝卡国际电影节虚拟街机（Virtual Arcade）单元的《神灯精灵》（*Ajax All Powerful*，2020）也是基于跨国合作思路创作的 VR 内容。这部作品由我国 VR 内容平台公司 Veer VR

---

① 可参考 Chesbrough, H., Vanhaverbeke, W., & West, J. (Eds.). (2006). *Open Innovation: Researching a New Paradigm*. Oxford University Press on Demand.

② 摘自与楼彦昕于 2019 年 7 月的访谈记录。

以及美国导演伊森·谢夫特（Ethan Shaftel）联合制作完成。

2. 跨内容合作

除了跨国合作之外，围绕国产游戏以及影视 IP 展开的合制模式也成为国内 VR 内容生产的趋势之一。比如，摩登世纪（Multiverse）公司就曾将自己旗下原创游戏《寻找黎明》（2018 年）的 IP 授权给 VR 线下大空间品牌游幕做改编版本的线下发行。据游幕创始人刘力权介绍：

> 我们与摩登世纪的合作将是长期的，《寻找黎明》是我们合作的第一款 VR 游戏。我们主要负责输出针对线下大空间的策划以及技术类解决方案，而摩登世纪负责提供《寻找黎明》的 IP，设计新故事，并为新内容重新配音和设计动画……而未来，我们也有一起合作打造 IP 的计划。[①]

与之类似，在 2018 年获得第 75 届威尼斯国际电影节 VR 单元提名的《无主之城 VR》就是改编自爱奇艺原创剧《无主之城》。除了《无主之城 VR》，爱奇艺 VR 在近年来也利用同样的创作模式创作了包括《嘟当曼之奇遇记 VR》、《仙剑奇侠传四 VR》、《神探蒲松龄 VR》、《四海鲸骑 VR》在内的多部优秀 VR 作品，并在线下体验店发行。[②]

破坏式创新作为一种战术，主要针对的是创业公司的早期生存问题。然而，对于内容公司而言，创作与创意的可持续性才是企业长远的发展之道。这对正在经历数字化转型的中国文化产业也尤为重要。在意识到这一点后，中国 VR 内容生态中的创意阶层普遍采取了一种"抱团取暖"式的创新战略，或可理解为中国版的"开放式创新"。作为一种战略，开放式创新强调的是交流而非保密、强调的是合作而非竞争、强调的是通过知识共享寻求行业利

---

① 摘自与游幕创始人刘力权在 2020 年 1 月的访谈。

② 拉风的极客：《FBEC2019：爱奇艺 VR 内容总监孙丰国：线下全感体验是明年的重点》，极客公园，https://www.geekpark.net/news/252288，2019 年 12 月 6 日。

益最大化，而非采取封闭式经营策略从而树立企业在行业内的垄断地位。不难发现，该创新理念正贯穿我国 VR 内容生产与消费的始终。

结 论

本文从扎根理论出发，以 VR 技术在我国文化产业中的应用作为案例，主要通过访谈、参与式观察获取实证数据，对我国文化产业的数字化转型进行了系统性地回顾与分析。总的来说，本文最后得出以下三个结论：

首先，破坏式创新主要针对的是我国 VR 内容公司的生存问题，而开放式创新则主要针对的是 VR 内容公司的可持续发展问题。在"大众创业，万众创新"的时代口号下，人人都可以成为创业者。在这一过程中，中国的创意阶层虽在扩大，但创业与创新的本质却逐渐被剥离。VR 作为文化科技融合背景下衍生出的一种新兴文化消费载体，它的发展潜力取决于我国创意阶层的主观意愿与个人才能。对创意阶层而言，人文环境比商业环境更重要的结论不仅适用于西方发达国家，同样也适用于正致力于转型为创新型国家的中国。

第二，本文亦在田野调查的过程中发现了我国创意阶层与西方发达国家创意阶层之间的若干差异。理查德·佛罗里达（Richard Florida）曾在《创意阶层的崛起》一书中指出，（西方发达国家社会中的）创意阶层指那些通过创意与创造来获得酬劳的工作者，他们的劳动模式不同于那些通过依赖执行规定任务来获得酬劳的其他阶层[①]。然而，本文发现中国的"创意阶层"似乎正处于"灰色地带"。以沙核科技为例，在该工作室工作的年轻人不仅需要通过一系列创意活动来回应他们对未来美好生活的期盼，也需要完成一系列由外界指定的被动式任务（B 端和 G 端业务）以寻求物质层面的回报。这就

---

① Florida, R. (2019). *The Rise Of The Creative Class*. Hachette UK, p.5.

说明：一方面，正快速发展的中国社会唤醒了创意阶层对美好生活的憧憬，另一方面，普遍存在于当前社会的"不平衡不充分"状况也成为这些创意阶层必须兼顾日常温饱的根本原因。[①]

第三，产业环境无疑会对我国创意阶层产生深远且持久的影响。那么我国的创意阶层是否也会反向影响正在高速发展中的文化产业呢？通过上述考察可以发现，尽管我国当前的文化产业环境还有待完善，但VR技术为我国文化产业的发展提供了"弯道超车"的新机会。比如，由爱奇艺VR制作的VR互动沉浸戏剧《杀死大明星》就在2020年入围了威尼斯国际电影节，并最终获得"最佳VR故事片"奖。对正在经历数字化转型的中国文化产业而言，我国VR内容在海外频繁获奖、被提名，既彰显了中国文化在海外的影响力，亦反映出我国逐年进步的数字化创新能力。这在无形中为中国国家形象的塑造带来了积极的影响。除此之外，由我国VR创意阶层带头发起的"VR中外合作"与"跨内容合作"项目亦为我国文化产业的国际化与数字化发展打下了坚实基础。可以认为，我国数字文化产业的发展态势与本土创意阶层的创新素养密不可分。如何为我国创意阶层提供更优越的创作与创业环境，也许应当成为文化产业政策制定者重点考虑的议题之一。

参考文献

Chesbrough, H., Vanhaverbeke, W., & West, J. (Eds.). (2006). *Open Innovation: Researching a New Paradigm*. Oxford University Press on Demand.

Christensen, C. M., Raynor, M. E., & McDonald, R. (2015). What Is Disruptive Innovation. Harvard Business Review, 93(12), 44–53.

Cunningham, S. (2009). Trojan Horse or Rorschach Blot? Creative Industries Discourse

---

① Shan, Y. (2019). Virtual Reality in China: Is There a Sustainable Business Model for Virtual Reality Content Enterprises?. *Cultural Science Journal*, 11(1), 54–67.

Around the World. *International Journal of Cultural Policy*, 15(4), 375–386.

Florida, R. (2019). *The Rise Of The Creative Class*. Hachette UK.

Glaser, B. & Strauss, F. (2017). *Discovery of Ground Theory: Strategies for Qualitative Research*. Routledge.

Glasner, J. (2017, December 3). *Virtual Reality Gets Its Groove Back*. https://techcrunch. com/2017/12/02/virtual-reality-gets-its-groove-back/.

Hartley, J. (2010, September 22–23). Creativity as Emergence: Policy Issues for Creative Cities, speech delivered to the 27th National Informatics Conference, Ankara, Turkey. (Unpublished)

Jenkins, H. (2004). The Cultural Logic of Media Convergence. *International Journal of Cultural Studies*, 7(1), 33–43.

Keane, M. (2007). *Created in China: The Great New Leap Forward*. Routledge.

McCarthy, N. (2019, March 26). *Familiarity With VR Increases But Cost Remains A Hurdle*. https://www.statista.com/chart/17482/share-of-americans-familiar-with-vr-and-perceived-barriers-to-adoption/.

Schumpeter, J. A. (1991). *Essays: On Entrepreneurs, Innovations, Business Cycles, And The Evolution Of Capitalism*. Transaction Publishers.

Shan, Y. (2019). Virtual Reality in China: Is There a Sustainable Business Model for Virtual Reality Content Enterprises?. *Cultural Science Journal*, 11(1), 54–67.

UNCTAD. (2019). Creative Economy Outlook: Trends in International Trade in Creative Industries 2002–2015. Country Profiles: 2005–2014. In *United Nations Conference on Trade and Development*.

Vosmeer, M. & Schouten, B. (2014, November). Interactive cinema: engagement and interaction. In *International Conference on Interactive Digital Storytelling*. Springer, Cham.

Wang, J. (2004). The Global Reach of A New Discourse: How Far Can 'Creative Industries' Travel?. *International Journal of Cultural Studies*, 7(1), 9–19.

艾瑞咨询:《2016 年中国虚拟现实（VR）行业研究报告》，http://report.iresearch.cn/ report/201603/2542.shtml，2016 年 3 月 4 日。

《工信部电子（2018）276 号：工业和信息化部关于加快推进虚拟现实产业发展的指导意见》，http://www.scio.gov.cn/xwfbh/xwbfbh/wqfbh/39595/39765/xgzc39771/Document/1646356/1646356.htm，2018 年 12 月 25 日。

《国发（2016）73 号：国务院关于印发"十三五"国家信息化规划的通知》，http://www.gov.cn/zhengce/content/2016-12/27/content_5153411.htm，2016 年 12 月 15 日。

《文化部全面启动文化娱乐行业转型升级》，http://www.gov.cn/xinwen/2016-09/22/content_5110939.htm，2016 年 9 月 22 日。

《中华人民共和国国民经济和社会发展第十三个五年规划纲要》，http://www.xinhuanet.com//politics/2016lh/2016-03/17/c_1118366322.htm，2016 年 3 月 17 日。

IDC：《IDC：全球 AR/VR 支出指南发布，2020 年中国市场规模达 57.6 亿美元》，IDC，https://www.idc.com/getdoc.jsp?containerId=prCHC45738319，2019 年 12 月 13 日。

IT 桔子：《Pinta Studios 获得千万级人民币 Pre-A 轮融资》，IT 桔子，https://www.itjuzi.com/investevent/36341，2017 年 9 月 21 日。

VR 陀螺：《乍暖还寒，2020 年上半年 VR/AR 行业投融资报告》，搜狐网，https://www.sohu.com/a/406162866_549351，2020 年 7 月 7 日。

VR 陀螺　锅灶、案山子：《是什么造就了 2019 年 VR 大空间体验的"火爆"？》，VR 陀螺，https://www.vrtuoluo.cn/514881.html，2019 年 9 月 16 日。

VR 网：《VR 线下体验店面临洗牌 3000 家体验店何去何从》，https://www.hiavr.com/news/detail/9708.html，2016 年 8 月 11 日。

拉风的极客：《FBEC2019：爱奇艺 VR 内容总监孙丰国：线下全感体验是明年的重点》，极客公园，https://www.geekpark.net/news/252288，2019 年 12 月 6 日。

卢晓明：《暴风魔镜大规模裁员，是自身硬伤还是 VR 泡沫将破？》，36 氪，https://36kr.com/p/1721222070273，2016 年 10 月 24 日。

梅岭：《IDC 发布 2019 年 VR/AR 市场 10 大预测》，《中国质量万里行》2019 年第 3 期。

人民网：《HTC 汪丛青：5G 时代 VR 产业将迎来爆发新机遇》，人民网，http://it.people.com.cn/n1/2020/1109/c1009-31923480.html，2020 年 11 月 9 日。

习近平：《为建设世界科技强国而奋斗》，新华网，http://www.xinhuanet.com/politics/2016-05/31/c_1118965169.htm，2016 年 5 月 31 日。

游戏陀螺:《腾讯 VR 大战略曝光：设备、生态、SDK、商业分成、开发者分级及支持
　　计划》，https://www.youxituoluo.com/104209.html，2019 年 5 月 27 日。

参考游戏

New One Studio:《隐形守护者》[Windows/iOS/Android]，New One Studio，全球，
　　2019 年。

摩登世纪科技有限公司:《寻找黎明》[SteamVR]，摩登世纪科技有限公司，中国，
　　2018 年。

结语

中国游戏研究的过去、现在与未来：一份来自游戏研究践行者的报告

The Past, Present and Future of Chinese Game Studies: An Overview from Game Researcher

邓剑 * 文

Jian Deng, School of Journalism & Communication, Peking University

摘 要

本文认为，宽泛意义上的游戏研究在中国的发展脉络大致可划为三个时期以及一个"史前期"，总共四个时段。在史前期（1977 年—1989 年），与游戏相关的带有研究性质的文字主要是进行游戏的译介、科普与病症描述；在第一时期（1990 年—21 世纪初），中国的游戏研究者经历了从喜好游戏到思考游戏的转变；在第二时期（21 世纪初—21 世纪 10 年代中末），中国的游戏研究开始隐形书写，并有所起色；在第三时期（21 世纪 10 年代中末至今），游戏研究者的身份意识逐渐形成，并试图想象性地构筑游戏研究的学术共同体。与此同时，中国的游戏研究正直面五道难题。难题一：游戏研究

---

* 邓剑，北京大学新闻与传播学院博雅博士后，早稻田大学大学院文学研究科访问学者，韩国国立木浦大学亚洲文化研究所访问学者。编译《日本游戏批评文选》。先后在海内外各级刊物独立发表游戏论文 15 篇，其中 CSSCI 来源 7 篇，CSSCI 扩展 2 篇，韩国 KCI1 篇，人大复印资料全文转载 4 篇，并在国内外各大媒体发表游戏批评 30 余篇。

缺乏批判性反思；难题二：游戏研究缺乏核心范式；难题三：难以形成有效的学术评价；难题四：缺乏优秀的研究对象；第五：游戏产业话语的影响过于强大。最后，本文尝试提出了解决当下难题的四个方案：一，以游戏批评为中心构建游戏研究的核心范式；二，以学术评价为依托成立游戏研究的全国性组织；三，以培养学术新人为目标设立游戏研究的资助基金与选拔体系；四，与学术共同体对话，推动游戏研究的学术化发展。

关键词：游戏；游戏研究；游戏批评；游戏产业

Abstract

This paper argues that game studies development in a broad sense in China can be roughly divided into three periods and a pre-historical period, a total of four periods. In the pre-historical period (1977—1989), the characters related to games were mainly for translation, widespread scientific knowledge, and point out the game disease. In the first period (from 1990 to the beginning of the 21st century), Chinese game researchers experienced a transformation from loving games to reflecting games. In the second period (from the beginning of the 21st century to the middle and end of 2010), Chinese game studies began to develop invisibly. In the third period (from the end of 2010 to the present), game researchers' identity consciousness gradually formed, and they tried to build the academic community imaginatively. At the same time, there are at least five core problems that stand before Chinese game studies. Problem 1: Chinese game studies are not naturally academic research. Problem 2: Chinese game studies lack a core paradigm. Problem 3: it is challenging to form a practical academic evaluation for Chinese game studies. Problem 4: Chinese game studies lack excellent research objects. And Problem 5: the discourse of game industry is dominant. Finally, this paper attempts to put forward four solutions to current problems. The first is to construct the core paradigm of Chinese game studies with game criticism as the center. The second is to establish a national organization for Chinese game studies based on academic evaluation. The third is to establish a funding and selection system for game studies to cultivate new academic talents. The fourth is to dialogue with the academic community to promote the academic development of Chinese game studies.

Keywords

game, game studies, game criticism, game industry

如将吴亮发表于《文艺评论》1990 年第 1 期的《论电子游戏机》[①] 视为我国文科范式的游戏研究正式发端，那么中国的游戏研究 [②] 少说也有 30 年历史了。半个甲子的时间已不算短，但若抬起头来望向漫长的全球游戏研究史，就不难发现我们的游戏研究起步仍属较晚，且直到 21 世纪 10 年代中末才因中国游戏产业所创造的庞大的经济利益和社会效应而备受瞩目。不少学者——尤其是新生代的中青年学者——敏感地意识到游戏的研究价值，纷纷涌入游戏研究这块有待开发的学术处女地，造成我国游戏研究至少在表面上的勃兴态势。差不多就在同时，政府、媒体、资本、从业者、艺术家、玩家等群体也基于不同的考虑与态度，频频展现出对游戏研究的浓厚兴趣，与学界"同好"一道将游戏研究推向了舆论前沿。在此意义上，有学者将我国的游戏研究——主要是网络游戏研究——总结为"实践倒逼"[③]，是恰如其分且可以适当延展的。但研究开始起步并不意味着一定会取得傲人的成绩，事

---

① 按照文末的标注，该文其实完稿于 1989 年 9 月 8 日。

② 如无特别说明，本文提到的游戏研究专指以中国大陆为语境的人文社会科学范式的游戏研究，且这里的"游戏"专指 20 世纪 70 年代末 80 年代初以来进入中国的电子游戏及其各种形态的分延（包含网络游戏及其各种形式）。

③ 胡一峰:《廿年面壁图破壁：我国网络游戏研究（1998—2018）的轨迹、范式与趋向》,《艺术评论》2018 年第 10 期。

实上，过去三十年来，我们的研究受限于多方面的原因仍处在有待提升的水准线上，还需加快努力的步伐。有鉴于此，笔者不揣谫陋，立足我国游戏研究的历史与现状，并以数年来在游戏领域内的笔耕与观察为依托，尝试从宏观角度提出目前制约我国游戏研究学术化发展的一些主要难题及其策解。当然，由于游戏研究具有难以把握的多学科特征以及作者本身学科视野的限度，其中定有不少疏失之处，也请诸方家雅正。

一、回望过去：中国游戏研究的源流

纵观我国的游戏研究史，就宽泛意义上的游戏研究而言，其发展脉络大致可划为三个时期以及一个"史前期"，总共四个时段。包括史前期在内，每一时期的研究都回应着具体的时代需要，因而呈现出与该时代互文的总体性特征。本文拟以游戏研究的时代流变为主要考量，尝试勾勒我国游戏研究大致的历史路径与重要节点。

1. 译介、科普与病症：我国游戏研究的引子（1977 年—1989 年）

准确说来，这一时期不能算作我国游戏研究史的一部分，但它却构成了理解游戏研究史的一道入口。倘若忽略了这一部分的内容，就无从把握中国游戏研究的起始及其未来议程设置的缘由。

从宏观的角度出发，中国的游戏史是在改革开放的总体框架与国家现代化的历史叙事里展开的，并在此过程中诞生了将游戏作为现代化的认知对象的描述性文字。一般说来，大概在 20 世纪 70 年代中末，有关游戏的文字进入中国。目前可查到的最早资料是 1977 年 1 月 29 日刊登于《电子计算机动态》，由刘秀月翻译的玛格丽特·巴特勒（Margaret K. Butler）的文章《计算机展望》。文中虽提及电子游戏，但未详尽介绍。从此，《国外自动化》①、《科

---

① 1987 年更名为《机器人》（EI 索引，北大核心）。

学对社会的影响》①、《无线电》、《家用电器》等一些科技类刊物自 1981 年始陆续刊载专门介绍游戏机器的科普文章 / 图片，20 世纪 80 年代末又接连出版了至少 5 本编译游戏（机）原理的图书，向玩家介绍作为现代电子设备的游戏机器。在这些以游戏为载体的另类的现代化叙事中，《国外医学（物理医学与康复学分册）》②于 1984 年刊登译文《电子游戏致 de Quervain 狭窄性腱鞘炎》，将人们的目光引向了以游戏为"身体"的由现代化导致的病理学认识。这类病理学认识在 20 世纪 90 年代里逐渐发展壮大，落地与演变为关于游戏的社会病理学认知，并在未来很长一段时间内以青少年个体化的"游戏成瘾"为罪罚，构成宽泛意义上的游戏研究中时常响起的一个声部。

2."呼喊在风中"：从喜好游戏到思考游戏（1990 年—21 世纪初）

大致可以说，我国的游戏研究发端于此。20 世纪 90 年代，国内零零散散地出现了一些可初步归类为游戏研究的文章，且文章作者一般兼具游戏爱好者与研究者的双重身份。这一时期基本确立了我国游戏研究的两种路径：一是由一系列专业游戏杂志 / 栏目带动的本体论式的"游戏研究"，这些研究主要在电子游戏的内部框架里讨论游戏的创作、体验、艺术性、产业发展等诸多面向，是带有一定个人感想色彩的"研究"；二是文科知识范畴中的形而上的游戏研究，这些研究不仅从学理层面关心游戏的抽象本质，还进一步考察游戏与人类社会之间的复杂关系，因而更加接近一般意义上的学术研究。

诚如开篇所述，1990 年对于我国的游戏研究具有划时代的意义。《文艺评论》于当年第 1 期发表吴亮的《论电子游戏机》，可谓我国游戏研究的正式开端。尽管现在看来这篇文章里夹杂了不少个人感想，但该文的重要之处，同时也是不同以往之处在于，它已初步具备学术化的问题意识与思维特征——学理性地思辨游戏的虚幻与现实的真实之间叠合出的悖论性关系，并

---

① 2011 年更名为《科学与社会》（CSSCI）。

② 2006 年更名为《神经损伤与功能重建》（日本 JST［2018］收录）。

尝试将之置于当代的社会语境中考察。从此开始，虚幻与现实之间的辩证关系也成为我国游戏研究起源时的重要问题意识。1996 年严锋试图为游戏正名的文章正是在这样的问题意识之下展开的，且由此预见了"人类文化正在遭受着一场'电脑化'加'游戏化'的洗礼"①。

在整个 20 世纪 90 年代的游戏研究甚至是游戏产业都处于"开荒"状态时，《软件世界》②1997 年 10 月的试刊号里"从天而降"一篇题为《电子游戏：一种戏耍方式，或者时代精神状态》的文章。作者王军对游戏的讨论无论在方法论还是内容的层面都明显具有超越该时代的学术深度，如今看来也毫不过时。可以说，王军先锋性地提出了实现我国游戏研究学术化发展的未来方案，即把包括性别、身份、话语、权力关系等一系列文化研究（cultural studies）的视野与方法引入游戏研究之中，从而提升游戏研究的学术深度与厚度③。在这样的学术脉络下，汤文辉又将法兰克福学派的理论视野纳入游戏研究之中④，初步观察了游戏中艺术、技术与资本的互动关系。两人的学术论述似乎预示了一个游戏研究的新时代即将来临。

3."匍匐前进"：隐形书写的游戏研究（21 世纪初—21 世纪 10 年代中末）

21 世纪，中国进入图形化网络游戏时代，游戏研究也随之迈入以网络游戏研究为主的新时期。2001 年，有学者开始借用西方人格理论初步探讨网络游戏中的角色类型与现实人格的关系及影响⑤；2002 年，国内诞生了第一篇以游戏——同时也是网络游戏——为讨论对象的硕士学位论文《互联网在线游戏的研究与实现》⑥。从此，关于网络游戏的论文层出不穷。不过，对网络游

---

① 严锋：《电脑游戏：真实的虚幻与虚幻的真实》，《天涯》1996 年第 5 期。

② 2015 年更名为《软件和集成电路》。

③ 20 世纪 90 年代末，文化研究作为一种成规模的学术和思想运动席卷国内，被运用于电影以及都市流行文化的分析之中。因此，也就不难理解游戏为何会成为文化研究的对象了。

④ 汤文辉：《电脑游戏：异军突起》，《福建艺术》1998 年第 3 期。

⑤ 田宏碧：《网络游戏中的角色类型与现实人格的关系及影响》，《青年探索》2001 年第 6 期。

⑥ 杨华：《互联网在线游戏的研究与实现》，硕士学位论文，沈阳工业大学，2002 年。

戏的研究初具规模，还要等到 2003 年左右。此时，"国民游戏"《传奇》（*The Legend of Mir 2*，2001）不仅创造了中国网络游戏史初期的种种神迹，还突破游戏的代码壁垒，造成了巨大的经济与社会效应，以至于学界无法继续忽视网络游戏这一新世纪里最为前沿的文化技术及其影响。总体说来，从游戏研究"升级"为网络游戏研究，不只是多了"网络"这一语词前缀如此简单，它更意味着游戏研究的问题意识、研究对象、研究面向、研究视角、研究方法等基本要素发生了结构性的变化。一般说来，这时以网络游戏为中心的游戏研究大致具有如下特征。

第一，彻底的复杂化。一方面，游戏研究继续沿着边晓春等人关于《电子游戏艺术观》[①]的早期思路进入到游戏艺术的学理研究阶段，汪代明是这一过程的重要代表与推动者。他自 2003 年始发表了一系列旨在讨论电子游戏与艺术相互关系的论文，有力地推进了游戏艺术的学术讨论。另一方面，更重要的是，网络游戏时代的到来使得网络游戏取代电子游戏及其各种形式的分延成为游戏研究的基本对象与思考架构。网络游戏不只是一款计算机程序，它还在某种程度上构成了现实世界体系的数字化镜像，这就造成游戏研究逐渐发展成为一门超越自身范畴的复数化研究领域——而非专门的学问——文学、哲学、美学、法学、叙事学、艺术学、设计学、经济学、传媒学、社会学、人类学、心理学、教育学等方方面面的学术资源都被注入游戏研究之中，使得游戏研究成为一个庞大的研究群集。

第二，产生了"他者化"的趋向。游戏研究的多学科化发展推动了游戏研究从爱好者的兴趣研究向学者圈的学术研究的整体"升级"，且使之具备了与学术共同体进行学术对话的可能。但在此过程中，它又生成了一个悖论式的结果，即游戏研究者的身份从游戏爱好者中分离出来。由于研究者可以纯熟地运用学术术语覆盖游戏语言，这就意味着研究者不必真正喜好游戏，甚至不必掌握一定的游戏文本"阅读量"即可完成"知识生产"的工作。如

---

① 边晓春：《电子游戏艺术观》，《电子出版》1995 年第 7 期。

此就造成我国的游戏研究虽然数量激增，但实际上以游戏自身为问题意识的"本格派"研究仍然不足，甚至不少研究者对游戏（play）本身可能并无多大兴趣。换言之，游戏研究开始出现一种"虚胖"的"体征"，它或许并没有文献库里的数据所显示的那样强大。但值得注意的是，后来青年学人对这一现象的超克尝试，又使得游戏研究堕入了与"他者化"相反的极端，即"自我化"——脱离学术共同体谈游戏，反而又使得游戏研究被庸俗化。

第三，学术专著频现，且以女性学者为主。2006 年，国内出现了第一本带有研究性质的通识读物《游戏东西：电脑游戏的文化意义研究》[1]。在此后的 21 世纪 10 年代里，又有十来本可以宽泛地归为游戏研究的学术专著问世。这些专著运用学术语言，从各个侧面系统地解剖了（网络）游戏。例如，关萍萍阐释了电子游戏的互动媒介特征[2]；刘胜枝注意到网络游戏在题材上以男性为中心的性别化取舍，以及网络游戏对女性形象的物化与他者化描述[3]；吴小玲结合定量研究与定性研究的方法，发现了网游故事背景中隐伏的英雄情结，并明确指出 2004 年最受欢迎的 10 款游戏中都出现了"危机–拯救"的主题与英雄形象[4]；吴玲玲提出了网游文化形态的双重结构，认为符号表征体系是网游文化的显性结构，网游的意义生成方式是网游文化的隐性结构[5]；宗争将游戏解释为一种包含了叙述的符号文本，游戏是由玩家行为共同建筑的符号系统[6]；而鲍鲲[7]与燕道成[8]则对游戏中的暴力作出了相关论述。

---

[1] 米今升、陈娟:《游戏东西：电脑游戏的文化意义研究》，广西师范大学出版社 2006 年版。

[2] 关萍萍:《互动媒介论：电子游戏多重互动与叙事模式》，浙江大学出版社 2012 年版。

[3] 刘胜枝:《网络游戏的文化研究》，北京邮电大学出版社 2014 年版。

[4] 吴小玲:《幻象与真相：网络游戏的文化建构》，西南交通大学出版社 2015 年版。

[5] 吴玲玲:《网络游戏生态系统研究》，海峡出版发行集团福建人民出版社 2016 年版。

[6] 宗争:《游戏学：符号叙述学研究》，四川大学出版社 2014 年版。

[7] 鲍鲲:《网游：狂欢与蛊惑》，苏州大学出版社 2013 年版。

[8] 燕道成:《网络暴力游戏对青少年的涵化与引导研究》，知识产权出版社 2015 年版。

4. 游戏研究者身份意识的形成与学术共同体的想象性构筑：(21 世纪 10 年代中末至今)

21 世纪 10 年代中末，随着与游戏共同成长起来的"游戏世代"在学界崭露头角，游戏研究者的身份意识也逐渐觉醒，他们明确地以游戏研究者自居，发展出一种朦胧的专业化意识与共同体想象。在此背景下，常有一些游戏研究的课程设置与"学术会议"见诸报端。不难想见，在学界、政府、产业、媒体、玩家等多方关注下，游戏研究已成为多少有些时髦的话题，一系列新的变化也因此产生。

与以往学者们的"单兵作战"不同，这一时期的游戏研究初步具备了"联合作战"的学术意识。一方面，不少学术期刊与主流媒体从善如流，顺势推出游戏研究的学术专题。例如，《热风学术》[①]、《名作欣赏》[②]、《文学与文化》[③]、《国际新闻界》[④]、《探索与争鸣》[⑤]、《新闻记者》[⑥]、《当代电影》[⑦] 等不少国内著名的学术刊物都曾组织游戏相关的专题讨论或有奖征文；人大复印报刊资料《文化研究》(2018 年第 1 期) 也曾全文转载 / 重组游戏专题；《澎湃新闻》思想市场栏目在"游戏与社会"的公共讨论基础上，从 2019 年开始又推出了以东亚为单位的带有公共学术讨论性质的"游戏论"专题，等等。在

---

① 《热风学术》第五辑（2011 年）的"阅读当下"栏目里，韩国、中国大陆与中国台湾的学者共同讨论了游戏文化的议题。值得一提的是，其中一篇文章《"中国与韩国：网络游戏文化的越界与挑战"研讨会综述》中所提及的国际学术会议很可能是"中国大陆第一次网络游戏文化的学术研讨会"，该会议集结了中、日、韩三国的学者和网络游戏运营商，用批判性的研究范式讨论游戏。

② 《名作欣赏》（上旬刊）2015 年第 2 期推出王晓明主持的"潜思探微·博士论坛·第十辑：网络游戏对当代文学的影响"专题。

③ 《文学与文化》2017 年第 3 期推出周志强主持的游戏研究专题。

④ 《国际新闻界》2018 年第 5 期推出游戏研究专题。

⑤ 《探索与争鸣》在 2019 年第 4 期推出"数字游戏与现实世界：冲击、对话与未来"专题，2020 年该刊"第四届全国青年理论创新奖"征文活动又设置了"游戏、科幻与人类想象力"的选题。

⑥ 《新闻记者》2020 年第 7 期推出郭建斌主持的"作为游戏的传播"专题。

⑦ 《当代电影》2020 年第 10 期推出"电影与媒介"专题，讨论电影与游戏的关系。

游戏研究专业学术期刊缺位的情况下，正是这些研究专题将游戏研究从一种学术口号或研究者姿态落实为一个具有共同问题意识的学术研究领域，切实地推动了游戏研究的学术化发展。另一方面，还应看到学界与业界之间的合作意愿与"成绩"。各大游戏厂商出于不同的考虑，也试图将产业的力量渗入游戏研究之中，联合学界完成了一些旨在推动游戏研究的科研项目与"研究成果"，在某种意义上促成了产研结合的新局面——尽管我们还必须对该局面抱持警惕。换言之，对于游戏研究而言，"这是一个最好的时代"，至少我们有理由预期一个美好的未来可能到来。

在上述背景下，游戏研究者与爱好者之间分离的身份也在某种程度上重新愈合，并催生出以为"玩"赋权为中心的本体论式的游戏研究。这样的研究，以对游戏性（gameplay）的研究为核心内容，其执笔者多是青年学人①。它不仅体现研究者对于研究对象的个人兴趣与急迫心情，还在学理上回应了欧美游戏研究中旷日持久的游戏学与叙事学之争（ludology vs. narratology debates），这是我国游戏研究发展出自我意识之后的必然结果。但考虑到中国的学术语境，这样的游戏研究其实带有两面性——游戏学范式的研究可能既是解药，也是毒药。解药是指它可以使我国的游戏研究真正进入游戏现场，由玩游戏、懂游戏的人主导研究，切实推动未来的游戏研究走上"本格派"的正道；毒药是指它同时也附带了新的问题，即游戏性能否支撑起学术性？这一点尚且存疑。如果答案是否定的，那么这样的研究范式就会使得游戏研究堕入庸俗化的境地。尤其在中国这样的拥有深厚人文学术传统的国度里，游戏研究如不能从关注"器"（游戏本身）上升到研究"道"（游戏作为日常生活的问题意识领域），那么它的发展显然就无法在学界取得合法性。为此，有必要接着讨论中国游戏研究在当下面临的一些基本难题。

---

① 这些青年学人在不少时候是作为论文的第二作者出现的。

二、直面现在：中国游戏研究的五道难题

难题一：游戏研究缺乏批判性反思

我国游戏研究的首要难题是它的"身份"问题，即游戏研究是否可以归在学术研究的范畴中？这里先说结论，游戏研究并不一定就意味着学术研究，且不少所谓的游戏研究离学术研究还有相当一段距离。关于这一论点，可以分两个面向加以说明。

其一，指向研究的内面，它与本体论的游戏研究直接相关，即不少游戏研究并不具备深刻的问题意识。一般而言，学术研究总是讲究深刻的问题意识，探寻复杂现象背后的一贯之"道"。如按照这样的思路进入讨论，那么很多所谓的游戏研究就不是学术研究了。这是因为"游戏性"作为还未有定论的说法[1]，它不同于文学性、艺术性等概念，目前尚无完全令人信服的论断表明"游戏性"是内在于深刻的人类精神生活实践的[2]。例如关于游戏机制的研究，如不将研究本身与人类社会的意义生产、流通、消费、再生产关联起来，它不过就是研究数字化的玩耍（digital play）而已，此类研究很难带来深远的影响。

当然，近年来的情况有所变化。我国也开发出《没有人知道的大冒险》（2017年）、《中国式家长》（2018年）、《黑神话：悟空》（制作中，2020年8

---

[1] 日本学界关于游戏性的多义性讨论，可参考井上明人对《游戏批评》（ゲーム批評）杂志的大样本实例考察，以及渡边修司与中村彰宪对多名游戏设计者关于游戏性讨论的总结，参见井上明人「ビデオゲームの議論に置ける『ゲーム性』という言葉をめぐって——雑誌『ゲーム批評』を中心にその使われ方の状況を探る——」、http://www.critiqueofgames.net/paper/gamesei.html[2017-02-01]；渡辺修司・中村彰憲『なぜ人はゲームにハマするのか——開発現場から得た「ゲーム性」の本質——』、SBクリエイティブ、2014年、15—16頁。本文将游戏性解释为游戏的玩法或者游戏的机制。

[2] 尽管不少研究者常援引赫伊津哈、康德、席勒等重要学者关于游戏的论述（必须指出这些学者所说的"游戏"，其内涵其实是根本不同的），试图以此为游戏研究赋权。但引经据典只是一种叙述的技法，它并不能进入游戏现场为"游戏性"本身赋以深刻的问题意识，自然也就无法认为游戏研究可以因此获得学术性。

月公布实机演示）等某种程度上可被称为"作品"的优秀游戏，人们可以直接通过这些游戏去解读当代中国的一些具体症状，体味现代社会普遍性的感觉结构[①]（the structure of feeling）。如此研究，确可纳入学术研究的范畴。不过必须注意的是，这些研究的深刻性并非直接源于"游戏性"本身，而是源自游戏文本与社会文本的互文关系。换言之，在中国的游戏产业语境中，这类游戏具有一定的特例性，我们难以将对它们的浸入式研究作为基本的方法论推及所有的游戏研究。

其二，指向研究的外部，即游戏研究能否实现与学术共同体的对话。无法与学术共同体对话的游戏研究，至多算作游戏爱好者——即使研究者具有学者/学人身份——的兴趣研究。这类研究使用的是游戏术语，注重游戏同好之间的封闭式交流，大多只是一些个人感想、体会、观点、经验的书面化复述与罗列，尚不可谓达到学术的高度。游戏的学术研究必须使用学术思维和学术语言，并谋求与学术共同体对话，尝试从人类总体的知识与智慧宝库中搜寻理解游戏（意义生产、流通、消费与再生产）的基本路径，以此赋予自身学术性。

所以，对于中国的游戏研究而言，其首要任务就是成为学术研究的一部分，从而自证其在学界的合法性。但这似乎又是比较困难的。大部分研究者的理论资源主要来源于欧美游戏研究圈，但欧美本体论式的游戏研究无论在问题意识还是学术脉络方面，都与中国乃至世界的学术传统存在较大差异/差距，如果研究者无法正视这一差异/差距及其原因与弊病，就无法与游戏爱好者的兴趣研究拉开距离，最终将研究变成学者/学人身份的研究者的又一种兴趣研究。

难题二：游戏研究缺乏核心范式

近年来，游戏研究在我国渐成最热闹的研究领域之一，很多学科的学者都敏锐地意识到游戏研究的学术价值与现实利益，并且积极投身其中。诸

---

① Williams, R. (1965). *The Long Revolution*. Penguin Books Ltd, p.64.

如文学、哲学、艺术学、传播学、社会学、人类学、心理学、教育学、符号学、性别研究、产业经济学等多学科/领域的研究范式均被纳入游戏研究的范畴，我国的游戏研究因此得以快速发展，研究面向也不断拓宽。它正高效地从其他学科/领域里汲取营养，迅速建立自己的学术疆域——这对于游戏研究在学界立足具有建构性的积极意义。

然而，囫囵吞枣的杂食主义也引致不少问题。其中的首要问题就是，游戏研究外延高速扩张，导致它的基本内涵逐渐模糊。是否所有与游戏相关的研究都可被归于游戏研究的范畴？至少从目前的实践来看，我们对游戏研究的定义其实有些宽泛了，凡是与游戏搭边的研究都被一股脑地视为游戏研究。这样的定义法则如果不是盲目的，便是有其策略性甚至投机性的盘算——它能以最快的速度促成游戏研究在学界形成气候、积聚话语权，但其后坐力亦很明显：过于宽泛的定义致使"游戏研究"在很大程度上名不副实，不少"生拉硬扯"进来被冠以"游戏研究"之名的研究，其问题意识并不指向游戏本身，而是打了瞄向游戏的擦边球，游戏恰好作为一个公共界面，成为其他研究的中介与手段。换言之，这其实是一种"掺沙子"的做法。长远看来，该做法对于游戏研究的未来发展未必有利，甚至最终可能阻碍"硬核"的游戏研究破茧而出。如此，我们就需要对游戏研究的"虚胖"症状保持高度警惕。

另一方面，这类游戏研究还面临"消化"难题，即游戏研究的多学科化只是将研究的规模做得很大，却不见得就把游戏研究往深处做扎实了。尤其是，游戏研究即使在全球范围内也只能算是比较年轻的研究领域[①]，因而缺乏必要的历史底蕴、知识沉淀以及长期架构，这就导致它在汲取来自其他学科

---

① 大概为半个世纪的研究历史。按照孙静在其博士论文中的梳理，欧美的游戏研究应是从1970年开始，参见孙静：《走向"胜利"的途中——中国电子游戏的角色政治》，博士学位论文，南开大学，2016年，第19页。而"游戏机宗主国"日本的游戏研究最迟则可以追溯到1978年，参见邓剑：《日本游戏批评思想地图——兼论游戏批评的向度》，《日本学刊》2020年第1期。

的学术资源时缺乏一个统摄性的引导与归纳"装置"。它更像是在胡乱"杂食"各个学科的知识与方法，却未能对它们加以有效地消化与统整，无法在纵深方向建立起自身的知识论与方法论体系。因此，我国的游戏研究面临着一个结构性难题，即如何在多学科"滋养"，同时也是多学科角力的过程中，发展出有序的游戏研究的学问体系，进而构筑起它作为一门新兴学问的合法性。

这就意味着，游戏研究在多学科化的学术发展过程中，还必须探索足以引领其向前整体推进的核心范式。这同样构成一道难题，即游戏研究的核心范式应该是什么——它不仅涉及学术问题，同时还牵扯到具体的学科利益乃至具体的研究者。不同学科、不同研究者对此自有不同的想法，忽视大家的想法不仅不可取，更是有害的，我们必须在现实语境中寻求研究者之间的最大公约数。

难题三：学术评价如何可能？

如上所述，我国的游戏研究具有显著的多学科特征，这就造成了一个不容小觑的根本性问题，即不同学科的学者，其知识结构、理论储备、研究方法、学术脉络等存在不小的差异——有些差异甚至难以调和——即使大家皆以游戏研究者自居，但由于学科壁垒客观存在，彼此之间其实很难进行言之有物的深入交流，因而难以算作真正的研究同行。例如，游戏批评与游戏传播都可划入游戏研究的范畴，但二者显然分属截然不同的研究范式与学术脉络。如何推动这些不同的知识系统在学术碰撞过程中的交流与对话，换言之，如何在游戏研究的内部形成有效的学术交流机制、建构合理的学术评价体系，从而推动游戏研究的深入发展，就成为摆在我国游戏研究面前的一道必须要超克的难题。

一般说来，学术交流与学术评价在一定程度上是通过学术发表实现的。研究者将论文公开发表于学术期刊，以此与学界同仁交流学术感悟，并从中获得关于论文乃至推及作者本人的学术评价。但游戏研究的特殊性问题在于，一方面，国内没有专门的游戏研究学术期刊，且想要办刊也面临着重重阻力；另一方面，即使一些学术刊物愿意刊发、也曾经刊发过与游戏相关的学术论文，但由于这些刊物不一定具备辨识论文质量的专业性，时常会出现判断力不足的状况。在如此情形之下，匆忙刊发成色不足的游戏类论文，虽说初心很好，但又不一定达到了学术评价的效果，甚至反而会在某种意义上误导读者，最终不利于游戏研究的长远发展。

不仅如此，游戏研究的学术评价还面临一些非学术的现实性困难，即由游戏研究的多学科化引致的复杂的权力关系博弈。一些学校与学科试图将游戏研究纳入自己的学术地盘，从而把持对于游戏研究这块"无主之地"的话语权与支配权。尤其是随着中国游戏产业的持续壮大以及政府对游戏产业的高度重视，游戏研究背后往往还附随了庞大的现实利益，这就使得游戏研究的学术评价极易因为学校 / 学科利益与现实利益的纠葛而陷入四分五裂、各自为战的局面，甚至导致游戏研究领域的牌子化、帽子化、圈子化、山头化、游说化（lobby）等不良后果。这是一个相当棘手的问题，且尤其需要引起重视，它将直接决定未来的游戏研究能否在中国取得长足的发展：一旦地基搭不好，整座游戏研究的大楼就会一直歪下去，甚至有倾覆之虞。

难题四：缺乏优秀的研究对象

"巧妇难为无米之炊"，制约我国游戏研究发展的根本问题之一，即中国游戏产业尚未形成足以创造优秀游戏作品的创作 / 生产机制，因此少见足够优秀的可以用于正向的学术研究的研究对象。事实上，我们制作的多是用于市场买卖的游戏商品，而非用于深度游玩或"阅读"的游戏作品。游戏世界里的基本逻辑是消费，而非游戏（play），游戏的商品性压抑了游戏性。如此状况与我国游戏产业的发展历史有关。在互联网建设与电子商务兴起的时代背景下，我们的游戏产业经历了从 20 世纪的游戏软件制作企业向 21 世纪的互联网商业公司的结构化转型，"商业模式创新"取代游戏内容创造，成为了中国游戏史的主轴。这就造成了中国游戏产业与日本、美国等"游戏宗主国"的基本不同，即我们的游戏公司更像是倒卖内容的商铺，而非致力于内容原创的"民族企业"，它们明显缺乏指向游戏创造的机构性意愿。因此，尽管中国曾连续四年（2017年—2020年）成为全球第一大游戏市场，但我们对全球游戏产业的创造性贡献与账面上的经济数据显然存在巨大的反差，中国游戏产业还将长期处于追赶状态——特别是在游戏产业与游戏内容的发展理念方面。

所以，游戏产业的目前状况基本决定了我国的游戏研究只能走向一种与游戏产业对立起来的具有"中国特色"的特殊路径，即对游戏（产业）以否定性的批判为主，而非正向的文艺价值探索与肯定。正是在这样的由产业发展阶段导致的学术语境中，文化研究、西方马克思主义哲学、批判传播学、文化人类学、性别研究、社会学等学术脉络中的批判范式才在我国成为最有活力的游戏研究论调，逐渐带动我国游戏研究的学术化发展。然而，对于游戏研究欲在中国构筑学术阵地而言，这些否定性研究的调性太具破坏性，不是长远之计。游戏研究的常态化发展仍需摸索一套可以助力游戏内容创作与游戏产业健康发展的研究方法论。

当然，这里的游戏内容创作并非指向创造好玩的游戏性——这是人文学界无法助力的——而是指向阐发深刻的问题意识。如上所述，指向休闲娱乐的"玩游戏"并不具备深刻的意义，自然也就无从谈起学术价值。只有当游戏如电影、电视、动漫等视像文本一般承载了深刻的问题意识，才会具备学术研究的价值。那么，游戏如何才能阐发深刻的问题意识呢？这需要在游戏中注入"作家性"。所谓"作家性"，是指作为游戏灵魂的思想风格。通俗地说，就是只要玩起某款游戏，就必然会使我们联想到其游戏监督透过游戏文本所传达的关于生活世界的深刻思考。例如小岛秀夫的《合金装备》系列、横尾太郎的《尼尔：机械纪元》等著名的日本游戏无不是游戏监督思想活动的具现。因此，游戏中的"作家性"意味着游戏作品本身成为了一种思想/文艺风格的载体，其中必然渗入了游戏监督关于社会总体状况的深刻思考。换言之，对于中国游戏研究而言，就是要促成"作者性"的诞生，从而使游戏从一门技术脱胎为真正的艺术。

难题五：产业话语的力量过于强大

中国的游戏研究还面临一重特殊境遇——它的身旁盘踞着全球最大的游戏市场。这就使得我们的研究——至少在某些面向上——天然靠近全球游戏研究的先锋与前沿地带，并可内在地获得本土性的研究优势。倘若我们的研究能够因此获得国内游戏产业的公益性支持、探索出有效的"产学研"合作模式，就必能取得领先的研究成果。但我们似乎翻到了硬币的另一面，问题恰存在于学界与业界的"合作"之上。

在游戏产业的发展日益受到政府及舆论关注的大背景下，近年来不少游戏企业的确加强了与学界的联系。例如，一些游戏企业与学界合作推出了游戏研究的著作，邀请学界同仁承担商业化的科研项目，组织/资助游戏研究的相关论坛等等。对于游戏研究的良性发展而言，业界主动向学界伸出橄榄枝，这自然是学界"梦寐以求"的好事。我国的游戏研究长期游离与滞后于游戏产业的发展，如能从各个方面得到来自产业的支持与配合，这势必极大地鼓舞与推动我国游戏研究的蓬勃发展。

不过，也须对此保持足够的警惕。商业逻辑与学术理想之间毕竟存有诸多差异甚至冲突，且中国语境下的（游戏）企业其主要目的仍然是盈利，尚不能认为游戏企业与学界已达成完全的一致。尤其是在中国社会的传统认知里，"游戏"并非十分正面的事物，游戏企业与学界合作的主要目的在很大程度上仍然是为自己营造一个相对有利的商业发展环境。况且，我国的主流游戏——各种形式的电脑网络游戏、移动端游戏——是否能够算作"游戏"（play），尚且存疑。不少游戏或许只是顶着"游戏"帽子的消费平台或游戏/劳动（play/bour）机器，尚不能算作真正的"游戏"。这就使得游戏企业有足够的动机引导与干涉研究者的学术兴趣，导致合作本身难以在学术发展的本来逻辑中展开。

这就构成了我国游戏研究的另一难题，即学界与业界究竟应该架构怎样的相对关系。毋庸置疑，学界应该寻求与业界合作，如此才能获取第一现场的研究资料。但在合作过程中——尤其是形成利益关系之后——学界如何取得与保证自身的主导性位置，避免被商业趣味过度牵引、被商业逻辑侵蚀学术理念，这将是十分现实与棘手的难题。此难题如得不到正视与解决，就会妨害游戏研究的学术化发展，伤害学术的公信力。事实上，近年来已时有发生备受质疑的校企合作案例，部分案例甚至引起了全社会的关注与批评。由此可见，学界与业界的关系问题已经构成制约中国游戏研究学术化发展的重要议题。

三、展望未来：中国游戏研究的可能选择

不难看出，中国的游戏研究虽在蓬勃发展，却也存在诸多不容忽视的问题，有些问题甚至会长期存在，以至于有积重难返之虞。于是我们的任务就不是专门指出问题，更须解决问题，尤其这些问题只有真正热爱游戏的世代才愿意并能够去直面与求解。不过，游戏世代的问题在于，他们刚刚步入学界，立足未稳且学术积累不够，尚显稚嫩与力弱。但"游戏研究"的"疯长"态势已不可逆转，不容等待他们有足够的积累再去发声，唯其力弱才更要鼓起"勇猛大心"①，联合起来解决学界本身的种种痼疾，为游戏研究的学术化发展贡献心力。有感于此，本文不揣谫陋，针对种种时弊举出自己的一些思考与对策。

1. 以游戏批评为中心构建游戏研究的核心范式

如上所述，当下的游戏研究只是一道拼盘，虽然广泛吸纳了各个学科的学术资源，却没有形成明显的发展方向，不能往深处发展。毋庸置疑，不同学科的确可为游戏研究的发展提供助益，我们理应鼓励多学科、跨学科甚至是反学科的研究。但在此基础上，我们更应该摸索游戏研究的核心范式，巩固游戏研究的核心内涵。那么问题就在于，游戏研究的核心范式究竟应是如

---

① 章太炎：《俱分进化论》，载王晓明、周展安编《中国现代思想文选》（上），上海书店出版社 2013 年版，第 56 页。

何呢？关于这个问题的答案众说纷纭。不同学者、学科出于不同的考量会有不同的想法与抉择。但无论如何，游戏研究的核心范式至少应以游戏文本为中心。

任何范式的游戏研究如果脱离具体的文本，泛泛而谈，那么这样的研究就是空洞的外部研究，其学术价值是可疑的。例如，对于手机游戏成瘾的研究，如果没有进入到具体的文本层次就笼统地批评"玩游戏"，是不可取的。事实上，例如《弗洛伦斯》（*Florence*，2018）、《纪念碑谷》（*Monument Valley*，2014）等手机游戏就是不错的"阅读"文本，何来成瘾之说？不少关于手机游戏成瘾的研究不仅将所有手机游戏一概而论，甚至无法区分手机游戏成瘾与手机媒介成瘾的区别，这样的研究不仅无益，甚至还混淆视听。

不过，以游戏文本为中心、进入游戏文本的内部，并不意味着我们的游戏研究也应被封闭在"魔圈"[①]的"结界"内，而应广泛地寻求与学术共同体对话，从中国的学术传统与世界的学术语境中汲取思想资源。目前，我国所谓的游戏研究受欧美影响甚大，在一定程度上呈现出一种重技术、轻学术的自闭倾向。无可否认，游戏是新的现象，用它充满活力的内部语言去分析游戏本体，自是理所当然。但过分执着于游戏的内部语言，不仅会使游戏研究丧失与学术共同体对话的机会与可能，更会使其堕向庸俗化的境地。

因此，对于游戏研究而言，要建立一种既以游戏文本为中心，又能与学术共同体对话的核心范式。在众多可能性之中，游戏批评或是值得倡导的最佳范式。所谓游戏批评，就是不同研究者根据不同的学术资源、学科脉络、问题意识等不同标准对游戏的创作、使用、主题等进行分析与评价，针对游戏范畴内一切意义的生产、流通、消费与再生产过程进行学术化的批判式与创造性研究。这样的研究范式可以最大限度地让各个学科以游戏文本为中心进行对话，既进入了游戏的内部结构，又确保了必要的学术深度，理应被大

---

① Huizinga., J. H. (1980). *Homo Ludens: Study of the Play Element in Culture.* Routledge & Kegan Paul.p.10.

力提倡。

2. 以学术评价为依托成立全国性的游戏研究组织

任何学问的发展都离不开专门的学术性组织的推动，中国的游戏研究亦然。事实上，与世界第一的游戏市场体量不相称，长期以来我国缺乏一个可以有效地联络各方游戏研究力量的全国性学术组织。无可否认，一些业已存在的协会或团体在形式上建立了部分研究者之间的联系，但这些机构是否与国内学界建立了紧密的学术关系，是否具备学术研究的权威性，是否可以成为推动中国游戏研究学术化发展的中坚力量尚且存疑。总而言之，目前的游戏研究看似热闹，但是缺乏一个统摄性的力量系统整合与规划中国未来的游戏研究。

那么，我们应如何去构建这样一个全国性的游戏研究组织呢？鉴于我国的游戏研究处于并将长期处于初级阶段——尽管如此，已经乱象丛生——或许我们可以借鉴一些国内与国际的经验。在国内方面，主要有两类可资效仿的组织经验。一是诸如"中国高等院校影视学会"（国家一级学会）等由高校主导的专业学会组织，这类学会主要强调机构的学术性；二是诸如"中国动画学会"等高校与业界共同指导的学会组织，这类学会兼顾了机构的学术性与行业性。这些学会的组织章程、领导架构、业务范围、会员权利与义务等模块或许可以在形式方面为我们建立全国性的游戏学会提供有益的参考。

在国外方面，东亚国家游戏学会的本土化实践，也能给我们带来启示。以日本为例，日本既存在国际性的游戏研究组织，如日本数字游戏学会，又存在本土化的游戏研究组织，如日本游戏学会、多元化游戏文化研究会、信息处理学会游戏信息学研究分会等。尽管林林总总，但其发展趋势是一致的：随着游戏越来越受到日本各界的重视，日本游戏研究的力量正在重新集结，大有避开欧美游戏研究的框架与窠臼，探索与建构本土化的游戏研究发展道路的态势。再以韩国为例，韩国拥有韩国游戏学会与韩国电脑游戏学会两大学会组织，其学会刊物均被韩国国家研究基金（NRF，National Research

Foundation of Korea）发布的韩国引文索引（KCI，类似于中国的 CSSCI）系统收录，游戏研究因而可以深度融入韩国学术体制的内部。

由此可见，建立全国性的游戏学会，以下三条方向性的经验是值得借鉴的：1. 设计合适的组织形态；2. 本土化的发展方向；3. 主动向国内学术体制靠拢。而在它的初创期，又至少应包括以下五项主要措施：1. 建立健全的游戏研究学术评价机制（即同行评议机制），以学术评价架构组织体系；2. 推动以游戏批评为中心的游戏研究核心范式建设，同时探索游戏批评与其他学科的研究范式的共存模式；3. 推动国内与国际的学术交流，尤其注重国内的学术交流以及青年学人的培养与选拔；4. 推动学界与业界的双向来往，在业界的协助下定期举办游戏研究的专业研讨班；5. 设立评价游戏作品的"学院奖"，引导国内游戏作品的内容转型与创新。

3. 以培养学术新人为目标设立游戏研究的资助基金与选拔体系

尽管游戏产业的发展得到了政府的加持，譬如上海在 2017 年提出打造"全球电竞之都"[①]的口号，北京在 2019 年推出建成"国际网络游戏之都"[②]的目标，但地方政府对游戏产业的推崇似乎未能向上推动上级政府对游戏研究的重视。以 2020 年的国家与部级课题立项为例，二者均未向游戏研究倾斜资源。国家社科基金（包括艺术学项目）仅有一项关于网络游戏成瘾的立项[③]，而教育部人文社科研究项目同样只有一项网络游戏成瘾[④]以及一项网络

---

① 中共上海市委、上海市人民政府：《关于加快本市文化创意产业创新发展的若干意见》，2017 年 12 月 4 日，http://wgj.sh.gov.cn/node2/n2029/n2031/n2064/u1ai154175.html，2020 年 11 月 26 日。

② 京文建发〔2019〕12 号：《北京市推进全国文化中心建设领导小组关于印发〈关于推动北京游戏产业健康发展的若干意见〉的通知》，2019 年 12 月 24 日，http://www.beijing.gov.cn/zhengce/zhengcefagui/201912/t20191231_1550261.html，2020 年 11 月 26 日。

③ 魏淑华："累积生态风险对青少年网络游戏成瘾的影响及防范机制研究"，2020 年国家社科基金社会学一般项目。

④ 靳宇倡："青少年网络游戏成瘾诊断标准的本土化研究及教育启示"，教育部规划基金项目（教育学）。项目号：20YJA880023。

游戏的父母介入研究的立项[1]——这些研究课题都很有意义，但似乎离游戏玩家期待的一般意义上的游戏研究还有一段距离。

这一方面可能是客观原因所致，譬如申报游戏课题的项目本就不多，或者质量欠佳；另一方面，或许主观因素才最要紧，即课题发布单位仍然忽视甚至"歧视"游戏研究。无论具体原因为何，游戏研究缺少课题立项是不争的事实。不过，本文不是提倡"课题中心主义"，甚至十分反对"唯课题"的学术导向与管控。但在我国现行的学术体制之下，课题立项是为人文社会科学的研究提供"物质基础"——资金——的主要机制，倘若缺少立项，任何研究都难以为继。游戏研究也不例外，尤其它更需要购买昂贵的研究设施——各类游戏软硬件。

在当下的课题立项机制中，真正热爱游戏的青年学人/学者申请课题的成功率往往较低[2]，更可能申请到课题的仍是那些掌握了大量学术资源的正值学术盛年的学者。而在硬币的另一面，青年学者/学人虽有意愿投身游戏研究，但由于自身学术积累以及话语权均有欠缺，这就限制了他们获取课题资助的机会。因此，游戏研究似乎陷入了两难境地——成熟学者难以做游戏研究，青年学者/学人则难以获得经费来支持他们做游戏研究。

不难看出，在现状没有改变的情形下，解题的方法只能是绕开现行学术体制，探索一套切实可行的针对青年学者/学人的弹性资助体系。事实上，这样的弹性资助体系是可以实现的。毕竟相对于其他研究，中国的游戏研究虽来得较迟，却有得天独厚的优势，即我们已是全球第一大游戏经济体，有着世界著名的大型游戏公司，譬如完美世界、腾讯、网易等。这些游戏公司在谋求商业利益之外，也公开倡导企业的社会责任。通过这些游戏公司（联合）设立旨在资助青年学人/学者的公益研究基金项目，例如推出以游戏为

---

[1] 刘晓燕，"家庭传播视域下青少年网络游戏的父母介入研究"，教育部规划基金项目（新闻学与传播学）。项目号：20YJA860007。

[2] 尽管国家课题专为青年学人设置了35周岁以下方可申请的青年项目，但据笔者所知，其中并未有游戏相关的成功案例。

主题的优秀硕博士论文资助体系、打造学术新人的培养与选拔制度、开设游戏研究假期研习班、设置年度游戏研究新人论文奖等。这些举措皆可有序地引导优秀的青年学人／学者进入游戏研究这一新兴的学术领域，为他们的研究提供资金扶持。这或许是繁荣我国游戏研究的可行方法，也是游戏公司在普遍的负面社会观感下实现"自我救赎"的有效途径。

4. 与学术共同体对话，推动游戏研究的学术化发展

对于我国的游戏研究而言，最为关键的一步，即创办游戏研究的学术期刊，以学术期刊为阵地推动游戏研究的学术化发展。然而，鉴于复杂的学术体制、严格的出版政策、游戏研究本身的"内疾"、负面的社会观感等多方面因素，相对于其他领域，游戏研究的学术期刊其实很难一蹴而就，它的出现必将是各方力量漫长博弈的结果。而事实上，办刊也只是万里长征的第一步，即便游戏研究克服了重重困难创办学术期刊，期刊又如何在现行的学术体制中存活下来，这同样也是必须考虑的问题，且这一问题或许更难解决。

众所周知，国内学术（期刊）的评价机制主要是通过南京大学"中文社会科学引文索引来源期刊"、北京大学图书馆"中文核心期刊"等核心期刊评价体系架构的。在中国整体的学术制度没有出现重大变革的情况下，未来游戏研究的学术期刊若欲存活下来，势必要争取进入这些学术（期刊）评价机制之中，如此才能吸引优秀的稿件，否则期刊只会"徒有虚名"，不仅无法发挥应有的学术引导作用，甚至难以在国内学术体制中扎根存活。

这就意味着，游戏研究的学术期刊办刊策略只能是积极与国内的学术共同体对话，根治当下游戏研究的"自闭化"倾向。这里的"自闭化"是指游戏研究过分关注游戏自身，缺乏学术化的问题意识，忽略了考察游戏文本与社会文本、游戏问题与学术共同体的互动关系，将游戏研究局限在自身的"魔圈"之内，成为一种形而下的器物研究——一种根本不同于，甚至难以被中国学术传统接纳的研究范式及其"学术"取向。换言之，游戏研究不应被降格为游戏设计的"小跟班"，而应成为游戏内容的"精神导师"，必须跳出游戏狭隘的内部框架，从更宏大的层面引导游戏（及其产业）的未来发展。

如此，或许比起办刊更为紧要的是扭转国内游戏研究的部分思路，并以此为基础构建游戏研究的核心作者群，从而在实质上建立游戏研究的学术阵地。事实上，目前已经有一些相关尝试了。例如，《澎湃新闻》思想市场推出的"游戏论"专题就利用了大众媒体的灵活性来鼓励与游戏相关的公共学术讨论；本书也是希望构建游戏研究的核心作者群，试图通过以书代刊的形式推动我国游戏研究的学术化发展。

参考文献

Huizinga, J. H. (1980). *Homo Ludens: Study of the Play Element in Culture*. Routledge & Kegan Paul.

Williams, R. (1965). *The Long Revolution*. Penguin Books Ltd.

渡辺修司・中村彰憲『なぜ人はゲームにハマするのか—開発現場から得た「ゲーム性」の本質—』、SB クリエイティブ、2014 年。

井上明人「ビデオゲームの議論に置ける『ゲーム性』という言葉をめぐって—雑誌『ゲーム批評』を中心にその使われ方の状況を探る—」、http://www.critiqueof-games.net/paper/gamesei.html[2017-02-01]。

鲍鲲:《网游：狂欢与蛊惑》，苏州大学出版社 2013 年版。

边晓春:《电子游戏艺术观》，《电子出版》1995 年第 7 期。

Butler, M. K.、刘秀月:《计算机展望》，《电子计算机动态》1977 年第 1 期。

邓剑:《日本游戏批评思想地图——兼论游戏批评的向度》，《日本学刊》2020 年第 1 期。

关萍萍:《互动媒介论：电子游戏多重互动与叙事模式》，浙江大学出版社 2012 年版。

胡一峰:《廿年面壁图破壁：我国网络游戏研究（1998—2018）的轨迹、范式与趋向》，《艺术评论》2018 年第 10 期。

京文建发〔2019〕12 号:《北京市推进全国文化中心建设领导小组关于印发〈关于推动北京游戏产业健康发展的若干意见〉的通知》，2019 年 12 月 24 日，http://www.

beijing.gov.cn/zhengce/zhengcefagui/201912/t20191231_1550261.html，2020 年 11
月 26 日。

刘胜枝：《网络游戏的文化研究》，北京邮电大学出版社 2014 年版。

鲁迅：《鲁迅全集》（第一卷），人民文学出版社 2005 年版。

米今升、陈娟：《游戏东西：电脑游戏的文化意义研究》，广西师范大学出版社 2006
年版。

孙静：《走向"胜利"的途中——中国电子游戏的角色政治》，博士学位论文，南开大
学，2016 年。

汤文辉：《电脑游戏：异军突起》，《福建艺术》1998 年第 3 期。

田宏碧：《网络游戏中的角色类型与现实人格的关系及影响》，《青年探索》2001 年第
6 期。

王军：《电子游戏：一种戏耍方式，或者时代精神状态》，《软件世界》1997 年试刊号。

王晓明、蔡翔主编，雷启立执行主编：《热风学术》（第五辑），上海人民出版社
2011 年。

王晓明、周展安编：《中国现代思想文选》（上），上海书店出版社 2013 年版。

吴亮：《论电子游戏机》，《文艺评论》1990 年第 1 期。

吴玲玲：《网络游戏生态系统研究》，海峡出版发行集团福建人民出版社 2016 年版。

吴小玲：《幻象与真相：网络游戏的文化建构》，西南交通大学出版社 2015 年版。

燕道成：《网络暴力游戏对青少年的涵化与引导研究》，知识产权出版社 2015 年版。

严锋：《电脑游戏：真实的虚幻与虚幻的真实》，《天涯》1996 年第 5 期。

杨华：《互联网在线游戏的研究与实现》，硕士学位论文，沈阳工业大学，2002 年。

中共上海市委、上海市人民政府：《关于加快本市文化创意产业创新发展的若干意
见》，2017 年 12 月 4 日，http://wgj.sh.gov.cn/node2/n2029/n2031/n2064/u1ai154175.html，
2019 年 11 月 26 日。

宗争：《游戏学：符号叙述学研究》，四川大学出版社 2014 年版。

参考游戏

Mountains. (2018). *Florence*. [iOS/Android/PC], Annapurna Interactive, Worldwide.

Ustwo games. (2014). *Monument Valley*. [iOS/Android], ustwo games, Worldwide.

科乐美:《合金装备》[MSX2],科乐美,日本,1987 年。

墨鱼玩游戏:《中国式家长》[Windows],椰岛游戏,中国,2018 年。

史克威尔艾尼克斯、白金工作室:《尼尔:机械纪元》[PS4/PC/XboxOne],史克威尔
　艾尼克斯,日本,2017 年。

谢创工作室:《没有人知道的大冒险》[Windows],谢创工作室,中国,2017 年。

娱美德:《热血传奇》[Windows],盛大,中国,2001 年。

附录 游戏文献及体例说明

全书参考游戏列表

Blizzard Entertainment. (1998). *Starcraft*. [Windows], Blizzard Entertainment, U.S.A.

Blizzard Entertainment. (2004—). *World of Warcraft*. [Windows], Blizzard Entertainment, U. S. A.

Blizzard Entertainment. (2016—). Overwatch. [Windows], Blizzard Entertainment, Global.

Climax Studios. (2015—). Assassin's Creed Chronicles: China. [Windows], Ubisoft, Global.

Cory Arcangel. (2002). *Super Mario Clouds*. [Nintendo NES], U.S.A.

Cyan. (1995). *Myst*. [Windows], Brøderbund Software, U.S.A.

Cyan. (1998). *Riven*. [Windows], Red Orb Entertainment, U.S.A.

Disney Interactive. (2005). *Aladdin's Wonders of the World*.[V.Smile]. Disney Interactive, U.S.A.

Elex Tech.(2014—). *Clash of Kings*. [IOS/Android], Elex Tech, North America.

Ensemble Studios. (1997). *Age of Empires*. [Windows], Xbox Game Studios, U.S.A.

FunPlus.(2016—). *King of Avalon*. [IOS/Android], FunPlus, North America.

FunPlus.(2017—). *Guns of Glory*. [IOS/Android], FunPlus, North America.

HanbitSoft. (2004—2008). *TANTRA*. [Windows], Hanbitsoft, South Korea.

id Software. (1999). *Quake III Arena*. [Windows], id Software, North America.

IGG.(2016—). *Lords Mobile*. [IOS/Android], IGG, North America.

Krafton.(2017). *PlayerUnknown's Battleground*. [Windows], Krafton, North America.

Maxis Software. (2000). *The Sims*. [Windows], Electronic Arts, U. S. A.

Midway Games. (1992). *Mortal Kombat*. [Sega Genesis], Midway Games, U.S.A.

Mountains. *Florence*. [iOS/Android/NS/PC], Mountains, Melbourne,Annapurna Interactive, Worldwide, 2018.

Namco. (1980). *Pac-Man*. [Arcade], Midway, U.S.A.

NCSoft. (1998—). *Lineage*. [Windows], NCSoft, South Korea.

Nexon. (1996—). *Nexus: The Kingdom of the Winds*. [Windows], Nexon, South Korea.

Niantic.(2016—). *Pokémon Go*. [IOS/Android], Niantic, North America.

Parallax Software. (1994). *Descent* [MS-DOS/Macintosh/PlayStation/RISC OS], Interplay Productions, U.S.A.

Patjinov, Alexey. (1987). *Tetris*. [DOS], Spectrum Holobyte, U. S. A.

Rockstar North. (2013). *Grand Theft Auto V*. [PS3], Rockstar Games, Worldwide.

Tencent.(2018). *PUBG Mobile*. [Windows], Tencent, Krafton, Worldwide.

Travian.(2004). *Travian*.[Browser], Travian, Germany.

Ustwo games. *Monument Valley*. [iOS/Android/WindowsPhone], ustwo games, Worldwide, 2014.

Valve. (2013—). Dota 2. [Windows], Valve, Global.

Westwood Studios. (1996). *Command & Conquer: Red Alert*. [Windows], Virgin Interactive Entertainment, U.S.A.

テクノスジャパン：『熱血硬派くにおくん』[Arcade/DOS/FC]、テクノスジャパン、日本、1987 年。

テクノスジャパン：『双截龍』[Arcade]、タイトー、日本、1987 年。

IO 娱乐：《彩虹冒险》(*Survival Project*) [Windows]，成都欢乐数码公司，中国，2003 年—2007 年。

Japan System Supply：《石器时代》[Windows]，金山，中国，2005 年—2008 年。

JOYON、游戏橘子：《巨商》[Windows]，游戏橘子，2004 年—。

New One Studio：《隐形守护者》》[Windows/IOS/]，New One Studio，全球，2019 年。

Warflame：《烽火三国》[browser]，Warflame，中国，2010 年—。

Wemade：《传奇》[Windows]，盛大游戏，韩国，2001 年。

4399 游戏：《七杀》[browser]，4399 游戏，中国，2013 年—。

9377 游戏:《赤月传说 2》[browser]，9377 游戏，中国，2016 年—。

巴别时代:《放开那三国》[Android/iOS/PC 模拟器]，巴别时代，中国，2014 年—。

北京荔枝文化传媒:《纸人》[Windows]，北京荔枝文化传媒，全球，2019 年。

北京雅哈:《赤壁 online》[Java]，北京雅哈，中国，2009 年—。

边锋网络:《三国杀传奇》[Android]，边锋网络，中国，2017 年—。

边锋网络:《三国杀 Online》[browser]，游卡桌游，中国，2008 年—。

冰川网络:《九州 OL》[Windows]，冰川网络，中国，2012 年—。

成都金点工作室:《圣剑英雄传：英雄救美》[Windows]，金点工作室，中国，1999 年。

成都墨龙:《秦美人》[browser]，硬通网络，中国，2012 年—。

呈天时空:《诛神 online》[Android]，呈天时空，中国，2012 年—。

大宇资讯:《仙剑奇侠传》[DOS]，大宇资讯，中国台湾，1995 年。

大宇资讯:《轩辕剑陆：凤凌长空千载云》[Windows]，畅游，中国，2013 年。

大宇资讯:《轩辕剑柒》[Windows/PS4]，游力卡，中国，2020 年。

大宇资讯:《轩辕剑叁：云和山的彼端》[Windows]，大宇资讯股份有限公司，中国台湾，1999 年。

大宇资讯:《轩辕剑肆：黑龙舞兮云飞扬》[Windows]，寰宇之星，中国，2002 年。

大宇资讯:《轩辕剑外传：苍之涛》[Windows]，寰宇之星，中国，2004 年。

大宇资讯:《轩辕剑外传：枫之舞》[Windows]，大宇资讯股份有限公司，中国台湾，1995 年。

大宇资讯:《轩辕剑外传：汉之云》[Windows]，寰宇之星，中国，2007 年。

大宇资讯:《轩辕剑外传：穹之扉》[Windows/PS4]，畅游，中国，2015 年。

大宇资讯:《轩辕剑伍：一剑凌云山海情》[Windows]，寰宇之星，中国，2006 年。

方舟子等:《侠客行》，美国，1995 年。

飞燕群岛个人工作室:《光明记忆》[Windows]，Playism，全球，2020 年。

冯梦波:《Q4U》，中国，2002 年。

冯梦波:《真人快打》，中国，2012 年。

光荣:《百万人的三国志》[Windows]，光荣，日本，2010 年—。

光荣:《三国志》[Windows]，光荣，日本，1985 年—2020 年。

光荣:《三国志 Online》[Windows]，光荣，日本，2008 年。

光荣特库摩:《真·三国无双》[PS2]，光荣特库摩，日本，2000 年。

广州爱游:《神魔仙界》[browser]，4399 等，中国，2012 年—。

广州菲音:《凡人修真》[browser]，4399，中国，2010 年—。

广州九娱:《龙将》[browser]，37 游戏，中国，2011 年—。

广州酷游:《青云志》[browser]，9377，中国，2016 年—。

广州盈正:《yy 三国》[Java]，广州盈正，中国，2008 年—。

韩光软件:《命运 II》(*Destiny II*) [Windows]，成都欢乐数码公司，中国，2003 年—。

韩国 T3 娱乐公司:《劲舞团》[Windows]，久游网，中国，2005 年—。

杭州乐港:《热血三国》[browser]，乐都网、4399 游戏、91wan，中国，2008 年—。

杭州乐港:《热血三国 3》[browser]，乐都网、哥们网、XY 游戏、9377，中国，2016 年—。

胡莱游戏:《胡莱三国 2》[Android/ iOS]，互爱互动，2017 年—。

华多网络:《百战天下》[browser]，YY 游戏，中国，2014 年—。

欢瑞世纪:《神墓 online》[Android]，欢瑞世纪，中国，2013 年—2016 年。

灰烬游戏:《剑侠 online》[Symbian]，灰烬游戏，中国，2010 年—。

火石软件:《游戏人生》[Windows]，火石软件，中国，2007 年。

吉比特:《乱战》[browser]，吉比特，中国，2012 年—。

吉比特:《问道》[Windows]，光宇华夏，中国，2006 年—。

极光工作室:《传奇霸业》[browser]，尚趣玩网络，中国，2014 年—。

江西恐龙:《东东不死传说》[Windows]，中国，2009 年。

金洪恩:《自由与荣耀》[Windows]，金洪恩，中国，2001 年。

巨人网络:《仙侠世界》[Windows]，巨人网络，中国，2013 年—。

巨人网络（征途网络）:《征途》[Windows]，巨人网络（征途网络），中国，2006 年—。

巨人网络（征途网络）:《征途 2》[Windows]，巨人网络（征途网络），中国，2010 年—。

君游网络:《花千骨》[browser]，三七互娱，中国，2015 年—。

骏梦网络:《秦时明月》[Android]，触控科技，中国，2014 年—。

骏梦网络:《新仙剑奇侠传 online》[browser]，骏梦网络、360 游戏中心，中国，2011 年—。

卡普空:《街头霸王 II: 世界勇士》(*Street Fighter II: The World Warrior*) [Arcade]，卡普空，日本，1991 年。

科乐美:《合金装备》[MSX2]，科乐美，日本，1987 年。

科乐美:《魂斗罗》[Arcade]，科乐美，日本，1987 年。

空中猛犸:《封神 online》[Android/ iOS]，空中猛犸，中国，2009 年—。

昆仑万维:《昆仑世界》[browser]，昆仑万维，中国，2009 年—。

昆仑万维:《三国风云》[browser]，昆仑万维，中国，2008 年—。

昆仑万维:《武侠风云》[browser]，昆仑万维，中国，2009 年—。

蓝港在线:《飞天西游》[browser]，4399，中国，2009 年—2013 年。

蓝港在线:《蓝港在线三国演义》[browser]，9511、1773、欢乐园游戏，中国，2012 年—。

乐港科技:《热血三国》[browser]，乐都网、4399 游戏、91wan，中国，2008 年—。

雷爵资讯:《万王之王》[Windows]，雷爵资讯，中国台湾，1999 年。

麦石信息:《鬼吹灯外传》[Windows]，盛趣游戏，中国，2009 年—。

猫扑游戏:《天书奇谈》[browser]，千橡网景，中国，2008 年—。

摩登世纪:《寻找黎明》[Steam VR]，摩登世纪，中国，2018 年。

墨鱼玩游戏:《中国式家长》[Windows]，椰岛游戏，中国，2018 年。

纳克森:《跑跑卡丁车》[Windows]，世纪天成，中国，2006 年—。

南梦宫:《吃豆人》[Arcade/Atari VCS/Apple II]，南梦宫，日本，1980 年。

南梦宫:《坦克大战》[NES]，南梦宫，日本，1985 年。

南梦宫:《铁拳系列》[Arcade]，南梦宫，日本，1994 年—2015 年。

麒麟游戏:《成吉思汗》[Windows]，麒麟游戏，中国，2008 年—。

麒麟游戏:《成吉思汗 2》[Windows]，麒麟游戏，中国，2010 年—。

麒麟游戏:《画皮 2》[Windows]，麒麟游戏，中国，2012 年—。

青果灵动:《仙纪》[browser]，趣游科技，中国，2012 年—。

青云互动:《大主宰》[browser]，趣游时代，中国，2015 年—。

趣乐多:《西游之路》[browser]，西游网，中国，2017 年—。

拳头游戏:《英雄联盟》(Windows)，腾讯，中国，2011 年—。

任天堂:《超级马里奥兄弟》[NES]，科乐美，日本，1985 年。

任天堂:《集合啦! 动物森友会》[Nintendo Switch]，任天堂，日本，2020 年。

任天堂:《健身环大冒险》[Nintendo Switch]，任天堂，日本，2019 年。

任天堂:《塞尔达传说》[NES]，科乐美，日本，1986 年。

任天堂:《世界游戏大全 51》[Nintendo Switch]，任天堂，日本，2020 年。

人人游戏:《名将传奇》[Android/ iOS]，人人游戏，中国，2012 年—。

锐战网络:《傲视天地》[browser]，锐战网络，中国，2010 年—。

三七互娱:《传奇荣耀》[browser]，三七互娱，中国，2016 年—。

上海晨路:《武林三国》[browser]，九维网，中国，2008 年—。

上海晨路:《武林英雄》[browser]，九维互动，中国，2008 年—。

上海火溶:《啪啪三国》[Android/ iOS]，飞流九天，中国，2013 年—。

上海幻刃网络:《艾希》[Windows]，心动网络，全球，2016 年。

上海江游:《街机三国》[browser]，上海江游，中国，2013 年—。

上海乐宝:《飞天 online》[Java]，上海乐宝，中国，2009 年—。

上海旗开:《武林传奇 2》[browser]，游戏盒，中国，2010 年—。

深蓝创娱:《九州 online》[Java]，深蓝创娱，中国，2012 年—。

深圳墨麟:《风云无双》[browser]，硬通网络，中国，2014 年—。

深圳墨麟:《战龙三国》[browser]，动网先锋，中国，2012 年—。

盛趣游戏:《传奇》[Windows]，盛趣游戏，中国，2001 年—。

盛趣游戏:《传奇世界》[Windows]，盛趣游戏，中国，2003 年—。

盛趣游戏:《传奇世界 2》[Windows]，盛趣游戏，中国，2012 年—。

盛趣游戏:《传奇世界手机版》[Android/ iOS]，盛趣游戏，中国，2012 年—。

盛趣游戏:《风云》[Windows]，盛趣游戏，中国，2006 年—。

盛趣游戏:《悍将传世，传世手机版》[Android/ iOS]，盛趣游戏，中国，2012 年—。

盛趣游戏:《星辰变 Online》[Windows]，盛趣游戏，中国，2011 年—。

盛趣游戏:《英雄年代》[Windows]，盛趣游戏，中国，2004 年。

盛趣游戏:《纵横天下》[Android/ iOS]，盛趣游戏，2016 年—。

史克威尔艾尼克斯、白金工作室:《尼尔：机械纪元》[PS4/PC/XboxOne]，史克威尔
　艾尼克斯，日本，2017 年。

史克威尔艾尼克斯:《勇者斗恶龙》[NES]，史克威尔艾尼克斯，日本，1986 年。

史克威尔艾尼克斯:《最终幻想》[PS2/Windows]，史克威尔艾尼克斯，日本，2002 年。

世嘉:《刺猬索尼克》[MD]，世嘉，日本，1991 年。

世嘉:《莎木》[Dreamcast]，世嘉，日本，1999 年。

搜狐畅游:《鹿鼎记》[Windows],搜狐畅游,中国,2011 年—。

搜狐畅游:《天龙八部》[Windows],搜狐畅游,中国,2007 年—。

搜狐畅游:《天龙八部 2》[Windows],搜狐畅游,中国,2010 年—。

搜狐畅游:《天龙八部 3d》[Android/ iOS],搜狐畅游,中国,2014 年—。

搜狐畅游:《新天龙八部》[Windows],搜狐畅游,中国,2013 年—。

随手互动:《大宋豪侠》[Symbian /Java],随手互动,中国,2007 年—。

太东:《北极星》(*Polaris*)[Arcade],太东,日本,1980 年。

腾讯:《天涯明月刀》[Windows],腾讯,中国,2016 年—。

腾讯:《王者荣耀》[Android/ iOS],腾讯,中国,2015 年—。

腾讯:《QQ 飞车》[Windows],腾讯,中国,2008 年—。

腾讯:《QQ 炫舞》[Windows],腾讯,中国,2008 年—。

腾讯 NExT 游戏工作室:《疑案追声》[Windows],腾讯 NExT 游戏工作室、哔哩哔哩,
全球,2019 年。

天津猛犸:《天劫》[Java],空中网,中国,2009 年—。

天神互动:《傲剑》[browser],厦门趣游,中国,2011 年—。

天神互动:《苍穹变》[browser],腾讯,中国,2013 年—。

天神互动:《凡人修仙传》[Android/ iOS],乐逗游戏,中国,2017 年—。

天神互动:《飞升》[browser],腾讯,中国,2012 年—。

完美世界:《赤壁》[Windows],完美世界,中国,2008 年。

完美世界:《口袋西游》[Windows],完美世界,中国,2008 年—。

完美世界:《热舞派对》[Windows],完美世界,中国,2008 年—。

完美世界:《青云志》[Android/ iOS],完美世界,2016 年—。

完美世界:《三分天下》[Android/ iOS],完美世界,中国,2015 年—。

完美世界:《神雕侠侣》[Android/ iOS],完美世界,中国,2013 年—。

完美世界:《神魔大陆》[Windows],完美世界,中国,2010 年—。

完美世界:《完美世界》[Windows],完美世界,中国,2005 年—。

完美世界:《武林外传》[Windows],完美世界,中国,2006 年—。

完美世界:《笑傲江湖》[Windows],完美世界,中国,2013 年—。

完美世界:《诛仙》[Windows],完美世界,中国,2007 年—。

完美世界:《诛仙 2》[Windows]，完美世界，中国，2007 年—。

玩蟹科技:《大掌门》[Android/iOS/PC 模拟器]，玩蟹科技，中国，2015 年—。

网禅:《奇迹》[Windows]，第九城市，中国，2003 年—。

网圣腾飞:《泡泡西游》[Android/ iOS]，网圣腾飞，中国，2017 年—。

网易:《大话西游 Online》[Windows]，网易，中国，2001 年。

网易:《大话西游 Online Ⅱ》[Windows]，网易，中国，2002 年。

网易:《梦幻西游》[Windows]，网易，中国，2003 年—。

网易:《天下贰》[Windows]，网易，中国，2009 年—。

网易:《天下叁》[Windows]，网易，中国，2016 年—。

网易雷火:《大话西游》[Android/ iOS]，网易，中国，2015 年—。

网易雷火:《梦幻西游手游》[Android/ iOS]，网易，中国，2015 年—。

网易盘古:《天谕》[Windows]，网易，中国，2015 年—。

网游网络:《霸刀》[browser]，糖豆游戏，中国，2016 年—。

西山居:《中关村启示录》[DOS]，西山居，中国，1996 年。

西山居:《剑侠情缘网络版叁》[Windows]，西山居，中国，2009 年—。

西山居:《剑侠世界》[Windows]，西山居，中国，2008 年—。

厦门大黑:《天书残卷》[browser]，1773 等，中国，2015 年—。

厦门大黑:《万世》[browser]，哥们网、厦门大黑，中国，2014 年—。

厦门光环:《神仙道》[browser]，心动游戏，中国，2011 年—。

谢创工作室:《没有人知道的大冒险》[Windows]，谢创工作室，中国，2017 年。

烟山软件:《坦克 1989》，烟山软件，中国，1989 年。

翼逗网络:《三国之刃》[Android/ iOS]，腾讯，中国，2014 年—。

逸友网络:《三国志 2017》[iOS]，逸友网络，中国，2017 年—。

游久时代:《君临天下》[Android/ iOS]，游久时代，中国，2015 年—。

游卡网络:《三国杀手机版》[Android/ iOS]，游卡网络，中国，2011 年—。

游卡网络:《三国杀 web》[browser]，游卡网络，中国，2010 年—。

游刃互动:《决战天下》[browser]，游刃互动，中国，2012 年—。

游戏谷:《七雄争霸》[browser]，腾讯，中国，2010 年—。

游戏蜗牛:《九阴真经》[Windows]，游戏蜗牛，中国，2012 年—。

游族网络:《大侠传》[browser]，游族网络，中国，2012 年—。

游族网络:《萌江湖》[Android/ iOS]，游族网络，中国，2013 年—。

浙江盛和:《蓝月传奇》[browser]，恺英游戏、贪玩游戏，中国，2016 年—。

掌上明珠:《明珠三国》[Symbian /Java]，掌上明珠，中国，2009 年—。

掌上明珠:《明珠轩辕》[Android/ iOS]，掌上明珠，中国，2011 年—。

掌上明珠:《武林 online》掌上明珠 [Wap]，掌上明珠，中国，2012 年—。

智冠:《网络三国》[Windows]，智冠，中国，2000 年。

祖龙工作室:《大秦悍将》[Windows]，欢乐亿派，中国，2002 年。

游戏作品体例说明

1.《参考游戏》列表中的中文游戏体例

1.1 中文游戏、日文游戏、在中国运营的国外游戏，使用中文表述，引用格式为：

游戏开发商:《游戏中文名》(如有必要，添加游戏英文名) [游戏平台]，游戏运营商，发行地域，游戏发行运营时间。

例如：

完美世界:《完美世界》[Windows]，完美世界，中国，2005 年。

任天堂:《集合啦! 动物森友会》[Nintendo Switch]，任天堂，日本，2020 年。

韩光软件:《命运 II 》(*DestinyII*) [Windows]，成都欢乐数码公司，中国，2003 年。

1.2 中文游戏列表补充说明：

1.2.1 开发商，应使用官方发布的名称。若因历史原因导致名称不一致的情况，需使用开发商在作者撰文时使用的官方名称，在文章中用脚注说明更名情况，如：征途网络（现更名为上海巨人网络科技有限公司）。国外开发商，如有官方中文译名或约定俗称的译名，尽量使用中文，其它情况可使用英文。

1.2.2　游戏中文名，需使用官方发布的名称，如官网、官方承认的百度百科等信息，避免使用简称。

1.2.3　如需添加游戏英文名，需使用 Times New Roman 字体，斜体标注。

1.2.4　游戏平台，指运行该游戏的相应操作系统，如 Windows、DOS、PS4 等。此外，街机为：Arcade；网页为 browser。若有多个平台，中间用 / 隔开，如：PS2/Windows。

1.2.5　运营商：应使用官方发布的名称。若有名称改变、品牌升级等情况，需使用运营商在作者撰文时使用的官方名称，在文章中用脚注说明更名情况，如：盛大（现更名为盛趣游戏）。国外运营商，如有官方中文译名或约定俗称的译名，尽量使用中文，其它情况可使用英文。

1.2.6　发行时间：单机游戏发行时间为点时间，例如：2018 年。网络游戏因版本持续更新，应采用时间段表述方法，说明游戏运营的起止时间，如：2005 年—2013 年。若该游戏在撰文时处于运营状态，则使用如下格式：2005 年。

1.2.7　所有中文游戏文献列表，根据首个汉字，采用升序方式排列。

2.《参考游戏》列表中的英文游戏列表体例：

2.1　英文游戏、英文与日文以外的外文游戏，以及由中国厂商出口海外（不含日本）的游戏，使用英文表述，引用格式为：

Developer. (Year). *Titile.*[platform], Operator, Country/Area.

例如：

Electronic Arts. (1994). *Need For Speed.* [3DO/PC/NDS], Apogee Software, U. S. A.

FunPlus.(2016—). *King of Avalon.* [IOS/Android], FunPlus, North America.

2.2　英文游戏列表补充说明：

2.2.1　游戏名称需为斜体

2.2.2 所有英文游戏文献列表，根据文献首字母，采用升序方式排列。

2.2.3 其它内容请参见 1.2 中文游戏列表补充说明。

3. 文内引用游戏作品体例

3.1 在论文文末《参考游戏》列表中使用中文表述的游戏作品，在正文出现时，格式如下：

3.1.1 首次出现为：《游戏名称》(发行运营年份)。例如：

《仙剑奇侠传》(1995 年)

《俄罗斯方块》(*Tetris*, 1984)

《网路三国》(2000 年—2018 年)

3.1.2 再次出现，无需注明年份和外文名，只写清中文名称即可。例如：

《仙剑奇侠传》

《俄罗斯方块》

《网路三国》

3.2 在论文文末《参考游戏》列表中使用外文表述的游戏作品，在正文出现时，格式如下：

3.2.1 首次出现为：《中文游戏名称》(外文游戏名称, 发行运营年份)。例如：

《纪念碑谷》(*Monument Valley*, 2014)

《密传》(*TANTRA*, 2004—2008)

《热血硬派》(*熱血硬派くにおくん*, 1986)

3.2.2 再次出现，无需注明年份和外文，只写清中文名称即可。例如：

《纪念碑谷》

《密传》

《热血硬派》